全國高等院校古籍整理研究工作委員會直接資助項目
福建省高校創新團隊（傳統宗教與中國文學研究創新團隊）項目資助

金剛經集注校箋

（明）朱棣 集注
李小榮 盧翠琬 校箋

巴蜀書社

圖書在版編目(CIP)數據

金剛經集注校箋/(明)朱棣集注;李小榮,盧翠琬校箋.—成都:巴蜀書社,2021.9(2025.3重印)

ISBN 978-7-5531-1489-7

Ⅰ.①金… Ⅱ.①朱… ②李… ③卢… Ⅲ.①佛經②《金剛經》-注釋 Ⅳ.①B942.1

中國版本圖書館CIP數據核字(2021)第118452號

金剛經集注校箋

(明)朱棣 集注

李小榮 盧翠琬 校箋

策劃編輯 張照華
責任編輯 張照華 張紅義
封面設計 崔建軍
出版發行 巴蜀書社
(成都市槐樹街2號 郵遞區號610031)
發 行 科 02886259422 86259423
網 址 http://www.bsbook.com
經 銷 新華書店
照 排 成都木之雨文化傳播有限公司
印 刷 成都蜀通印務有限責任公司
成品尺寸 160mm×235mm
印 張 32
字 數 500千
版 次 2021年9月第1版
印 次 2025年3月第2次印刷
書 號 ISBN 978-7-5531-1489-7
定 價 98.00元

前言

《金剛經》，全稱《金剛般若波羅蜜（多）經》，又稱《能斷金剛般若波羅蜜（多）經》，意思是以金剛般無堅不摧的般若智慧度脱有情衆生到達涅槃的彼岸。經中通過佛與須菩提的問答，闡釋了『性空幻有』『掃相破執』『無住生心』的般若思想，以『××者，即非××，是××』的三段論句法而聞名。因其篇幅簡約、義理深刻、文字通俗，而備受僧俗兩界的喜愛。自鳩摩羅什譯出後，便廣爲傳揚。在教内，三論、天台、賢首、唯識等宗都很重視此經，禪宗尤甚。禪宗在提倡不立文字的同時，又提倡藉教悟宗，《金剛經》便是禪門説法最重要典籍之一。六祖慧能因聽聞《金剛經》而開悟後，禪宗便以《金剛經》印心，脉脉相傳。故研究禪宗思想源流，一般都要追溯至《金剛經》。至宋，《金剛經》又成爲佛教『四書』之一，成爲僧人考試的必考科目，更顯示其重要地位。從教外來説，歷代持誦、抄寫、注釋《金剛經》的民衆很多，上至皇帝、達官貴人，下至普通百姓，其在社會上的流傳之廣、影響之深，遠超其他佛典。如唐玄宗曾御注《金剛經》，并將其與《孝經》《道德經》注一起頒行天下；明成祖朱棣編纂《金剛經集注》，勒令天下奉行；清雍正帝亦有《雍正御注金剛經》傳世。這是唯一一部被多位皇帝御注的佛經。文人士大夫注解《金剛經》者比比皆是，從宋代開始尤其突出。[二]又因持頌《金剛經》具有禳災祈福、懲惡揚善的作用，故其在民間亦極爲流行[三]，連目不識丁的婦孺亦會隨口念誦一兩句經文。《金剛經》對中國文化的影響，不止在思想方面，雕版印刷、書法、繪畫、文學等方面都不同程度地受其影響。唐咸通九年（八六八）王玠刻印的《金剛般若波羅蜜經》，乃是世界上現存最早的、有確切題款紀年的雕版印刷品。書法方面，從柳公權、張即之到趙孟頫等，歷代大家多有《金剛經》書作傳世。從史籍記載來看，把《金剛經》繪成《金剛經變》始於唐代『畫聖』吴道子，可惜未能保存下來，但幸運的是，敦煌石窟還有同一題材的經變畫，它們是一筆極爲寶貴的藝術遺産。文學方面，古代的詩歌、散文、筆記和靈驗記中皆可看到《金剛經》的影子，其影響真是無處不在。

《金剛經》前後共有六個譯本，有後秦鳩摩羅什、北魏菩提流支、陳真諦、隋達磨笈多、唐玄奘和唐義净譯本，其中以羅什譯本最爲通行。對《金剛經》的講論，從古印度的無著、世親菩薩就開始了。中土注疏，從東晋至清代，絡繹不絶，有千八百家之多，現存的就有近百家，

[二] 相關情況，盧翠琬將在博士學位論文中進行較充分介紹，此不贅述。
[三] 民間又稱《金剛經》爲《續命經》，參李小榮《〈佛説續命經〉研究》，《敦煌研究》二〇一〇年第五期，第七十七—七十八頁。

民國以來的注本，據不完全統計也有上百部。在衆多注本中，朱棣所編《金剛經集注》流傳最廣。該書以羅什譯本爲底本，擇取了從晋至宋《金剛經》衆多注家之注文，既有高僧大德，又有禪師居士，還有文人學者，包羅全面，體例精嚴，是具有突出的時代特色及豐富思想内涵的集大成之作。

一　版本考證

朱棣本《金剛經集注》又稱《金剛經百家集注大成》。明成祖有序曰：『朕夙欽大覺，仰慕真如，間閲諸編，選其至精至要經旨弗違者，重加纂輯，特命鋟梓，用廣流傳。』[二]從這篇序文來看，該書乃明成祖親自纂輯的。但清乾隆年間杭人陶學椿《重刻〈金剛經〉跋》云：『（《金剛經》）注者不下六七百家，求其曉暢精核，迄無善本。吾友黄君妙巖，酷耽竺典，究心净土……示余一篇，得之淮陰程君秋泉，乃前明永樂朝命諸臣彙考輯訂，較諸本最精。』[三]説明該書乃群

[二]（明）朱棣：《金剛般若波羅蜜經序》，載《金剛般若波羅蜜經集注》，上海：上海古籍出版社，二〇一一年，第六—七頁。

[三]（明）洪蓮編：《金剛經注解》，載《卍續藏經》第三十八册，臺北：新文豐出版股份有限公司，一九九五年，第九百六十七頁上—下欄。

臣一起編輯校訂而成的。關於該書的版本沿革情況，學界歷來認爲是在南宋楊圭《金剛經十七家釋義》的基礎上衍爲洪蓮之《金剛經五十三家注解》，後明成祖御纂本再摒除五十三家本中傳爲梁昭明太子所作的三十二分目，并略減注者數家，而益以三十餘種經文或注文，總成一卷[二]。但經筆者多方考證，發現事實恰好相反，即：朱棣之《金剛經集注》是在楊圭《金剛經十七家釋義》的基礎上完成的，後洪蓮又以朱棣本爲底本進行重刊。兹詳述如下：

朱棣本《金剛經集注》徵引廣博，説理曉暢，創造了《金剛經》注解的新高度。但可能成書後，流傳并不廣。明正統三年（戊午，一四三八年），遂有重刊之役。洪蓮作序曰：『洪惟太宗皇帝不忘靈山付囑之情，遂啓流通之念，故乃留神内典，簡閲諸編，選其至精至要經旨弗違者，重加纂輯，特命鋟梓，用廣流傳……奉佛弟子來福等，睹斯最上大乘……由是會約同志，罄捨珍資。命工重刊印施，遐邇流傳。』[三]此即學界所稱的『洪蓮本』。洪蓮本雖然是以朱棣本爲底本進行重刊的，但并非與朱棣本完全一致。注文上的細微差异，李藝敏《朱棣〈金剛經集注〉

[二] 參見《金剛經集注·出版説明》（上海：上海古籍出版社，二〇一一年），吴楓、宋一夫主編《中華佛學通典》（海口：南海出版社，一九九八年），顧偉康《金剛經解疑六講》（上海：上海古籍出版社，二〇一一年）等。

[三]（明）洪蓮：《金剛經集注原序》，載《卍續藏經》第三十八册，第八百四十四頁下欄—八百四十五頁上欄。

之注家研究》在『《金剛經集注》與《金剛經注解》關係辨』[二]一節中已有詳細的對比辨説。除此之外，相對於朱棣本來説，洪蓮本在經注之前增加了洪蓮序、楊圭序、《金剛經道場前儀》、《金剛般若波羅蜜經目録》（即三十二分目）、《金剛經五十三家注解姓號目録》，文後增加了《金剛經道場後儀》。

然而，就因爲洪蓮本中的《金剛經五十三家注解姓號目録》，後人遂將洪蓮本名爲《金剛經五十三家注解》或《金剛經注解》，由此産生了後世關於此書書名、版本等方面的諸多混亂。其實，後世署名洪蓮編的《金剛經五十三家注解》或《金剛經注解》都是在朱棣本的基礎上完成的，與朱棣本《金剛經集注》有着前後相承的關係。

簡單地説，這幾個集注本的先後順序是先有楊圭之《金剛經十七家釋義》（或稱《十七家解注金剛經》），再有朱棣之《金剛經集注》，然後洪蓮纔以朱棣本爲底本進行重刊，這就是署名洪蓮編的《金剛經五十三家注解》或《金剛經注解》。

而關於《金剛經集注》之注家人數，歷來有五十三家、百家之説，近現代學者中有七十幾

[二] 李藝敏：《朱棣〈金剛經集注〉之注家研究》，福州：福建師範大學碩士學位論文，二〇一〇年。

家之説、三十幾家之説，另有李藝敏考證認爲有十九家〔一〕。『五十三家注』其實是誤説。據前文所述，洪蓮本是在朱棣本的基礎上編訂而成的，朱棣本又是在楊圭的《十七家解注金剛經》基礎上增訂而成的。楊圭《十七家解注金剛經姓號目録》中所列注家有十七家，包括：五十三如來、晋康樂侯謝靈運、後秦解空僧肇、武當山居士劉虬、一注本不顯名、梁朝傅大士頌、智者頌、李唐六祖慧能、李唐《疏鈔》僧宗密作序、皇宋富沙僧子榮、龍舒居士王日休、冶父僧道川頌、上竺僧若訥、致政陳雄、如如居士顔丙、雲庵僧了性、茨庵僧徹師。後洪蓮《金剛經集注》沿襲楊圭《十七家解注金剛經姓號目録》而重新編纂了《金剛經五十三家注解姓號目録》，增列了三十六位注家，包括文殊師利、達摩祖師、四祖大師、馬祖禪師、圓悟禪師、唐玄宗皇帝、逍遥翁、仙游翁集英、李文會等。其中，將『五十三如來』改爲『寶積如來』『自在力王如來』『日月殊光如來』『金海光如來』『通王如來』『法常滿如來』，『智者頌』改爲『智者禪師』〔二〕，『一注本不顯名』改爲『無名氏』。我們通過對朱棣本和楊圭本注文的比對，并對注文出處進行了逐條考證，發現朱棣本僅是在楊圭本的基礎上增加了李文會一家注文而已，其他的禪

〔一〕李藝敏：《朱棣〈金剛經集注〉之注家研究》，福建師範大學碩士學位論文，二〇一〇年。
〔二〕卍續藏經本作『天台智顗大師』。

師皆爲李文會注文中所引之内容，而唐玄宗、仙游翁集英和周史卿真人，應爲楊圭之注文。所謂的五十三家，乃洪蓮選取注文中『某某曰』的形式，湊成五十三家而已。因此，《金剛經集注》所收注家，實際上祇有十八家，即在楊圭本十七家的基礎上，增補了李文會一家。後人以訛傳訛，遂出現諸多錯誤。

二　編纂特色分析

集注本《金剛經》唐代即已出現。唐釋道世有《金剛般若經集注》，李儼序曰：『兼有秦世羅什、晋室謝靈運、隋代曇琛、皇朝慧净法師等，并器業韶茂，博雅洽聞，耽味兹典，俱爲注釋。研考秘賾，咸騁異義。時有長安西明寺釋道世法師，字玄惲，德鏡玄流，道資素蓄，伏膺聖教，雅好斯文。以解詁多門，尋核勞止，未若參綜厥美，一以貫之。爰掇諸家而爲集注。』[二]可知此集注中收有羅什、謝靈運、曇琛、慧净等人之注。但此書目前未見傳本。現在流傳的各種集

[二]（唐）道宣：《廣弘明集》卷第二十三，載《大正新修大藏經》第五十二册，第二百六十頁上欄。

注本中，以朱棣《金剛經集注》〔二〕最爲流行。該注本博采衆長、編排嚴謹、文采斐然、義解深入，雖歷代藏經都未收藏，但民間的翻刻流傳却相當普遍。相對於教内人士，尤其是高僧大德那些深奥難懂的注本而言，此注本博而返約、廣而轉精，在文人居士中最爲流行。其特點，約歸納之大體有四：

（一）體例清晰，易於閱讀

在編排體例方面，《集注》遵循了一個大體的編排範式，即以注家的時間先後排序，然後再以注文的注解内容編排。《集注》首輯字詞疏解的注文，次輯深闡義理的注文，最後以傅大士頌、川禪師頌結尾。此編排範式承襲楊圭本而來，對其順序未加調整，僅在最後加入了李文會注文而已。這一編排體例，充分借鑒了儒家傳統章句訓詁的形式——先釋字詞，再釋經文大意，後提綱挈領地點題，便於閱讀和理解。該書編撰者不僅集衆家之注，而且在較難理解的注文後附有小字夾注，形成注中有注的現象，即類似於儒家經典注疏中的疏。這些小字注或注字音，或介紹佛教知識，或注典故出處，對於理解經文、注文有很大幫助。

〔二〕由於朱棣本乃係在楊圭本的基礎上編纂而成，除了增加李文會注文外，基本没有什麽改變，所以朱棣注本所具之特徵，實際上也是楊圭本之特徵，亦即洪蓮本之特徵。因此，本文在論述過程中，就統一以朱棣本爲論述對象，簡稱《集注》。

（二）折衷諸本，曉暢精微

傳世《金剛經》注本，有的簡約却多有遺漏，有的廣博却失於精要，有的詳於事相，有的偏重科分。正如清孫念劬《重刻〈金剛經彙纂〉序》中所説：『然此經解説紛如，未易窺其崖略。諸解或博而寡要，或簡而多遺，或字析而章未聯，或章聯而義猶隱。若欲專從一家，則談理深奥者，有妨於初學，立辭顯易者，恐棄於高明。或詳事相而簡精微，或指本源而脱章句，各有所長，難於并美。』[一]故《集注》集衆家之所長，疏解字詞者有之，詳談名相者有之，深闡義理者有之，闡幽唱頌者有之，可謂折衷諸本，曉暢精微，於初學者和精研者都適合。并且原編撰者南宋楊圭乃是進士出身，有較高的文化素養，所選注家，文人居士的比重很大，這使得全書的注文具有較高的文學性，可讀性較强。

（三）引禪入經，明心見性

如前所述，《金剛經》對南宗禪的成立起着至關重要的作用。後世禪家闡釋它時，又不斷地注入新思想，可以説，《集注》是以禪解經的集大成之作。朱棣在《金剛般若波羅蜜經序》中

[一]（清）孫念劬：《金剛經彙纂》，戴《卍續藏經》第四十册，第二百四十三頁下欄。

説：『是經也，發三乘之奥旨，啓萬法之玄微，論不空之空，見無相之相……誠諸佛傳心之秘，大乘闡道之宗，而群生明心見性之機括也。』〔二〕明確地將該經典認定爲衆生明心見性的關鍵。僅從所引注家而言，朱棣本《集注》也表現出鮮明的禪學傾嚮。『直到宋明以後，「文字禪」問世，充滿禪味的《金剛經》注疏，方纔出現……但完完全全以禪説《金剛》者，則始於明成祖之《金剛經注解》，又名《金剛經百家集注大成》。該書號稱「百家集注」，實除所引三十幾家而已，然隨手拈來：六祖、川禪師、龐居士、傅大士、黄檗禪師、臨濟禪師、永嘉玄覺、逍遥翁、佛鑒禪師、龍濟和尚、晁太傅、徑山杲一、大陽禪師、雲門大師、圓悟禪師、慈受禪師、海覺元禪師、百丈禪師、廬山歸宗、馬祖道一……説是禪宗天下，實非虚言。』〔三〕此外所采用注家中，文人居士也具有很高的禪學修養，如王日休、李文會就是其中的大家。

（四）援儒釋佛，三教一統

《集注》所輯注家即使僅有十八家，其注家之多也是集注本中少見的。單從注家的身份來説，文人居士的比重占了將近一半；如果從内容來説，文人居士的分量更大，因爲傅大士、王

〔二〕（明）朱棣：《金剛般若波羅蜜經序》，載《金剛經集注》，上海：上海古籍出版社，二〇一一年，第三—四頁。
〔三〕顧偉康：《金剛經解疑六講》，上海：上海古籍出版社，二〇一一年，第一百四十四—一百四十五頁。

日休及李文會的注文篇幅很大。傅大士乃南朝禪學大師，以居士身份弘菩薩行，是中土維摩禪的重要代表人物之一，提倡儒釋道三教融合。王日休乃宋代净土宗的重要人物之一，提倡稱名念佛、往生西方净土，因原理簡單、修行方便，極大地推動了净土信仰的世俗化。顏丙、李文會更是大力提倡三教一統的代表人物。這種大量輯録文人居士注解的方式，不同於釋家傳統的《金剛經》注，相對於僧肇、吉藏、窺基、宗密這些高僧大德的經注而言，文人居士的注更有文采，義理上表現出較爲明顯的儒學傾嚮，這是明初三教一統時代背景的真實反映。

值得注意的是，《集注》選取的注家中有不少福建籍的禪師和文人居士。正如前文所述，朱棣本是在楊圭《金剛經十七家釋義》的基礎上增加李文會注修訂而成的。除原編者楊圭是福建浦城人外，子榮、顏丙也是福建人，朱棣本新增的李文會則是福建晋江人。

三　意義及影響

在漢譯佛典闡釋史上，歷來注解《金剛經》之書籍多而雜，但《集注》能淘沙取金，以禪宗明心見性爲主旨，擇其至精至要者編纂而成，猶如渡航之舟筏，既促進了教内僧衆對《金剛經》的悟解，又甚得文人士大夫的喜愛。《集注》選取的十八位注家，文人學者注文所占比重最大，這一方面説明禪宗思想的士大夫化，另一方面，其所輯文人居士之注文，後世皆并未有單行本流傳，故《集注》對文人注《金剛經》的保存與傳播也功不可没。

此書編成之後，見之者皆嘆爲善本，持頌、重刻、翻刻者不少。如永樂年間曾奉旨箋注《大明三藏法數》的洪蓮在其《金剛經集注原序》中即説：『洪惟太宗皇帝，不忘靈山付囑之情，遂啓流通之念……奉佛弟子來福等，睹斯最上大乘，如暗遇明，如貧得寶，如久病得痊安，如遠客歸故里，踴躍歡然，信受奉行。由是會約同志，罄捨珍資，命工重刊印施，遐邇流傳。』[二]清乾隆年間著名書畫家陶學椿《重刻〈金剛經〉跋》又云：『注者不下六七百家，求其曉暢精核，迄無善本……今年秋，余浪游庾嶺，寓妙嚴署齋。談次，示余一編，得之淮陰程君秋泉，乃前明永樂朝命諸臣彙考輯訂，較諸本最精。敷坐莊誦，嘆爲觀止。妙嚴慮舊板漫漶，無以廣其傳也，即付之剞劂，匝月工竣。』[三]由此可見，朱棣本編成後於教内外皆有流傳。而楊圭本，相對説來，主要於閩北及江浙一帶的教外流布。宋咸淳元年（一二六五）進士及第的邵武人黄公紹《金剛般若波羅蜜經集解後序》即指出：『而南浦開國楊公所編之本爲善，迺吾樵西杭衆信之所

[二]（宋）楊圭原纂：《金剛經五十三家注解》，載中國宗教歷史文獻集成編纂委員會編纂：《藏外佛經》，第七册，合肥：黄山書社，二〇〇五年，第六百五十七頁。

[三]（宋）楊圭原纂：《金剛經五十三家注解》，載中國宗教歷史文獻集成編纂委員會編纂：《藏外佛經》，第七册，合肥：黄山書社，二〇〇五年，第七百七十六頁下欄—七百七十七頁上欄。

刻。自罹兵革，人鮮克有，杉陽葉君總管得之而喜，刻諸梓以廣其施，將使家有此經之本，人解此經之義。』[二]元人延平順邑龍際野人秋水廖文淼又曰：『《金剛經》解注，奚翅維八百手脚下安注脚者夥？開國楊公撮得其奧旨僅十有七家，是編一出，使學佛者直足本來面目。然此本罕傳於世，至元乙亥邑佐胡侯得於沙陽丁宰而授余兄仁齋，仁齋以仁存心而壽諸梓，印施幾百餘卷。宦游三吾，已印之經有限，而請誦之人無窮。余謹備楮墨，命工印造，以推吾兄之仁，博吾兄之施，願與十方善信傳佛心法者同增福惠。』[三]沙陽，即建陽。

除翻刻、重刻外，《集注》的影響還體現在後人對此書的引用上。明韓岩集解、程衷懋補注之《金剛經補注》，清存吾《金剛經闡説》，清孫念劬《金剛經彙纂》等，對《金剛經集注》多有引用，其編輯範式也以之爲參考。

對這樣重要的一個集注本，學術界尚未進行進一步的整理和研究，目前僅有標點本出版，未見有校對本及注釋本。因此，我們不畏譾陋，試以明内務府刻本爲底本，以宋楊圭《金剛經十七家釋義》和明洪蓮《金剛經五十三家注解》爲校本進行點校。首先，糾正了朱棣本存在的

[二]（宋）楊圭集注：《金剛般若波羅蜜經》卷四，明嘉靖四十年（一五六一）學易山人刻本。
[三]（宋）楊圭集注：《金剛般若波羅蜜經》卷四，明嘉靖四十年（一五六一）學易山人刻本。

一些錯誤。其次，對書中所引注家、注文出處逐一進行考辨，厘清了不少撲朔迷離的疑難問題。再次，對一些晦澀難懂的文字進行扼要注解，希望有助於讀者的閱讀理解。

道川禪師頌曰：『自小來來慣遠方，幾回衡岳渡瀟湘。一朝踏著家鄉路，始覺途中日月長。』注罷此經，真的頗有種『途中日月長』的悵然，又有種『踏著家鄉路』的放心。驀然回首間，月映萬川，江水澄净。

凡　例

一　本書以上海古籍出版社一九八四年影印（二〇一一年重印）之復旦大學圖書館藏明永樂内府刻本朱棣《金剛般若波羅蜜經集注》爲底本。

二　朱棣《金剛般若波羅蜜經集注》係以南宋楊圭所編的《金剛經十七家釋義》（或稱《十七家解注金剛經》）爲底本增補而成。明正統三年（一四三八），洪蓮又對朱棣《金剛經集注》進行修補增訂重刊，是爲洪蓮本。上述兩個系統的有關版本，皆爲本書的重要參校本。

三　楊圭所編之《十七家解注金剛經》，筆者所搜集到的版本有：（一）明嘉靖四十年學易山人刻本（國家圖書館藏，館藏信息題爲：《金剛般若波羅蜜經》，宋楊圭集注）；（二）明戚繼光刻本（臺北『國家圖書館』藏，館藏信息題爲：《金剛般若波羅蜜經集解》，宋楊圭編）。經比較，兩者文字内容基本無异，但戚繼光本（簡稱戚本）版刻精良，印刷清晰，故以戚本爲校本。

四　洪蓮本系統的版本目前所得有：（一）康熙五十二年癸巳（一七一三）實俗刊本（封面題爲《金剛經五十三家注》，藏美國華盛頓大學圖書館，據臺北『國家圖書館』古籍庫影像），簡稱實俗本；（二）同治九年（一八七〇）衆善堂刊本（封面題爲：《金剛經五十三家注解四卷》，南宋楊圭原纂。見中國宗教歷史文獻集成編纂委員會編纂《藏外佛經》，第七册，合肥：黄山書社，二〇〇五年），簡稱衆善堂本；（三）日本藏經書院《卍續藏經》鉛印本（題爲：《金剛經注解》四卷，世稱《金剛經五十三家注》，明洪蓮編。見《卍續藏經》第三十八册，臺北：新文豐出版股份有限公司，一九九五年），簡稱卍續藏經本。經比較，這三個版本文字内容未見明顯差异，但衆善堂本的版刻較爲清晰明朗，故以衆善堂本爲校本。

五　底本中所引的川禪師頌，出自宋代道川禪師頌并著語的《金剛經注》（《卍續藏經》第三十八册，臺北：新文豐出版股份有限公司，一九九五年），故底本中的川禪師頌亦參考此版本進行對校。另，對川禪師頌的箋注部分參考鄭震等注釋之《金剛經川老頌古評記》（日本京都大學圖書館藏）。

六　底本中所引的傅大士頌和智者禪師頌出自《梁朝傅大士頌金剛經》（或《梁朝傅大士夾頌金剛經》）。《梁朝傅大士頌金剛經》各藏經中未見收録，也未見單行本，隋唐時期的各種《金剛經》注釋、撰述本中亦未提及。但宋代的各種《金剛經》注本中就屢有出現，如朱棣集注本中所收録的王日休、顔丙、李文會注中皆有引用，楊圭所輯之《十七家解注金剛經》更將傅大士頌完整地輯入注本中。可見，《梁朝傅大士頌金剛經》在宋代應該還是比較流行的，但此後該書又逐漸失傳。二十世紀初，敦煌寫本《梁朝傅大士頌金剛經》的出現，引起了學界的廣泛關注，取得了豐碩的研究成果。底本中的傅大士頌和智者禪師頌，則參考達照整理的敦煌寫本《梁朝傅大士頌金剛經》（簡稱《傅大士頌》），見方廣錩主編《藏外佛教文獻》第九册，北京：宗教文化出版社，二〇〇三年）、《梁朝傅大士夾頌金剛經》（簡稱《傅大士夾頌》，同前）進行對校。

七　《金剛經集注》所集之注文，有出現於藏内外其他著作中者，皆據以參校。

八　本書校注并舉，書内容分爲『經文』『注文』兩部分，因爲原書所輯之『注文』已對『經文』做了詳細深入的闡釋，故本書的箋注衹針對『注文』。

九　底本原有之雙行夾注之小字，今以單行夾注小字呈現。

十　底本原有俗字、异體字、古今字等，一般改作通行之標準繁體字。爲省篇幅，一般不出校記。

十一　楊圭本没有輯録李文會注，故用來對校之戚本，皆無李文會注條，文中不一一標注。

十二　戚本中經文内容多有反切注音，底本及衆善堂本中無。若未涉及内容校注的，不一一標注。

十三　底本原無『三十二分』之目録，爲方便讀者閲覽，故補之。

十四　本書底本之注條的『某某曰』之後統一不加引號，注條中的引文纔用引號，但若引文出處未查到或不能確定引文起止句的，則不加引號；原文中涉及的歷史人物，若是底本所輯入之注家則詳細考辨，反之，則簡要説明，較常見者則不注；底本注條中引用之經書，較常見者不加箋注，除非涉及引文的校對或語義的考辨纔加以箋注；底本於每條注文開頭的注家都用黑底白文顯示，今統一加粗處理，對於底本原算作一單獨注家，經校者辨析後認爲不算作一單獨注家的，不做加黑處理；箋注中所引文獻出處、版本信息見書後參考文獻。

目録

御製金剛般若波羅蜜經集注序

朕惟佛道弘深精密，神妙感通，以慈悲利物，以智慧覺人。超萬有而獨尊，歷曠劫〔一〕而不壞。先天地而不見其始，後天地而不見其終。觀之《金剛般若波羅蜜經》，蓋可見矣。是經也，發三乘〔二〕之奧旨，啓萬法之玄微。論不空之空〔三〕，見無相之相〔四〕。指明虚妄，即夢幻泡影〔五〕而可知；推極根原，於我人衆壽〔六〕而可見。誠諸佛傳心之秘，大乘闡道之宗，而群生明心見性之機括〔七〕也。

【箋注】

〔一〕曠劫：指久遠之劫。曠，久也。劫乃梵語 kalpa（劫波）音譯之略，謂長時期。曠劫，極言過去時之長。隋智顗《摩訶止觀》卷五曰：『彌生曠劫，不睹界内一隅，況復界外邊衣。』

〔二〕三乘：本指三種交通工具，佛教用來比喻運載衆生渡越生死到涅槃彼岸的三種法門，包括聲聞乘、緣覺乘、菩薩乘。其中，聲聞、緣覺二乘唯自利，無利他，故總稱小乘；菩薩乘自利、利他具足，故爲大乘。又有稱三乘爲小乘、中乘、大乘，或下乘、中乘、上乘者。

〔三〕不空之空：大乘空宗持真空妙有説，如五代宋初釋延壽《萬善同歸集》卷下即説：『夫有是不有之有，非實有；空是不空之空，非斷空。若决定爲有，非是幻有，而生隔閡；若虚豁爲空，即同太虚，而無妙用。』

〔四〕無相之相：即實相、法相。北凉曇無讖譯《大般涅槃經》卷第四十曰：『須跋陀言：「世尊，云何名爲實相？」「善男子，無相之相，名爲實相。」』後秦僧肇《肇論·宗本義》曰：『夫不存無以觀法者，可謂識法實相矣。雖觀有而無所取相，然則法相爲無相之相，聖人之心爲住無所住矣。』

〔五〕夢幻泡影：《金剛經》之四喻。什譯《金剛經》曰：『一切有爲法，如夢幻泡影，如露亦如電，應作如是觀。』

〔六〕我人衆壽：即我相、人相、衆生相、壽者相四相。什譯《金剛經》曰：『須菩提！若菩薩有我相、人相、衆生相、壽者相，即非菩薩。』題爲唐慧能的《金剛經解義》卷上曰：『衆生佛性本無有异，緣有四相，不入無餘涅槃。有四相即是衆生，無四相即是佛。』

〔七〕機括：原指弩上控制箭矢發射的機件，常比喻處理事務的權柄、關鍵。宋楊彦國《楞伽經纂》卷第一曰：『如機括之發不可禦。』

夫一心之源，本自清净，心隨境轉，妄念即生。如大虛〔一〕起雲，輒成障翳〔二〕；如寶鏡蒙塵，隨韜光彩。由此逐緣而墮幻，安能返妄以歸真？惟如來以無上正等正覺，發慈悲至願，閔凡世之沉迷，念衆生之冥昧，爲説此經，大開方便。俾解粘而釋縛〔三〕，咸滌垢以離塵，出生死途，登菩提岸；轉痴迷爲智慧，去昏暗即光明。是經之功德，廣矣大矣。

【箋注】

〔一〕大虛：亦作太虛，指天空。

〔二〕翳（yì）：遮蔽，障蔽。

〔三〕解粘釋縛：又作解粘去縛。意謂解除情識知解與分別心的執著、束縛。《圓悟佛果禪師語録》卷第十三曰：『祖師西來，不立文字，直指人心，見性成佛。祇論直指人心，要須是其中人始得。若立語句，以至百千萬億方便，其意祇是與人解粘去縛，令教净裸裸地輝騰今古，實無許多般計校。』

雖然，法由心得，非經無以寓夫法；經以人傳，非言無以著夫經。爰自唐宋以來，注釋是經者，無慮數十百家，雖衆説悉加於剖析，而群言莫克於折衷。朕夙欽大覺，仰慕真如，間閲諸編，選其至精至要、經旨弗違者，重加纂輯，特命鋟梓，用廣流傳。俾真言洞徹，秘義昭融，見之者如仰日月於中天，悟之者若探寶珠於滄海，豈不快哉！豈不偉哉！嗚呼！善人良士，果能勤誠修習，虔禮受持，緣經以求法，因法以悟覺，即得滅無量罪愆，即得獲最勝福田〔一〕。證果人天〔二〕，永臻快樂，功德所及，奚有涯涘哉！謹書爲序，以示將來。

永樂二十一年四月十七日㊀

【校記】

㊀作序時間，衆善堂本則作『明永樂癸卯（二十一年，一四二三）四月八日』，未知孰是，俟考。

【箋注】

〔一〕福田：佛典譬喻之一。凡敬侍佛、僧、父母、悲苦者，即可得福德、功德，猶如農人耕田，能有收穫，故以田爲喻。如《諸德福田經》説：『一者發心離俗，懷佩道故；二者毁其形好，應法服故；三者永割親愛，無適莫故；四者委棄軀命，遵衆善故；五者志求大乘，欲度人故。以此五德，名曰福田。』

〔二〕人天：分指人界（趣）及天界（趣），係佛教六道（趣）之一，皆爲迷妄之界。

金剛般若波羅蜜經

姚秦三藏鳩摩羅什奉詔譯

仙游翁集英〔一〕**曰**：金剛者，金中精堅者也。剛生金中，百煉不銷，取此堅利，能斷壞萬物。五金皆謂之金，凡止言金者謂鐵也。此言金剛，乃若刀劍之有鋼鐵耳，譬如智慧，能斷絶貪嗔痴一切顛倒之見。般若〔二〕者，梵語，（梵語者，西方之語也。）唐言智慧（唐言者，中國之言也。）性體虛融，照用自在，故云般若。梵語波羅蜜〔三〕，唐言到彼岸。欲到彼岸，須憑般若。此岸者，乃衆（平聲）生作業受苦生死輪迴之地；彼岸者，謂諸佛菩薩究竟超脱清净安樂之地。凡夫即此岸，佛道即彼岸；一念〔四〕惡即此岸，一念善即彼岸。六道〔五〕如苦海，（六道者，天、人、阿修羅、地獄、餓鬼、畜生。）無舟而不能渡。以般若六度〔六〕爲舟航，（度與渡同，六度見此後陳雄解。）渡六道之苦海。又西土俗語『凡作事了辦，皆言到彼岸』。經者，徑也，此經乃學佛之徑路也。

【箋注】

〔一〕仙游翁集英：仙游翁，即楊圭。楊圭（一一五一—一二三五後），字國瑞，號仙游翁，福建浦城人。慶元五年（一一九九）中舉，曾任浙江黄岩縣知縣，以中大夫致仕，受封開國郎，賜紫金魚袋。楊圭由科舉出身，飽讀儒家經典，關心民瘼，鋭意改革。同時他又熟知内典、精通佛理，還熱衷於求道修仙。曾編輯《金剛經十七家釋義》（或稱《十七家解注金剛經》），朱棣本《金剛經集注》就是在此彙輯本的基礎上進一步增集編輯而成的。集英，意爲『集群英之言』。全書中出現『仙游翁』者僅有此一處。

〔二〕般若：梵文 prajñā 之音譯，又作波若、般羅若等，意爲慧、明、智慧。

〔三〕波羅蜜：梵文 pāramitā 之音譯，意爲到彼岸、度、度無極或圓滿、終了，即從有生死之此岸而至涅槃解脱之彼岸。

〔四〕一念：指極短之時間單位，或作瞬間，或指某一事甫成就之片刻。

〔五〕六道：又作六趣，指地獄道、餓鬼道、畜生道、修羅道、人間道、天道。其中，前三者稱爲三惡道，後三者稱爲三善道。

〔六〕六度：度，梵語 pāramitā 之意譯，乃到彼岸之意，即是從煩惱的此岸度到覺悟的彼岸。六度，即六波羅蜜，就是六個到達彼岸的方法，包括布施、持戒、忍辱、精進、禪定、智慧。

冲應真人周史卿〔一〕作《楊亞夫真贊解》云：『鐵之爲物，其生在礦，其成爲鐵㊀，性剛而體不變，火王去聲。而器乃成，佛之所以喻金剛也。』又因其兄看《圓覺經》，以書示之曰：『古人有云：「青青翠竹，總是真如。鬱鬱黃花，無非般若。」〔二〕真如與翠竹一體，蓋無色聲香味觸法也；六塵。般若與黃花一類，蓋無見聞覺知也。』

【校記】

㊀鐵：此句兩個『鐵』字，咸本皆作『金』。

【箋注】

〔一〕冲應真人周史卿：北宋道士，福建浦城人，民間傳聞其得道成仙，浦城當地有其廟。《大明一統志》卷第七十六《仙釋》：『周史卿：浦城人。宋元祐中遇异人，得養生之要，隱油果山二十年，煉丹垂成。一夕，風雷大作，丹已失矣。遂出神求之，謂妻曰：「七日復來。」有一僧勸其妻曰：「學道者，視形骸如糞土。」遂焚之。明日，史卿來，空中啞啞，責其妻而去。』楊圭之《十七家解注金剛經姓號目録》未列周史卿，文中亦僅兩次引周氏之語。此處一條爲楊圭所引，用來解釋經題；後文一條從所引内容推測，疑爲楊圭於文後所加之注。故周史卿并非一單獨注家。

〔二〕青青翠竹，總是真如。鬱鬱黄花，無非般若：意爲草木等無情之物皆有佛性，即真如佛性處處存在。《祖庭事苑》卷第五『翠竹黄花』條曰：『道生法師説：「無情亦有佛性。」乃云：「青青翠竹，盡是真如。鬱鬱黄花，無非般若。」……又禪客問南陽國師：「青青翠竹盡是真如，鬱鬱黄花無非般若，人有信否，意旨如何？」師曰：「此盡是文殊、普賢大人境界，非諸凡小而能信受。」』

陳雄〔一〕**曰**：波羅蜜有六，或布施，度慳貪。或持戒，度淫邪。或忍辱，度嗔恚。或精進，度懈退。或禪定，度散亂。各占六度之一。唯一般若能生八萬四千智慧，則六度兼該，萬行俱備。是故如來以智慧力，鑿人我山〔二〕；以智慧因，取煩惱礦；以智慧火，煉成佛性精金。夫植善根者，始而誦經，終而悟理，得堅固力，金剛是也；具大智慧，般若是也；度生死海，登菩提岸，波羅蜜是也。五祖大師常勸僧俗但持《金剛經》，即自見性成佛；六祖大師一夜聽五祖説法，恰至『應無所住而生其心』，言下便悟，兹其所以爲上乘頓教也歟。

【箋注】

〔一〕陳雄：未確知何人。據宋梁克家《三山志》卷二七記載，陳雄，字强用（《萬曆福安縣志》載其字『用强』），長溪（今福建福安）人，大觀三年（一一〇九）登第，終朝奉大夫，知象州。但方志未載其有關於《金剛經》的著作。又有福建龍溪（今屬漳州）人陳雄卿。據嘉定癸酉（一二一三）《清漳志》陳宏規傳附載，其父陳雄卿『人稱爲長者，有《金剛性理説》《圓覺經説》行於世』，以其子受封朝議大夫。明代何喬遠《閩書》卷第一百十七及清代黄惠等編撰的《龍溪縣志》卷十五『人物』陳宏規傳皆載其『父雄卿』。其所解説之《金剛經》已佚。另，楊圭《十七家解注金剛經姓號目録》列『致政陳雄』。戚本『須菩提菩薩爲利益一切衆生，應如是布施』，『爲』之經文下有小字夾注『訥師、陳致政音謂』。不知『致政』究竟是其字還是尊稱。南宋釋居簡《北磵集》有《陳致政施田度僧記》一文，此陳致政爲何人，無從查起。從楊圭所輯注家的地域和時間推測，此處所引之陳雄爲福安人的可能性較大。底本所輯陳雄注文六十七條。

〔二〕人我山：喻指『我執』。衆生之『我執』堅固如山，難以排除障礙。

顔丙㊀〔一〕**曰：**祇這一卷經，六道含靈，一切性中，皆悉具足。蓋爲受身之後，妄爲六根，眼、耳、鼻、舌、身、意。六塵，色、聲、香、味、觸、法。埋没此一段靈光，終日冥冥，不知不覺。故我佛生慈悲心，願救一切衆生齊超苦海，共證菩提。所以在舍衛國中爲説是經大意，祇是爲人解粘去縛，直下明了自性。自性堅固，萬劫不壞，如金性堅剛也。

【校記】

㈠顔丙：除底本外，戚本、學易山人本、衆善堂本皆作『顔柄』，似亦可，如《一貫别傳》即兩次引如如居士顔柄之語。

【箋注】

〔二〕顔丙：南宋中前期居士，福建順昌人，號如如居士。《中國佛學人名辭典》『顔丙』條載：『顔丙，宋優婆塞，號如如居士，謁雪峰然公得法。博學多聞，兼通孔老，嘗作三教詠，世喜誦之，又作勸修净業文，亦行於世。』（乾隆）《福建通志》卷第六十《方外·延平府·元》及《延平府志》并載如如居士爲順昌顔氏之子，宋末舉於鄉，後棄儒入釋，元初過將樂云云。《順昌縣志》《閩書》并載其墓在順昌縣南的獅子峰上。據此，應可確定顔丙爲福建順昌人，但所載南宋末元初的時代應有誤。清代彭紹升所編《居士傳》據《續燈存稿》《學佛考訓》載：『如如居士顔丙者，雪峰然公嗣也。』又據明吴侗集、明道忞重編的《禪燈世譜》卷五記載，顔如如居士承雪峰慧然法嗣。雪峰慧然出於大慧宗杲門下。大慧宗杲（一〇八九—一一六三）生活於北宋末南宋初年，則顔如如居士生活的時間當在南宋中前期，恰比楊圭稍早或同時，所以楊圭所編之《十七家解注金剛經》纔可能引用顔丙之注。因此，顔丙應該是福建順昌人，生活於南宋中前期。其所注之《金剛經》已佚。底本所輯顏丙注文五十九條。

李文會〔一〕**曰：**金剛者，堅利之物，能破萬物也。般若者，梵語也，唐言智慧，善破一切煩惱，轉爲妙用。波羅蜜者，梵語也，唐言到彼岸。不著諸相謂之彼岸，若著諸相謂之此岸，又云：『心迷則此岸，心悟則彼岸。』經者，徑也，見性之道路也〔二〕。㊀

【校記】

㊀戚本和衆善堂本無此條注文。李文會之注，乃朱棣本所增入者，故楊圭本皆無，後文不一一標注。

【箋注】

〔一〕李文會（一一〇〇—一一六五）：字端友，南宋泉州惠安人。其年少好學，博覽群籍，研治經學，亦擅詩賦。建炎二年（一一二八）進士，後拜殿中侍御史，遷御史中丞。紹興十四年（一一四四）五月，拜端明殿學士，兼署樞密院事，權參知政事。同年十二月，因彈劾奸臣万俟卨得罪秦檜，檜罷之，尋貶其筠州居住，後移置江州。謫居江州之時，李文會潛心經學與佛學，對《金剛經》進行過系統注解，并撰有《三教通論》。紹興二十七年（一一五七），秦檜死後兩年，李氏冤案被平反，以龍圖閣學士出任四川安撫制置使。二十八年（一一五八），帥瀘南，任上撰出《中興十要》。隆興間（一一六三—一一六四）致仕歸鄉，卒謚『靖節』。事詳黄啓明《温陵英彦——泉州歷代狀元宰相全傳》。其所注之《金剛經》已佚。底本所輯李文會注文一百五十二條。

〔二〕本句與題爲『曹溪六祖大師慧能撰』《金剛經解義》之序中所説『何名爲經？經者，徑也，是成佛之道路。凡人欲臻斯路，當内修般若行以至究竟』含義相近。見性：指徹見衆生自心之佛性，也作『見性成佛』。《黄蘗斷際禪師宛陵録》即云：『即心是佛。上至諸佛，下至蠢動含靈，皆有佛性，同一心體。所以達摩從西天來，唯傳一法：直指一切衆生本來是佛，不假修行。但如今識取自心，見自本性，更莫别求。』

無爲軍冶父山川禪師〔一〕**曰**：法不孤起，誰爲安名。頌曰：『摩訶大法王，無短亦無長。本來非〔一〕皂白，隨處現青黄。〔二〕華發看朝艷，林凋逐晚霜。疾雷何太急，迅電亦非光。凡聖猶難測，龍天〔三〕豈度量。古今人不識，權立號金剛。』〔三〕

【校記】

㊀非：宋道川《金剛經注》爲『無』。

㊁戚本和衆善堂本無此條注文。

【箋注】

〔一〕川禪師：號實際，宋姑蘇玉峰（今江蘇昆山）人，南岳下十五世，浄因繼成禪師法嗣。原名狄三，爲縣弓手，初從謙首座習法，謙爲其改名道川。建炎（一一二七—一一三〇）初，至天封寺（今浙江天台縣北）參蹣庵繼成禪師，得其印可。龍興間，鄭喬年漕淮西，至無爲軍（今安徽廬江）冶父寺，虚席迎道川禪師講法。因道川常年在無爲軍冶父寺弘法，故被尊稱爲冶父道川禪師。其生平事迹，主要記載於《嘉泰普燈録》卷第十七、《五燈會元》卷第十二、《續傳燈録》卷第三十、《吴郡志》卷第四十二、《姑蘇志》卷第五十八。其著作有《金剛般若波羅蜜經頌》三卷，又稱《川老金剛經注》，此注本中有頌一百零九首，收録於《卍續藏經》第三十八册，題爲《金剛經注》三卷，宋道川頌并著語。底本所輯之川禪師注文皆出自此書。據《五燈會元》卷第十二記載：『建炎初，圓頂游方。至天封蹣庵，與語鋒投，庵稱善。歸憩東齋，道俗愈敬。有以《金剛般若經》請問者，師爲頌之，今盛行於世。』可知川老《金剛經注》的成書時間在建炎（一一二七—一一三〇）初年。又，『隆興改元（一一六三），殿撰鄭公喬年漕淮西，適冶父，虛席迎開法。上堂：「群陰剥盡一陽生，草木園林盡發萌。唯有衲僧無底缽，依前盛飯又盛羹。」』由此可知川禪師的主要活動時間在建炎至隆興年間。底本所輯川禪師注文有一百零六條，其中七條可以判斷爲李文會注文中所引，另有一些楊圭本没有而朱棣本有的，不知是朱棣本增入亦或是李文會注文所引。

〔二〕此四句詩，宋宗鏡述、明覺連重集《銷釋金剛經科儀會要注解》卷第二亦有之，且在詩後注曰：『摩訶，大者，乃華梵兼舉也。法王者，指般若智爲王，於一切法自在。內不爲根識所埋，外不爲塵境所惑，云自在。此心王之體，無長短之相，無皂白之色也。隨處現青黄者，此之心王，雖無色相，內含三類種子，遇境逢緣，而能變現根身器界之法，故云隨處現青黄也。』（按，這本題爲『隆興府百福院宗鏡禪師述』的《金剛經科儀》，據車錫倫所言，是宗鏡禪師在南宋理宗趙昀淳祐二年（一二四二）所編。

〔三〕龍天：過去世佛之名號。《無量壽經》卷上云：『乃往過去久遠無量不可思議無央數劫，錠光如來興出於世，教化度脱無量衆生，皆令得道乃取滅度。次有如來名曰光遠……次名龍天。』

法會因由分第一

如是我聞：

王日休〔一〕曰： 是，此也，指此一經之所言也。我者，乃編集經者自謂，是阿難也。如是我聞者，如此經之所言，乃我親聞之於佛也。弟子嘗問佛云：『他時編集經教，當如何起首？』佛言：『從如是我聞起。』

【箋注】

〔一〕王日休（？—一一七三）：字虛中，號龍舒居士，龍舒（今安徽舒城）人。宋高宗朝舉國學進士，棄官不就。清净簡潔，博通群經，曾著《六經訓傳》數十萬言。一日，忽全部捨棄，專習西方净土。布衣蔬茹，日課千拜，夜分乃寢。著有《龍舒净土文》，影響深遠。《居士傳三十三·王虛中傳》曰：『自王公士大夫下至屠丐僮奴皂隸優妓之屬，咸以净土法門勸引歸依。其文淺説曲喻，至詳至懇，若父兄之教子弟然……虛中將卒前三日，遍別道友，勗以精修净業，云：「將有行，不復相見。」及期，與生徒講書畢，禮誦如常時。至三更，忽厲聲稱「阿彌陀佛」數聲，唱言「佛來迎我」，屹然立化。』其所注之《金剛經》已佚。底本所輯王日休注文有九十五條。

李文會曰：如是我聞者，如來臨涅槃日，阿難〔一〕問曰：『佛滅度後，一切經首初安何字？』佛言：『初安如是我聞，次顯處所。』是故傅大士〔二〕云：『如來涅槃日，娑羅雙樹間。阿難没憂海，悲慟不能前。優波初請問，經首立何言。佛教如是著㈠，萬代古今傳。』㈡若以諸大宗師言之：如者，衆生之性，萬別千差，動靜不一，無可比類，無可等倫；是者，祇是衆生性之別名，離性之外，更無別法。又云：法非有無，謂之如；皆是佛法，謂之是。

【校記】

㈠著：底本爲『者』，衆善堂本作『著』。又，《傅大士頌》亦作『著』。據此，改爲『著』。

㈡關於此頌，張子開和達照認爲應該屬於『智者頌』而非傅大士頌。戚本於『與大比丘衆，千二百五十人俱』下輯有此頌，題『智者頌』，是。

【箋注】

〔一〕阿難：梵名Ānanda，全稱阿難陀。意譯爲歡喜、慶喜、無染。爲佛陀十大弟子之一。係佛陀之堂弟，出家後二十餘年間爲佛陀之常隨弟子，善記憶，對於佛陀之説法多能朗朗記誦，故譽爲『多聞第一』。

〔二〕傅大士（四九七—五六九）：姓傅名翕（《續高僧傳》稱傅弘），字玄風，號善慧，東陽郡烏傷縣（今浙江義烏）人，又稱善慧大士、魚行大士、雙林大士、東陽大士、烏傷居士等。少時不學問，以捕魚爲生。普通元年（五二〇），傅大士二十四歲時，偶遇天竺僧人嵩頭陀者，言下悟道，遂結庵於雙檮下，自號『雙林樹下當來解脱善慧大士』，聲名逐漸遠播。據傳他曾爲梁武帝講解《金剛經》，深受梁武帝賞識。傅大士一生未出家，以居士身份而廣弘菩薩行，後創建雙林寺，廣弘佛法，名震天下，與達摩、誌公并稱『梁代三大士』。傅大士被稱爲中國維摩禪祖師、中土彌勒教的創始人，在中國佛學史上具有深遠的影響。其著作主要有《心王銘》《善慧大士録》《梁朝傅大士頌金剛經》。關於《傅大士頌》的作者，一直以來都認爲就是傅大士。敦煌寫本《梁朝傅大士頌金剛經》之《〈梁朝傅大士頌金剛經〉序》亦曰：『《金剛經歌》者，梁朝時傅大士所作也……大士得板，即唱經歌四十九頌，終而去……因提此頌於荆州寺四層閣上，至今現在。』但學界目前已經有足够的證據可以説明其非梁朝傅大士所作。但對於其真實的作者是誰，目前尚未有定論，較有代表性的觀點有幾種：一是認爲傅大士頌是法相宗學人所作，以日本學者矢吹慶輝爲代表；二是認爲是無名菩薩所作，此觀點爲香港的衍空法師所提出；三是認爲是佛窟遺則所作，此觀點的提出者爲張勇。達照則仿照衍空法師的説法，稱此作者爲無名菩薩，且這個無名菩薩應爲唯識宗學人。在此基礎上，達照還考察了附會者的身份，認爲其可能是天台宗的學人。關於傅大士頌的創作年代，學界主要有以下幾種觀點：初唐或隋朝（松崎清浩）、初唐（小林雪峰）、初唐後期（周叔迦）、不早於九世紀之前（德國學者Peter Zieme）、不早於公元八〇五年（陳祚龍）、約在公元六四五—八六七年之間（衍空法師）、在公元八二二—八三一年之間（張勇）。達照認爲《傅大士頌》是由《金剛經贊》演變而來的，《金剛經贊》的創作時間應自七世紀中、下葉到八世紀下葉，約一百五十年之中；而《金剛經贊》演變爲《傅大士頌》的時間可能在公元八二二年至公元八三一年之間。底本所輯傅大士頌有七十五條，其中有些爲李文會注文所引之内容，兩條爲顔丙注文所引之内容，一條爲王日休注文所引之内容，還有一些是重複引用。

川禪師云：如是㊀，古人道喚作如如，早是變了也。且道變向什麼處去？咄〔二〕，不得亂走！畢竟作麽生道，火不曾燒你㊁口〔二〕。『如如，明鏡當臺萬象居。是是，水不離波波是水，鏡水塵風不到時，應現無瑕照天地。』㊂我者，爲性自在，强名之也。㊃又云：『身非有我，亦非無我。不二〔三〕自在〔四〕，名爲真我。』㊄又云：『净裸裸，赤灑灑，没可把〔五〕。』頌曰：『我我，認著㊅分明成兩個，不動纖毫合本然〔六〕，知音自有松風和。』聞者，聽聞也。㊆經云：『聽非有聞，亦非無聞，了無取捨，名爲真聞。』㊇又云：『切忌隨他去。』頌曰：『猿啼嶺上，鶴唳林間〔七〕，斷雲風捲，水激長湍，最愛晚秋霜午夜，一聲新雁覺天寒。』㊈

【校記】

㊀是：道川《金剛經注》中無『是』字。

㊁你：道川《金剛經注》中無『你』字。

㊂此爲頌語，道川《金剛經注》爲『如，静夜長天一月孤；是，水不離波波是水。鏡水塵風不到時，應現無瑕照天地。看看。』底本所引的川禪師頌中，凡叠字的，例如『如如』『我我』，以及後文的『一一』『時時』，道川《金剛經注》皆爲單字『如』『我』『一』『時』，後文不一一詳注。

㊃此句非川禪師注。

㊄此句非川禪師注。

㈥著：道川《金剛經注》中爲『得』。
㈦此句非川禪師注。
㈧此句非川禪師注。
㈨此條注文中引用了三處川禪師注，中間又夾雜其他注文，應爲李文會注中所引之内容，不作爲單獨的一條注文。戚本和衆善堂本無此條注文。

【箋注】

〔一〕咄：呵斥聲。

〔二〕火不曾燒你口：指不落言詮。唐栖復集《法華經玄贊要集》卷二十七：『言法實亡言者，以言顯説，名智方便所説之法，雖非即真。萬法名字皆是假有，唤火之時，不得火燒口。雖不是真，然所説之法，合著所證之法，所證之法是無名相法。言中説還説著無名相法也，然一切法之自性，并皆言詮不及。假智及詮依共相轉，如呼水火等。問真如亦爾。二法何别？答且如詮火煐爲自性，即成唤，雖不燒定煐爲相。若言真法非净非染，離中離邊，如是説時，亦不稱體，不可説故。』宋義青頌古、元從倫評唱《林泉老人評唱投子青和尚頌古空谷集》卷三：『若是得底人，道火不曾燒口。終日説事，未嘗挂著唇齒，未嘗道著一字。』

〔三〕不二：不二法門。指超越一切絶對、平等真理之教法，即在佛教八萬四千法門之上，能直見聖道者。出自《維摩詰所説經・入不二法門品》。歷代文人引用此典故者很多，常用來象徵佛法的微妙。後亦用來指學習某種學問技術的唯一無二的方法和訣竅。

〔四〕自在：自由自在，隨心所欲，做任何事均無障礙。

〔五〕净裸裸，赤灑灑：禪林用語，指放下萬事，身心脱落，天真獨朗，空寂清净。《撫州曹山元證禪師語録・五位旨訣》曰：『净裸裸，赤灑灑，面目堂堂，盡天盡地，獨尊無二，是曰正中來。』守堅集《雲門匡真禪師廣録》卷下：『師到灌溪。時有僧舉灌溪語云：「十方無壁落，四面亦無門。净裸裸，赤灑灑，没可把。」問師：「作麽生？」師云：「與麽道即易，也大難出。」僧云：「上座不肯，和尚與麽道那。」師云：「儞適來與麽舉那。」僧云：「是」。師云：「儞驢年夢見灌溪麽？僧云：「某甲話在。」師云：「我問儞：十方無壁落，四面亦無門，净裸裸，赤灑灑，没可把。儞道：大梵天王與帝釋商量個什麽事？」僧云：「豈干他事？」師喝云：「逐隊喫飯漢。」』宋紹隆等編《圓悟佛果禪師語録》卷第二又云：『净裸裸絶思惟，赤灑灑没可把。』

〔六〕布袋和尚有歌曰：『若睹目前真大道，不見纖毫也大奇。』（《景德傳燈録》卷第二十七）

〔七〕芙蓉道楷禪師上堂曰：『嶺上猿啼，露濕中宵之月；林間鶴唳，風回清曉之松。』（《五燈會元》卷第十四）

一時，佛在舍衛國，祇㊀樹給孤獨園，

【校記】

㊀祇：戚本作『祇』，并夾注『音祈』。藏經中或作『祇』，或作『祇』。今統一作『祇』。

肇法師〔一〕曰：一時者，說此般若時也。

【箋注】

〔一〕肇法師：楊圭《十七家解注金剛經姓號目録》題作『後秦解空僧肇』。僧肇（三八四—四一四），東晉高僧，俗姓張，京兆（今陝西西安）人。原本崇信老莊，後讀《維摩詰經》而出家，爲鳩摩羅什弟子，以擅長般若學著稱，被譽爲漢地『解空第一人』，主要著作有《肇論》等。底本所輯肇法師注十六條（其中有三條疑爲李文會注中所引），除一條出自《肇論》外，其餘出處皆待考。

李文會曰：一時者，謂說理契機感應道交之時也。

川禪師曰：一，相隨來也。頌曰：『一一，破二成三〔二〕從此出，乾坤混沌未分前，已是一生參學畢。』時，如魚飲水，冷暖自知〔二〕。頌曰：『時時，清風明月鎮〔三〕相隨，桃紅李白薔薇紫，問著東君總不知〔四〕。』㊀

【校記】

㊀戚本無此條注文。

【箋注】

〔一〕破二成三：一般作『破二作三』，指分析事理。《黄龍慧南禪師語録》云：『如斯舉唱，人人盡知，破二作三，能有幾個。何故？時人祇解順風使帆，不解逆風把拕，擊禪床下座。』《佛果圓悟禪師碧巖録》卷第九：『門庭施設，且恁麼？破二作三，入理深談，也須是七穿八穴，當機敲點，擊碎金鎖玄關，據令而行，直得掃蹤滅迹。且道誵訛在什麼處？具頂門眼者，請試舉看。』

〔二〕如魚飲水，冷暖自知：原作『如人飲水，冷暖自知』，爲六祖慧能的師弟惠明（又作道明）開悟時所説之語。禪林經常引用，意指參禪之事須自己實踐和體會，不可用言語傳達。宗寶本《六祖大師法寶壇經》曰：『明曰：「惠明雖在黄梅，實未省自己面目。今蒙指示，如人飲水，冷暖自知。今行者即惠明師也。」』

〔三〕鎮：正，正好之意。北宋楚圓集《汾陽無德禪師語録》：『七寶鎮相隨，千子常圍繞。』

〔四〕桃紅李白薔薇紫，問著東君總不知：《五燈會元》卷第十六《净慈昌禪師法嗣·臨安府五雲悟禪師》：『苕溪人也。上堂。月堂老漢道：「行不見行，是個甚麽？坐不見坐，是個甚麽？著衣時不見著衣，是個甚麽？喫飯時不見喫飯，是個甚麽？」山僧雖與他同牀打睡，要且各自做夢，何故？行見行，坐見坐，著衣時見著衣，喫飯時見喫飯，無有不見底道理，亦無個是甚麽？諸人且道：「老漢底是？五雲底是？」拈拄杖卓一下，曰：「桃紅李白薔薇紫，問著春風總不知。」』又，『桃紅李白』兩七言句，出於北宋陶弼（一〇一五—一〇七八）七絶《對花有感》之末兩句。

《疏鈔》〔一〕云：佛者，梵云婆伽婆，唐言佛。佛者，覺也，自覺覺他，覺圓滿故，一切有情，咸具此道。悟者即名佛，迷者曰衆生。

【箋注】

〔一〕《疏鈔》：楊圭所編《十七家解注金剛經姓號目録》作『李唐疏鈔僧宗密作序』，洪蓮本之《金剛經五十三家注解姓號目録》作『唐僧宗密』。底本所輯《疏鈔》之注文有二十六條（另有四條是小字夾注），根據注文内容可以判定其是《金剛經》的疏鈔。查藏經中所收的宗密著作，有一部《金剛般若經疏論纂要》（唐宗密述、宋子璿治定，見《大正新修大藏經》第三十三册），但將底本所輯之二十六條注文與此書逐一比對之後，發現底本所輯不是出自此書。再將CBETA電子佛典中所收録的相關疏鈔進行比對，亦未發現有出自其中任何一本，可見藏經中未收録該《疏鈔》。

李文會曰：佛者，梵音，唐言覺也。内覺無諸妄念，外覺不染六塵。又云：佛者，是教主也。非相而相，應身佛也。相而非相，報身佛也。非相非非相，法身佛也〔一〕。

【箋注】

〔一〕應身佛、報身佛、法身佛：三身佛，《十地經論·初歡喜地》卷三曰：『一切佛者有三種佛：一應身佛，二報身佛，三法身佛。』應身佛者，順應所化衆生之機性而顯現之身；報身佛者，酬報因行功德而顯現相好莊嚴之身；法身佛者，爲證顯實相真如之理體，無二無别，常住湛然之身。《合部金光明經》卷一之三《身分别品第三》曰：『一切如來有三種身，菩薩摩訶薩皆應當知。何者爲三？一者化身，二者應身，三者法身。如是三身，攝受阿耨多羅三藐三菩提。』

川禪師云：佛，無面目〔一〕説是非漢〔二〕。頌曰：『小名悉達，長號釋迦，度人無數，攝伏群邪。若言他是佛，自己却成魔，衹把一枝無孔笛，爲君吹起太平歌〔三〕。』

【箋注】

〔一〕無面目：禪宗用語。有兩種解釋：一指無情面。《法演禪師語録》卷上：『上堂。舉寶壽作街坊時，見兩人相諍，一人以手打一拳云：「儞得恁無面目。」寶壽因而得入。』一指祛盡情識知解的悟道者，亦指『本來面目』。《黄龍慧南禪師語録》：『問如：「何是同安境？」師云：「看不得。」進云：「如何是境中人？」師云：「無面目。」』《圓悟佛果禪師語録》卷第二：『太虚寥廓，萬彙森然。正眼洞明，纖毫不立。孤峻處祖師莫近，坦夷處人天共知。擘開大解脱門，識取無面目底。且作麽生是無面目底？芍藥華開菩薩臉，椶櫚葉現夜叉頭。』

〔二〕是非漢：指佛，宋代一般作黄面老漢、黄面老子、黄面瞿曇、黄面比丘等。

〔三〕無孔笛、太平歌：禪林用語。無孔笛，原指没有孔的笛子，這種笛子無法吹出正常的曲調，禪宗用來喻指超越言語、玄妙奇特的悟境或機鋒。太平歌：禪法歌，悟道歌。《圓悟佛果禪師語録》卷第七：『平旦清晨五月一，吹起少林無孔笛。十方沙界坦然平，大地山河印印出。二祖曾不往西天，達磨曾不到梁國，大家共賀太平歌。』

《密庵和尚語録·明州太白名山天童景德禪寺語録》：『上堂。十五日已前，開池不待月。十五日已後，池成月自來。正當十五日。吹無孔笛，唱太平歌。佛及衆生，同聲唱和。且超群拔萃一句，作麽生道？四海浪平龍睡穩，九天雲静鶴飛高。』《人天眼目》卷六《十無問答》：『無孔笛，等閑吹一曲，共賞太平時。』川禪師另有《參玄歌》云：『無孔笛，最難吹，角徵宫商和不齊。有時品起無生曲，截斷行雲不敢飛。』

李文會曰： 在者，所在之處也。㈠

【校記】

㈠衆善堂本無此條注文。

川禪師云： 客來須看，不得放過，隨後便打〔一〕。頌曰：『獨坐一爐香，金文誦兩行。可憐車馬客，門外任他忙。』㈠

【校記】

㈠戚本和衆善堂本無此條注文。

【箋注】

〔一〕隨後便打：《續傳燈録》卷第二十二《大鑒下第十四世·寶峰文禪師法嗣》之『潙潭文準禪師』：『師云：「元來無事。」問僧：「如何是上座得力處？」僧便喝。師云：「好好相借問，何得惡發？」僧又喝。師云：「元來是作家。」僧以坐具便打。師低頭噓一聲。僧云：「放過一著？」師云：「者裏不可放過，隨後便打。」』

六祖〔一〕曰：舍衛國者，波斯匿王〔二〕所居之國。祇者，匿王太子祇陀〔三〕，樹是祇陀所施，故言祇樹。

【箋注】

〔一〕六祖：唐慧能大師（六三八—七一三），又作惠能。俗姓盧，祖籍河北范陽，後移居嶺南新州（今廣東新興縣）。我國禪宗第六祖，號六祖大師、大鑒禪師。據《六祖法寶壇經·行由第一》載，其父早亡，家貧，靠砍柴奉養寡母。有一日到集市賣柴，聞客讀誦《金剛經》，心即開悟，遂至蘄州黄梅之東禪院拜謁五祖弘忍，最終得弘忍衣鉢。儀鳳元年（六七六）至南海，遇印宗法師於法性寺。印宗爲慧能剃髮，願事爲師，慧能遂於菩提樹下開東山法門。第二年，歸韶陽曹溪寶林寺。神龍元年（七〇五），武則天詔請六祖進京，六祖上表辭疾。先天二年（七一三），復歸新州國恩寺，既而示寂。六祖弘揚『直指人心，見性成佛』之頓悟法門，與神秀於北方所倡之漸悟法門相對，史稱『南頓北漸』『南能北秀』。藏經中署名爲慧能的著作有《壇經》《金剛經解義》《金剛經口訣》。六祖因《金剛經》而悟道，提倡『但持《金剛般若波羅蜜經》一卷，即得見性，得般若三昧』，從六祖以後，禪宗與《金剛經》的關係更爲密切。底本所輯六祖注二十九條，其中有二十四條出自《金剛經解義》，後文不一一詳注。（李藝敏《朱棣〈金剛經集注〉之注家研究》之第三章第一節《慧能注管窺》有將底本所輯之注條與《金剛經解義》一一比對。）《金剛經解義》《金剛經口訣》的作者是否爲六祖，學界尚有争論。

〔二〕波斯匿王：梵名 Prasenajit，又作鉢邏犀那恃多王、鉢囉洗曩喻那王。意譯爲勝軍王、勝光王、和悦王、月光王、明光王。生活的年代與釋尊差不多。爲中印度憍薩羅國國王，兼領迦尸國，與摩揭陀國并列爲釋尊時代的大强國。波斯匿王後來皈依佛陀，成爲佛教的大護法之一。

〔三〕祇陀：梵語 Jeta，意爲戰胜。其爲波斯匿王太子，後成爲佛陀信徒。

《疏鈔》云：經〔一〕云：『舍衛國有一長者名須達拏，常施孤獨貧，故曰給孤獨長者。因往王舍城中護彌長者家，爲男求婚，見其家備設香花，云來旦請佛説法。須達聞之，心生驚怖。何也？須達本事外道，乍聞佛名，所以怕怖。至來日聞佛説法，心開意解，欲請佛歸，佛許之，令須達先歸家卜勝地。惟有祇陀太子有園，方廣嚴潔。往白太子，太子戲曰：『若布金滿園，我當賣之。』須達便歸家運金，側布八十頃園并滿。是以太子更不復愛其金，同建精舍，請佛説法，曰祇樹給孤獨園〔二〕。』

【箋注】

〔一〕經：此經疑爲《别譯雜阿含經》或《賢愚經》，二經皆有須達達（拏）起精舍供養世尊説法之故事。

〔二〕祇樹給孤獨園：印度佛教聖地之一，位於中印度憍薩羅國舍衛城之南，略稱祇園或祇樹園、祇園精舍、祇洹精舍、祇陀林、逝多林，意爲松林、勝林。祇樹乃祇陀太子所有樹林之略稱；給孤獨即舍衛城長者須達之异稱，因長者夙憐孤獨，好布施，故得此名。蓋此園乃須達長者爲佛陀及其教團所建之僧坊，精舍建於祇陀太子之林苑，以二人共同成就此一功德，故稱祇樹給孤獨園。佛陀曾多次在此説法，爲最著名之佛教遺迹，與王舍城之竹林精舍并稱爲佛教最早之兩大精舍。

李文會曰：舍衛國者，説經之處也。祇樹者，祇陀太子所施之樹。樹，謂法林也。給孤獨園者，給孤長者所施之園，共建立精舍也。㊀

【校記】

㊀衆善堂本無此條注文。

與大比丘衆，千二百五十人俱。

僧子榮〔一〕引《智度論》三卷云：『如來臨入涅奴結切。槃時，告阿入聲。難言：「十二部經，汝當流通。」復告優波離〔二〕言：「一切律戒，汝當受持。」阿難聞佛付囑，心没憂海。時優波離尊者語阿難言：「汝是守護佛法藏者，當問佛未來要事。」於是優波離尊者同阿難往問世尊四條事。第一問一切經首，當置何言？答曰：「一切經首，當置如是。」第二問以何爲師？答曰：「以波羅提木叉〔三〕，是汝大師。」此云戒㊀。第三問依何而住？答曰：「皆依四念處〔四〕而住。」四念者：一觀心不浄，二觀受是苦，三觀法性空，四觀心無我。第四問惡性車匿〔五〕，如何共住？答曰：「惡性比音鼻。丘以梵檀〔六〕治之。」此云默擯。㊁梵語梵檀者，猶中國言默擯。默擯者，正如黄魯直云：「萬言萬當，不如一默；百戰百勝，不如一忍。」〔七〕擯者，敬而遠之之意，此處惡性比丘之道

也。」如來於是付囑言訖，在倶尸羅大城，娑羅雙樹間，示般涅槃。阿難聞佛入涅槃，悶絶憂惱，不能前問四事。」㊂

【校記】

㊀『此云戒』原爲大字，今依文意改爲小字夾注。

㊁『此云默擯』原爲大字，今依文意改爲小字夾注。

㊂子榮所引内容，實出自龍樹《大智度論》卷二（而非卷三），而文字有所改變。

【箋注】

〔一〕子榮：楊圭《十七家解注金剛經姓號目録》題作『皇宋富沙僧子榮』。富沙即建州（建寧府）的别稱。《五代史·閩世家》中載王曦之弟王延政任建州節度使，封富沙王。嘉靖《建寧府志》卷一《建置沿革》亦載：『五代晉高祖天福六年以建州爲鎮安軍，王延政爲節度使，封富沙王……』《讀史方輿紀要》卷九十七《福建三》記載：『《志》云：府治西南臨江門内有富沙驛，舊置於府西平政門外，曰富沙館。宋紹興十年，移建於城内，改爲驛。祝穆曰：府城北有大伏洲，或以爲即富沙。閩主曦封其弟延政爲富沙王，蓋以此名。』宋惟白《建中靖國續燈録目録》中帙『廬陵清原山行思禪師第十三世』之『東京惠林圓照禪師法嗣上九十七人』中録有『建州大中子榮禪師』。建寧府之大中寺，據府志、縣志記載爲唐貞觀中（六二七—六四九）始建，名本律寺。唐宣宗大中元年（八四七），改爲『大中寺』。清代甌寧知縣鄧其文曾云：『富沙之有大中寺，端肇於此。』（《建甌縣志》第七卷《志名勝》）。由此可知，《集注》中的子榮爲南宋建寧府大中寺僧人，乃東京惠林宗本圓照禪師法嗣，屬於雲門宗。底本輯有子榮禪師注文二十三條，其中有二十一條爲『傅大士頌』的夾注，僅有兩條爲單獨之注文。

〔二〕優波離：佛陀十大弟子之一。又音譯作優婆離、鄔波離、憂波利，意譯作近執、近取。印度迦毗羅衛國人。出身首陀羅種，爲宫廷之理髮師。佛陀成道第六年，王子跋提、阿那律、阿難等七人出家時，優波離亦隨同出家，此實爲佛陀廣開門户、四姓平等攝化之第一步。優波離精於戒律，修持嚴謹，被譽爲『持律第一』；後於第一次經典結集時，誦出律部。

〔三〕波羅提木叉：又作波羅提毗木叉、般羅底木叉、鉢喇底木叉。意譯爲隨順解脱、處處解脱、別別解脱、別解脱、最勝、無等學。指佛教徒防止身口七支等過，遠離諸煩惱惑業而得解脱所受持之戒律。其中又包括波羅夷、僧殘、不定、舍墮、單墮、波羅提提舍尼、衆學、滅諍法等八種。

〔四〕四念處：又作四念住、四意止、四止念等。爲原始經典中所説之修行法門，乃三十七道品中之一科。指集中心念於一點，防止雜念妄想生起，以得真理之四種方法。即以自相、共相，觀身不净、受是苦、心無常、法無我，以次第對治净、樂、常、我等四顛倒之觀法。《佛説長阿含經》卷第九：『云何四修法？謂四念處：比丘内身身觀，精勤不懈，憶念不忘，捨世貪憂；外身身觀，精勤不懈，憶念不忘，捨世貪憂；内外身身觀，精勤不懈，憶念不忘，捨世貪憂。受、意、法觀，亦復如是。』《佛説長阿含經》卷第十：『云何四法向涅槃？謂四念處：身念處、受念處、意念處、法念處。』

〔五〕車匿：又音譯作闡鐸迦、闡陀迦、闡特、闡怒、羼陀、孱那、車那、闡那、栴檀，意譯爲應作、樂作、欲作、覆藏。乃净飯王之僕役，悉達太子踰城出家時，爲太子之馭者，以太子意堅不返，遂持太子剃脱之鬚髮、寶冠、明珠還宫。佛陀證道歸城時，隨佛陀出家。初傲慢，惡口之性不改，犯罪亦不悔過，與諸比丘不和，人稱惡口車匿、惡性車匿。龍樹《大智度論》卷二曰：『佛告阿難……車匿比丘，我涅槃後，如梵法治；若心濡伏者，應教《删陀迦旃延經》，即可得道。』佛陀入滅後，弟子依法治之，車匿比丘始悔悟，後隨阿難學道，證阿羅漢果。

〔六〕梵檀：默擯之音譯。默擯，梵語 brahmadaṇḍa，巴利語同。是一種懲戒方式，意思是對於違犯戒律、不受調伏之比丘，所有七衆皆不與其往來交談。

〔七〕此處所引黄魯直之語，出《山谷内集》卷四《贈送張叔和》，但第一、二句和第三、四句的語序剛好和後者相反。

王日休曰：梵語比丘，此云乞士，謂上乞法於諸佛，以明己之真性，下乞食於世人，以爲世人種福，此所以名乞士也。大比丘則得道之深者，乃菩薩、阿羅漢〔一〕之類也。俱，謂同處也，謂佛與此千二百五十人，同處於給孤獨園中。

【箋注】

〔一〕阿羅漢：梵語 arhat，又音譯作阿盧漢、阿羅訶等。指斷盡三界見、思之惑，證得盡智，而堪受世間大供養之聖者。爲聲聞四果之一，如來十號之一。此果位通於大、小二乘，然一般皆作狹義之解釋，專指小乘佛教中之最高果位。若廣義言之，則泛指大、小乘佛教中之最高果位。

陳雄曰：比丘，今之僧是也。

李文會曰：比丘者，去惡取善，名小比丘；善惡俱遣，名大比丘也。若人悟達此理，即證阿羅漢位，能破六賊〔一〕小乘四果人〔二〕也。

【箋注】

〔一〕六賊：指色、聲、香、味、觸、法六塵。六塵以眼等六根爲媒，能劫奪一切善法，故以賊譬之。

〔二〕小乘四果人：指小乘聲聞修行所得之四種證果。其階段依次爲預流果、一來果、不還果、阿羅漢果。

川禪師云：獨掌不浪鳴〔一〕。頌曰：『巍巍堂堂，萬法中王。三十二相〔二〕，百千種光。聖凡瞻仰，外道歸降。莫謂慈容難得見，不離祇園大道場。』㊀

【校記】

㊀戚本無此條注文，但於此處輯入一條智者頌爲『如來涅槃日，娑羅雙樹間。阿難没憂海，悲慟不能前。優波令請問，經首立何言。佛教如是著，萬代古今傳』。

【箋注】

〔一〕獨掌不浪鳴：《圓悟佛果禪師語録》卷第一載曰：『上堂云：「獨掌不浪鳴，獨樹不成林。建法幢立宗旨，須是互爲賓主安貼家邦。所以道，我若坐時爾須立，我若立時爾須坐。我若孤峰獨宿，爾須偃息干戈。我若天上人間，爾須三頭六臂。然後可以光揚佛日。且道，浩浩之中如何辨主？是處是慈氏，無門無善財。」下座。』浪，徒然、虛、空之意。

〔三〕三十二相：係轉輪聖王及佛之應化身所具足的三十二種殊勝容貌與微妙形相。又作三十二大人相、三十二大丈夫相、三十二大士相、大人三十二相。略稱大人相、四八相、大士相、大丈夫相等。與八十種好合稱『相好』。

爾時世尊，食時著衣、持缽，

王日休曰： 爾時者，彼時也。佛爲三界之尊，故稱世尊。三界者，謂欲界、色界、無色界也。

僧若訥〔一〕引《毗羅三昧經》云：『早起諸天，日中諸佛，日西异類，日暮鬼神。』〔二〕今言食時，正當午前，將行乞食之時也。

【箋注】

〔一〕若訥（一一一〇—一一九一）：宋天台宗高僧，爲杭州上天竺寺住持。楊圭《十七家解注金剛經姓號目録》題作『上竺僧若訥』。《大明高僧傳》卷第一《臨安上天竺沙門釋若訥傳三》載：『釋若訥奉旨住上天竺，常領徒千人，大弘三觀十乘五重六即之道。』《佛祖統紀》卷第十七載道：『法師若訥，字希言，嘉興孫氏。初依竹庵於德藏……遷上竺。命師首衆，既没，詔師嗣居之。乾道三年春二月，駕幸上竺，展敬大士。問光明懺法之旨……又嘗問《金剛》之旨。師曰：「此乃六百卷般若中一分，與問斷疑，特喻金剛。故無著論云：此金剛波羅蜜以如是名顯示勢力，絓是般若皆有是力，此既諸般若之釋疑。是故金剛二字，文雖出此，義實通諸般若作譬。故持説者，福重功深。」……孝宗退養重華宫，召注《金剛經》，肩輿登殿，止宿殿廬，注成以進。上披覽益有省發。』孝宗賜其右街僧録、左街僧録慧光法師。紹熙二年（一一九一）十月，端坐而化，壽八十二。若訥所注之《金剛經》已佚，底本所輯，凡有三十九條。

〔二〕早起諸天，日中諸佛，日西异類，日暮鬼神：此乃《毗羅三昧經》載佛所説之『四食時』。《毗羅三昧經》，乃僞疑經。鄧瑞全、王冠英主編之《中國僞書綜考》云：『《毗羅三昧經》二卷。僞疑經。該書在唐明佺《武周刊定衆經目録》中列爲正經，唐釋智昇《開元釋教録》列爲疑録。晋釋道安在《道安録》中定其爲僞疑經。道安語同《定行三昧經》條。』

李文會：爾時者，佛現世時也。世尊者，三界四生中，智慧福德無有等量，一切世間之所尊也。食時者，正當午食將辦之時也。著衣者，柔和忍辱衣〔一〕也㊀。《遺教經》〔二〕云：『慚耻之服，於諸莊嚴最爲第一。』〔三〕

【校記】

㊀柔和忍辱衣也：衆善堂本爲『著柔和忍辱衣也』。

【箋注】

〔一〕柔和忍辱衣：指袈裟。柔和忍辱之心，能防一切外障，故譬之以衣。《妙法蓮華經》卷四《法師品》：『如來衣者，柔和忍辱心是。』唐窺基《金剛般若經贊述》卷上：『法中亦有三衣。一者精進，亦名甲鎧，謂能策勵宣説利樂等事，不避寒熱等事，猶如著衣也。二柔和忍辱衣，謂由忍辱故拒外，怨害不能侵，猶如著衣寒熱不觸也。三慚愧之上服，由崇重賢善輕拒暴惡，羞耻爲相故如衣也。』

〔二〕《遺教經》：一卷，後秦鳩摩羅什譯，又稱《佛臨涅槃略誡經》《佛遺教經》。敘述了釋尊涅槃前最後垂教之事迹，是佛陀一生弘法言教的概括總結，備受歷代僧俗大衆乃至帝王的推崇。

〔三〕慚耻之服，於諸莊嚴最爲第一：宋守遂注、明了童補注之《佛遺教經注》曰：『六道之中，可以整心慮，趣菩提，唯人道爲能耳。人而不爲，是謂無慚愧也。慚愧若具足，法身之衣服。』宋净源述《佛遺教經論疏節要》：『慚耻二字，依經論合釋。《涅槃》云：「慚者，内自羞耻。」《瑜伽》云：「内生羞耻爲慚。」當知既懷慚耻，則策勤三業、不暇寧居，而能三學是修、速階賢聖，故此云戒定莊嚴爲第一也。』

《疏鈔》云：著衣持鉢者，著僧伽之衣，即二十五條大衣〔一〕也，持四天王〔二〕所獻之鉢。㊀

【校記】

㊀此條衆善堂本作：『著衣者，著僧伽之衣，即二十五條大衣也；持鉢者，持四天王所獻之鉢也。』

【箋注】

〔一〕二十五條大衣：清書玉科《沙彌律儀要略述義》卷下：『二十五條衣，梵語僧伽黎。此云合，亦云重，亦云雜碎衣。凡入王宫，升座説法，聚落乞食，當著此衣。又此衣九品：下品，九條、十一條、十三條；中品，十五條、十七條、十九條；上品，二十一條、二十三條、二十五條。』此條目後釋曰：『大衣者，衣中之王也。在五七二衣之上，故稱爲大。此云合，亦云重者，謂割截而後重合成也。雜碎衣者，謂剪碎縫成，條相多故。升座著者，尊重於法故。乞食著者，令生敬仰……大衣，斷痴，意業也。故《華嚴經》云：「著袈裟者，捨離三毒，清淨三業也。」』

〔二〕四天王：即持國、增長、廣目、多聞四天王，皆爲佛教護法天神，位於佛教三十三天之第一重天。此四天王居於須彌山四方之半山腰，守護佛法，護持四天下。

入舍衛大城乞食。

僧若訥曰：寺在城外，故云入也。乞食者，佛是金輪王子，而自持鉢乞食，爲欲教化衆生捨離憍慢也。

李文會曰：乞食者，欲使後世比丘不積聚財寶也。

於其城中，次第乞已，

僧若訥曰：不越貧從富，不捨賤從貴，大慈平等，無有選擇，故曰次第。

李文會曰：次第者，如來慈悲，不擇貧富，平等普化也。

還至本處。飯食訖，收衣鉢，洗足已，

王日休曰：乞食而歸，故曰還至本處。飯食已畢，收衣鉢，洗足者，謂收起袈裟與鉢盂，然後洗足，以佛行則跣足故也。

李文會曰：洗足已者，净身業也。

敷座而坐。

顏丙曰：敷，乃排布〔一〕也，排布高座而坐。

【箋注】

〔一〕排布：安排布置之意。北宋契嵩《上皇帝書》即曰：『《傳法正宗記》，其排布狀畫佛祖相承之像，則曰傳法正宗定祖圖。』

智者禪師〔一〕頌曰：法身本非食，應化〔二〕亦如然。爲長人天福，慈悲作福田。收衣息勞慮，洗足離塵緣。欲證三空理，跏㊀趺〔三〕示入禪。《疏鈔》云：『三空者，三輪體空也。』施者，受者，并財等名三輪也。施者，反觀體空，本無一物，故云理空。受者，觀身無相，觀法無名，身尚不有，物從何受，故曰受空。施受既空，彼此無妄，其物自空，故云三輪體空。㊁

【校記】

㊀跏：底本和戚本作『加』，衆善堂本作『跏』，今據衆善堂本改。

㊁敦煌寫本和房山石經本之《傅大士頌》未收録此頌。

【箋注】

〔一〕智者禪師：有智慧者之泛稱，不特指某一個人。關於此『智者』，有人認爲是『慧約大師』（松崎清浩），有人認爲是『通達佛理者的泛稱』（張勇），也有人認爲是『天台智顗大師』（楊圭本之《十七家解注金剛經姓號目録》中題爲『智者頌』，而到了洪蓮本之《金剛經五十三家注解姓號目録》則改爲『天台智顗大師』，卍續藏經本、衆善堂本作『智者禪師』）。《傅大士頌》中收録有智者頌五首。《〈梁朝傅大士頌金剛經〉序》曰：『更有一智者，不顯姓名，製歌五首，都合成五十四篇以申智也。』《梁朝傅大士夾頌金剛經》序又説：『續有智者不顯姓名，相次復製一十五頌，清凉大法眼禪師，又製四頌，總成六十八頌。』底本中題爲『智者禪師頌』的有十二條，其中一條未找到出處。另，有十條爲《傅大士夾頌》所收録而《傅大士頌》中未收録，這十頌可能就是《梁朝傅大士夾頌金剛經》序中所説的繼有智者『相次復製一十五頌』中的十頌。

〔二〕應化：指應身，見前文『應身佛、報身佛、法身佛』注條。

〔三〕跏趺（jiā fū）：佛教中修禪者的坐法之一。又作結加趺坐、結跏跗坐、跏趺正坐、跏趺坐、加趺坐、跏坐、結坐。兩足交叉置于左右股上，稱『全跏坐』；或單以左足押在右股上，或單以右足押在左股上，叫『半跏坐』。結跏趺坐可減少妄念，集中思想。此爲圓滿安坐之相，諸佛皆依此法而坐，故又稱如來坐、佛坐。

李文會曰：敷座而坐者，一切法空是也。

川禪師曰：惺惺著〔一〕。頌曰：『飯食訖兮㊀洗足已，敷座坐來誰共委。向下文長〔二〕知不知，看看平地波濤起〔三〕。』㊁

【校記】

㊀兮：底本作『子』，衆善堂本和道川《金剛經注》皆作『兮』，據改。

㈡此頌戚本未輯入。

【箋注】

〔一〕惺惺著：惺惺，清醒、機警之意。《圓悟佛果禪師語録》卷第十八：『舉玄沙問僧：「近離甚處？」僧云瑞巖。沙云：「瑞巖有何言句？」僧云：「長喚主人公，自云喏，惺惺著，他日莫受人謾。」』

〔二〕向下文長：《雲門匡真禪師廣録》卷上：『上堂云：「今日與諸人舉一則語。」大衆聳聽良久，有僧出禮拜，擬伸問次，師以拄杖趁云：「似這般滅胡種，長連床上納飯阿師，堪什麽共語處？這般打野榸漢。」以拄杖一時趁下，問大衆雲集合談何事。師云：「向下文長，付在來日。」』

〔三〕平地波濤起：宋保寧仁勇禪師有頌曰：『要眠時便眠，要起時即起。水洗面皮光，啜茶濕却觜。大海紅塵生，平地波濤起。呵呵阿呵呵，囉哩哩囉哩。』（《禪宗頌古聯珠通集》卷第三）又，《金剛經川老頌古評記》上曰：『序分，故云向下文等言。須知向下幾多文，皆是無事生事矣。元來無法可説故。』

善現起請分第二

時，長老須菩提，

李文會曰： 時者，空生起問之時也。長老者，德尊年高也。須菩提者，梵語也，唐言解空是也。

王日休曰： 長老，謂在大衆中，乃年長而老者也。

僧若訥曰： 梵語須菩提，此翻善吉、善現、空生尊者。初生時，其家一空，相師占之，唯善唯吉，後解空法，以顯前相。

僧了性〔一〕**曰：** 須菩提人人有之，若人頓悟空寂之性，故名解空；全空之性，真是菩提，故名須菩提；空性出生萬法，故名空生尊者；空性隨緣應現，利人利物，亦名善現；萬行吉祥，亦名善吉尊者：隨德應現，强名五種。

【箋注】

〔一〕了性：楊圭《十七家解注金剛經姓號目録》中題作『雲庵僧了性』。據史料記載，在楊圭之前或與楊圭同時名爲『了性』的僧人有兩位：一是宋代泉州開元寺僧人，俗姓黄，福建安溪人。宋紹興中（一一三一—一一六二），曾主持重建開元寺東西兩塔。一位是真州靈巖東庵了性禪師，爲南岳下十六世，徑山大慧宗杲禪師法嗣。這兩位僧人與楊圭的活動年代接近，且一位爲福建人，一位爲浙江人。因楊圭所選取的注家多居閩北江浙一帶，故此處的了性可能是真州（今屬江蘇儀徵）靈巖東庵了性禪師，『雲庵』疑爲『東庵』之誤。底本所輯了性注文僅有兩條。

在大衆中，即從座起，偏袒右肩，右膝著地，合掌恭敬而白佛言：『希有！世尊！

李文會曰：須菩提解空第一，故先起問。右膝著地者，先净三業，摧伏身心，整儀贊佛也。合掌者，心合於道，道合於心也。希有者，我佛性能含融萬法，無可比類也。

僧若訥曰：言偏袒者，此土謝過請罪，故肉袒；西土興敬禮儀，故偏袒。兩土風俗，有所不同。言右肩者，弟子侍師，示執捉之儀、作用之便。言右膝著地者，《文殊問般若經》〔二〕云：『右是正道，左是邪道。』用正去邪，將請以無相之正行。

【箋注】

〔一〕《文殊問般若經》：梁僧伽婆羅譯，略稱《文殊問經》。此經係佛應文殊師利菩薩之發問而答以種種問題者。全經計分十七品，卷上十四品，卷下三品。内容包括菩薩戒、佛身、無我、涅槃、般若、有餘氣、來去相、中道、三歸、十戒、無垢、無所著、無漏、發菩提心、字母及部派分裂等問題。唐代不空譯《文殊問經字母品第十四》一卷，即本經第十四品之别譯。此處若訥所引一句，并非出自《文殊問經》。隋灌頂《大般涅槃經疏》中有『《文殊經》云：「右是正道，左是邪道。用正去邪，此是對治。」』宋曇應述《金剛般若波羅蜜經采微》亦引用到此句。

王日休曰：白，謂啓白。希，少也。世尊，佛號也。先嘆其少有，次又呼佛也。

如來善護念諸菩薩，善付囑諸菩薩。

王日休曰：如來者，佛號也。佛所以謂之如來者，以真性謂之真如。然則如者，真性之謂也。真性所以謂之如者，以其明則照無量世界而無所蔽，慧則通無量劫事而無所礙，能變現爲一切衆生而無所不可，是誠能自如者也。其謂之來者，以真性能隨所而來現，故謂之如來。真如本無去來，而謂之來者，蓋謂應現於此而謂之來也。若人至誠禱告，則有感應。若欲爲一切衆生設化，則現色身〔一〕，皆其來者也。此佛所以謂之如來。然則言如如者，乃真性之本體也；言來者，乃真性之應用也。是則如來二字，兼佛之體用而言之矣。此經所以常言如來也。梵語菩薩，本云菩提薩埵音朶，欲略其文而便於稱呼，故云菩薩。梵語菩提，此云覺；梵語薩埵，此云有情，有情則衆生也。一切衆生有佛性者，皆有生而有情，唯菩薩在有情之中乃覺悟者，故謂之覺有情也。大略言之，情則妄想也。菩薩未能絶盡其情想，唯修至佛地，則情想絶矣。故佛獨謂之覺，而不謂之有情。佛言一切諸佛解脱諸想盡無餘故是也。佛又云十一地菩薩〔二〕，皆有二㊀種愚痴，豈非所謂愚痴者，亦情想之類乎？此菩薩所以謂之有情，而不得獨謂之覺也。

【校記】

㊀二：衆善堂本作「三」，疑衆善堂本誤。所謂「二」者，即情和想二種愚痴。

【箋注】

〔一〕色身：肉身，自四大五塵等色法而成之身，乃有形質之身，故稱色身。反之，無形者稱爲法身或智身。故具足三十二相之佛，係爲有形之肉身。

〔二〕十一地菩薩：菩薩修行即將成佛的一個階位。據《菩薩瓔珞本業經》所述，菩薩從初發心修行直至成佛要經歷五十二個等級，包括十信、十住、十行、十回向、十地、等覺和妙覺。其中，『十地』爲菩薩修行五十二階位中第四十一位至第五十位之修行階段。五十位之上爲第五十一位，稱等覺。因緊承『十地』之後，故又稱『十一地』。宋釋戒環解《楞嚴經要解》卷第十四即説：『至十一地，名爲等覺，猶是分證。及到涅槃，名爲妙覺，乃極證也。』

陳雄曰：菩薩，受如來教法者也。諸菩薩，指大衆言之也。大衆聽如來説法，固當信受奉行。儻如來不起慈悲心，衛護眷念，俾信受是法，則惡魔或得以惱亂；不付委囑托，俾奉行是法，則勝法有時而斷絶。故須菩提於大衆聽法之初，未遑〔一〕它㊀恤〔二〕，惟願如來起慈悲心，爲之護念付囑也。

【校記】

㊀它：衆善堂本作『他』，亦可。

【箋注】

〔一〕未遑：没有時間顧及，來不及。

〔二〕恤：顧慮。

李文會曰：如來者，如者不生，來者不滅，非來非去，非坐非卧，心常空寂，湛然清净也。善護念者，善教諸人不起妄念也。諸菩薩者，諸者不一之義，菩之言照，薩之言見，照見五蘊皆空，謂色受想行識也。菩薩者，梵語也，唐言道心。衆生常行恭敬，乃至鱗甲羽毛、蛆蟲螻蟻，悉起敬愛之心，不生輕慢，此佛所謂蠢動含靈皆有佛性也。善付囑者，念念〔一〕精進，勿令染著，前念纔著，後念即覺〔二〕，勿令接續也。

【箋注】

〔一〕念念：本爲刹那的意思，指極其短暫之時間。經典中常以『念念』一詞形容現象界生、住、异、滅之遷流變化。什譯《維摩經·方便品》曰：『是身如電，念念不住。』玄奘譯《大般若波羅蜜多經》卷第三百二十七《初分不退轉品第四十九之三》：『是菩薩摩訶薩身支圓滿相好莊嚴，心諸功德念念增進，乃至無上正等菩提。』

〔二〕前念、後念：謂心於瞬間之變化。過去者稱前念，相續者稱後念。《古尊宿語録》卷第一：『起時唯法起，滅時唯法滅；此法起時不言我起，滅時不言我滅，前念後念中念，念念不相待，念念寂滅。』

川禪師曰：如來不措一言，須菩提便恁麼〔一〕赞嘆，具眼〔二〕勝流〔三〕，試著眼看。頌曰：『隔牆見角，便知是牛。隔山見煙，便知是火〔四〕。獨坐巍巍，天上天下。南北東西，鑽龜打瓦〔五〕。咄！』㊀

【校記】

㊀川禪師此頌，戚本和衆善堂本皆無。

【箋注】

〔一〕恁麼：意爲這麼、如此。

〔二〕具眼：具備法眼，能夠用禪悟者特有的智慧眼光觀照事物。《無門關·清稅孤貧》云：『曹山具眼，深辨來機。』

〔三〕勝流：指勝過衆流，超越常人。曇無讖譯《佛所行贊》卷第四云：『鄙雖處凡品，蒙聖入勝流。』

〔四〕隔牆見角，便知是牛。隔山見煙，便知是火：比喻見到事物的些微痕迹，便能曉悟其全體真相。《圓悟佛果禪師語録》卷第十曰：『當軒正坐，覿面無私。離相絶名，當機有準。露個形相，通一綫道。起個面目，示少津梁。如隔山見煙，早知是火；

隔牆見角，早知是牛。若要祇管隨數逐名，求玄覓妙，則喪却自己脚跟下大事，埋没從上來佛祖家風。』

〔五〕鑽龜打瓦：一作『打瓦鑽龜』。鑽龜，指鑽刺龜裏甲，并以火灼，視其裂紋以斷吉凶。打瓦，乃擊瓦而視其裂紋以斷吉凶。這兩種都是古人推斷吉凶的占卜方法。宗門中用來指憑藉語言文字進行推測的悟道方法。《大慧普覺禪師住徑山能仁禪院語録》卷第三：『上堂。舉三聖問雪峰：「透網金鱗，以何爲食。」峰云：「待汝出網，來向汝道。」三聖云：「一千五百人善知識，話頭也不識。」峰云：「老僧住持事繁。」師云：「二尊宿，一人粗似丘山，一人細如米末。雖然粗細不同，稱來輕重恰好。徑山今日真實告報汝等諸人，切忌鑽龜打瓦。」』

世尊！善男子、善女人，發阿耨多羅三藐三菩提心，

李文會曰：善男子者，正定心也。善女人者，正慧心也。謂有剛斷決定之心，永無退轉也。發心之義：阿者，無也，無諸垢染也。耨多羅者，上也，三界無能比也。三者，正也，正見也。藐者，遍也，一切有情，無不遍有。三菩提者，知也，知一切有情皆有佛性也。

王日休曰：梵語阿，此云無。梵語耨多羅，此云上。梵語三，此云正。梵語藐，此云等。

梵語菩提，此云覺。然則阿耨多羅三藐三菩提者，乃無上正等正覺也，謂真性也。真性即佛也。梵語佛，此云覺。故略言之，則謂之覺；詳言之，則謂之無上正等正覺也。以真性無得而上之，故云無上，然上自諸佛，下至蠢動，此性正相平等，故云正等；其覺，圓明普照，無偏無虧，故云正覺。得此性者，所以爲佛，所以超脱三界，不復輪迴。

僧若訥曰：菩薩初修行，皆發此廣大心也。

云何應住？云何降伏其心？』

王日休曰：應，當也。云，言也。云何者，言如何也。須菩提於此問佛云：爲善之男子或女人，發阿耨多羅三藐三菩提心，謂求真性成佛之心也，發求真性成佛之心。云何應住，謂當住於何處也。云何降伏其心，謂當如何降伏此妄想心也。

僧若訥曰：須菩提正發此二問，一問衆生發無上心，欲求般若，云何可以安住諦理；二問降伏惑心，云何可以折攝散亂，一經所説，不出此降住而已。

李文會曰：云何降伏其心者，須菩提謂凡夫妄念，煩惱無邊，當依何法，即得調伏。

川禪師曰：這問從甚處出來。頌曰：『你喜我不喜，君悲我不悲。雁思飛塞㈠北，燕㈡憶舊巢歸。秋月春花無限意，個中衹許自家知。』㈢

【校記】

㈠塞：道川《金剛經注》作『寒』，似形近而誤。

㈡燕：底本作『無』。道川《金剛經注》作『燕』。大雁思念北方，燕子却記得去年南遷的舊巢，秋月和春花各有其中的妙處，須得人人自己體會。故此處『無』應改爲『燕』方符合題意。明韓巖集解、程衷懋補注之《金剛經補注》卷上作：『雁思飛塞北，燕憶舊巢歸。』清行敏述《金剛經如是經義》卷上、明朱棣《諸佛世尊如來菩薩尊者名稱歌曲》卷第三十一皆作『燕』。

㈢咸本、衆善堂本皆無此頌。

佛言：『善哉，善哉！須菩提，如汝所説，如來善護念諸菩薩，善付囑諸菩薩。汝今諦聽，當爲汝説。

李文會曰：如汝所説者，是佛贊嘆須菩提，能知我意，善教諸人，不起妄念，心常精進，勿令染著諸法相也。諦聽者，諦者名了，汝當了達聲塵㈠，本來不生，勿逐語言，詳審而聽也。

【箋注】

〔一〕聲塵：耳聞，乃六塵（色、聲、香、味、觸、法）之一。即聽聞佛、菩薩説法，乃至歌唄等音聲，由此證入佛道。

王日休曰： 諦，審也，謂仔細聽也。

善男子、善女人，發阿耨多羅三藐三菩提心，應如是住，如是降伏其心。』『唯然，世尊！願樂欲聞。』

李文會曰： 應如是住者，如來欲令衆生之心不生不滅，湛然清淨，即能見性也。龐居士〔二〕曰：『世人重珍寶，我貴刹那静。金多亂人心，静見真如性。』㊀

【校記】

㊀此兩句詩出自《龐居士語録·龐居士詩》卷下。『貴』，衆善堂本作『愛』，亦可。

【箋注】

〔一〕龐居士，即龐藴。龐藴（？—八一五），字道玄，衡州衡陽縣（今湖南衡陽市）人。中唐禪門居士，與梁傅大士齊名，被稱爲『中土維摩詰』。底本所引龐居士文有兩處，皆出自《龐居士語録》，且都置於李文會注之後，又楊圭《十七家解注金剛經》中未收録龐居士之注文，可見龐藴非單獨一注家，衹是李文會注中所引用之内容。

逍遥翁〔一〕曰：『凡夫之心動而昏，聖人之心静而明。』又云：『凡人心境清浄，是佛國浄土；心境濁亂，是魔國穢土也。』

【箋注】

〔一〕逍遥翁：即晁迥。迥（九四八—一〇三一），字明遠，澶州清豐（今山東巨野）人。太平興國進士，爲大理評事。纍擢右正言，直史館。真宗時纍官工部尚書、禮部尚書、集賢院學士。歷事三朝，以太子少保致仕。卒年八十四，謚『文元』。著作有《翰林集》三十卷、《道院集要》十五卷、《法藏碎金録》十卷。據李藝敏考證，底本所引之逍遥翁注十七條，除一條誤引、五條出處待考外，其餘皆出自晁迥《法藏碎金録》和《道院集要》。底本所輯另有晁太傅注四條。晁太傅即逍遥翁晁迥，洪蓮《金剛經五十三家注解姓號目録》列有『逍遥翁』和『晁文元居士』兩個注家，可見其不知逍遥翁即爲晁迥。底本所引之逍遥翁合晁太傅注共二十一條，有十八條位於李文會注後，應該爲李文會注所引之内容，而非單獨注家。又楊圭《十七家解注金剛經》未收録晁迥之注文，可見其皆爲朱棣本所增入者。另有一條注單獨存在，戚本亦有之，乃出自晁迥《法藏碎金録》和《道院集要》，此條疑爲楊圭本之小字夾注。底本所輯注條與《法藏碎金録》《道院集要》之具體比對，可參見李藝敏《〈金剛經集注〉之注家研究》，後文不一一詳注。

黄蘗禪師〔二〕曰：『凡夫多被境礙心，事礙理，常欲逃境以安心，屏事以存理，不知乃是心礙境，理礙事，但令心空境自空，理寂事自寂，勿倒用心也。』又云：『凡夫取境，智者取心，心境雙亡，乃是真法。亡境猶易，亡心至難。人不敢亡心，恐落於空，無撈摸〔三〕處。不知空本無空，唯一真法界耳。』㊀凡夫皆逐境生心，遂生欣厭。若欲無境，當亡其心，心亡則境空，境空則心滅。若不亡心，而但除境，境不可除，祇益紛擾。故萬法惟心，心亦不可得，既無所得，便是究竟，何必區區更求解脱也。如是降伏其心者，若見自性，即無妄念，既無妄念，即是降伏其心矣。唯者，應諾之辭；然者，協望之謂。願樂欲聞者，欣樂欲聞其法也。

【校記】

㊀以上兩段引文皆出自唐裴休集《黄蘗山斷際禪師傳心法要》，但個別字詞稍有出入。

【箋注】

〔一〕黄蘗禪師（？—八五〇）：道號黄蘗，法諱希運，百丈懷海禪師之法嗣，福建福清人，俗姓不詳。幼年即辭別雙親，於福清縣的黄蘗山（即古黄蘗）出家。後至江西參百丈禪師，悟道後於江西省洪州附近的高安縣鷲峰山建寺弘法。因懷念家鄉之黄蘗山，遂將弘法布教之地改名爲黄蘗山。因此，時人稱之爲『黄蘗希運禪師』。大中四年（八五〇），圓寂於宛陵開元寺，賜謚號『斷際禪師』，塔號『廣業』。有《黄蘗斷際禪師宛陵録》《黄蘗山斷際禪師傳心法要》傳世。底本所引黄蘗禪師的内容有十七條，出自《黄蘗山斷際禪師傳心法要》《黄蘗斷際禪師宛陵録》《黄蘗希運禪師傳心法要》。這十七條内容都位於李文會注之下，又戚本皆無，應爲李文會注文中所引之内容，而非單獨一注家。

〔二〕撈摸：摸索，尋取。《毗尼母經》卷六曰：『不應用手左右撈摸而坐。』

陳雄曰：唯者，諾其言也。然者，是其言也。

顔丙曰：發阿耨多羅三藐三菩提心，唐言謂無上正等正覺心也。應者，當也。住者，乃常住不滅也。須菩提問，有向善男女發菩提心者，應當如何得常住不滅，如何能降伏其心。佛稱善哉善哉，乃赞嘆之辭。發菩提心者，應如是住，如是降伏其心。如是者，衹這是也。唯然者，乃須菩提領諾之辭，與曾子曰『唯』[一]無异。樂者，愛也。願愛欲聞説法也。

【箋注】

〔一〕曾子曰『唯』：典出《論語·里仁》『子曰：「參乎，吾道一以貫之。」曾子曰：「唯。」子出，門人問曰：「何謂也？」曾子曰：「夫子之道，忠恕而已矣。」』《大慧普覺禪師語録》卷第十七云：『孔夫子一日大驚小怪曰：「參乎，吾道一以貫之。」曾子曰：「唯。」爾措大家，纔聞個唯字，便來這裏惡口，却云：這一唯，與天地同根，萬物一體。致君於堯舜之上，成家立國，出將入相，以至啓手足時，不出這一唯，且喜没交涉。殊不知，這個道理，便是曾子言而足，孔子言而足，其徒不會，却問曰「何謂也」，曾子見他理會不得，却向第二頭答他話，謂夫子之道，不可無言，所以云「夫子之道，忠恕而已矣」。要之道與物至極處，不在言語上，不在默然處，言也載不得，默也載不得。』

智者禪師頌曰：希有希有佛，妙理極泥洹〔一〕。此云寂滅。《一覽集·入滅品》〔二〕云：『能事既畢入泥洹，舍利以留爲佛事。』**云何降伏住，降伏住爲難。二儀法中妙，**孚上座〔三〕曰：『法身〔四〕之理，猶若太虛，豎窮三際，横亘十方，彌綸八極〔五〕，包括二儀〔六〕。』〔七〕所謂包括二儀者，與此二儀法中妙之意同。**三乘教喻寬。**《法華經》三卷，佛言乘是三乘，便得快樂。自求涅槃，是名聲聞乘；樂獨善寂，是名辟支佛乘；度脱一切，是名大乘。**善哉今諦聽，六賊免遮攔。**㊀

【校記】

㊀此頌《傅大士夾頌》中有，《傅大士頌》中無。

【箋注】

〔一〕泥洹：涅槃。

〔二〕《一覽集》：《大藏一覽集》，又作《大藏一覽》，十卷。南宋寧德優婆塞陳實編。

〔三〕孚上座：福州雪峰義存禪師法嗣，太原人。

〔四〕法身：指佛所説之正法、佛所得之無漏法，及佛之自性真如如來藏。又作法佛、理佛、法身佛、自性身、法性身、如如佛、實佛、第一身。

〔五〕八極：八方極遠之地。典出《莊子·田子方》。

〔六〕二儀：指天地。

〔七〕『孚上座』此句，出自《佛果圓悟禪師碧巖録》卷第十。

川禪師云：往往事從叮囑生〔一〕。頌曰：『七手八脚，神頭鬼面〔二〕，棒打不開，刀割不斷。閻浮〔三〕跳躑幾千回，頭頭不離空王殿〔四〕。』㊀

【校記】

㊀戚本和衆善堂本無此條注文。

【箋注】

〔一〕此句出自《保寧仁勇禪師語録》：『出門握手再叮嚀，往往事從叮囑生。路遠夜長休點火，大家吹殺暗中行。』

〔二〕七手八脚，神頭鬼面：形容舉止言談奇异怪誕。禪林中多用來指悟道者之機鋒施設超常出格。《禪宗頌古聯珠通集》卷第三十六有保寧仁勇禪師之頌古曰：『七手八脚，三頭兩面。耳聽不聞，眼覷不見。啼得血流無用處，不如緘口過殘春。』此頌體現了禪宗用戲劇説法的特點。

〔三〕閻浮：閻浮提，爲佛教傳説中的四大部洲之一，因島上盛産閻浮樹而得名。其位於須彌山南部，故又稱南閻浮提、南贍部洲。地形如車箱，人面亦然。另外三洲即：東勝身洲，舊稱東弗婆提、東毗提訶，或東弗于逮，以其身形殊勝，故稱勝身洲。地形如半月，人面亦然。西牛貨洲，舊稱西瞿耶尼，以牛行貿易而得名。地形如滿月，人面亦然。北俱盧洲，舊稱北鬱單越。俱盧，意謂勝處，以其地勝於其他三洲而得名。地形正方，猶如池沼，人面亦然。

〔四〕空王殿：萬法皆空之意。典出雪峰義存禪師。《五燈會元》卷第七《福州雪峰義存禪師》：『閩王問曰：「擬欲蓋一所佛殿去時如何？」師曰：「大王何不蓋取一所空王殿。」曰：「請師樣子。」師展兩手（雲門云「一舉四十九」）。』

大乘正宗分第三

佛告須菩提：『諸菩薩摩訶薩，應如是降伏其心。

李文會曰： 摩訶薩者，摩訶言大，心量廣大，不可測量，乃是大悟人也。

所有一切衆生之類，

六祖曰： 一切者，總標也。次下别列九類。

王日休曰： 凡有生者，皆謂之衆生。上自諸天，下至蠢動，不免乎有生，故云一切衆生也。衆生雖無數無窮，不過九種，下文所言是。

李文會曰： 衆生者，謂於一切善惡凡聖等見有取捨心，起無量無邊煩惱妄想，輪迴六道是也。古德〔一〕曰：『覺華有種無人種，心火無煙日日燒。』謂諸愚迷之人，被諸煩惱則熙熙然，此非悟道，其實如木偶耳。若或中根之士，而以煩惱爲苦，是則智慧不如愚痴也，不亦謬乎！固當勿存於心，苟或不然，學道何用，於己何益，須令智慧力勝之可也。

【箋注】

〔一〕古德：洪蓮《金剛經五十三家注解姓號目録》列有一注家『古德禪師』，但此注本所引之『古德』，應非特指某一位禪師。此條位於李文會注文之下，從上下文意來看，或屬於李文會注文，且戚本和衆善堂本皆無。衆善堂本此處爲若訥注曰：『言衆生者，應去聲呼，今皆平聲呼之，自古相承，稱呼之便。』另，『古德曰』及『覺華有種』之七言句，宋釋彦琪注《證道歌注》亦引。

若卵生、若胎生、若濕生、若化生、若有色、若無色、若有想、若無想、若非有想非無想，

六祖曰：卵生者，迷性也。胎生者，習性也。濕生者，隨邪性也。化生者，見趣性也。迷故造諸業，習故常流轉，隨邪心不定，見趣墮阿鼻平聲。起心修心，妄見是非。内不契無相之理，名爲有色；内心守直，不行恭敬供養，但言直心是佛，不修福慧，名爲無色。不了中道，眼見耳聞，心想思惟，愛著法相，口説佛行，心不依行，名爲有想；迷人坐禪，一向除妄，不學慈悲，喜捨智慧方便，猶如木石，無有作用，名爲無想。不著二法想，故名若非有想；求理心在，故名若非無想。

王日休曰：若卵生者，如大而金翅鳥，細而蟣虱是也。若胎生者，如大而獅象，中而人，小而貓鼠是也。若濕生者，如魚鱉黿鼉，以至水中極細蟲是也。若化生者，如上而天人，下而地獄，中而人間米麥果實等所生之蟲皆是也。上四種謂欲界衆生。若有色者，色謂色身，謂初禪天至四禪天諸天人，但有色身而無男女之形，已絶情欲也，此之謂色界。若無色界者，謂無色界諸天人也，此在四禪天之上，唯有靈識而無色身，故名無色界。若有想者，此謂有想天諸天人也，此天人唯有想念，故自此已上，皆謂之無色界，不復有色身故也。若無想者，此謂無想天諸天人也，在有想天之上，此天人一念寂然不動，故名無想天。若非有想非無想者，此謂非想非非想天諸天人也，此天又在無想天之上，其天人一念寂然不動，故云非有想，然不似木石而不能有想，故云非無想。此天於三界〔一〕諸天爲極高，其壽爲極長，不止於八萬劫而已。

【箋注】

〔一〕三界：欲界、色界、無色界之合稱。佛教建構了至極廣大的世界，其具體内容依不同典籍而略有不同。與此處經、注相關者，可暫列下表以便省覽：

三界諸天

無色界				色界				欲界
非想非非想處天	無所有處天	識無邊處天	空無邊處天	四禪天	三禪天	二禪天	初禪天	暫略
說明：無想天位於第四禪天。有想天者，與無想天相對，無確指之位置。								
包括經中所言卵生、胎生、濕生、化生。								

李文會曰：若卵生者，貪著無明，迷暗包覆也。若胎生者，因境來觸，遂起邪心也。若濕生者，纔起惡念，即墮三塗[一]，謂貪嗔痴因此而得也。若化生者，一切煩惱，本自無根，起妄想心，忽然而有也。又教中經云：『一切衆生，本自具足，隨業受報，故無明爲卵生，煩惱包裹爲胎生，愛水浸淫爲濕生，欻起煩惱爲化生也。』[二]又云：『眼耳鼻舌，回光内燭㊀[三]，有所貪漏，即墮四生[四]，謂胎卵濕化是也。色聲香味，回光内燭，無所貪漏，即證四果[五]，謂須陀洹等是也。』

【校記】

㊀回光内燭：衆善堂本作『不能回光内燭』。

【箋注】

〔一〕三塗：又作三途，即火塗、刀塗、血塗，義同三惡道之地獄、餓鬼、畜生，乃因身口意諸惡業所引生之處。

〔二〕教中經：佛教中的經典，非特指哪一部經。越州大珠慧海和尚語曰：『九類衆生，一身具足，隨造隨成。是故無明爲卵生，煩惱包裹爲胎生，愛水浸潤爲濕生，欻起煩惱爲化生。』（《景德傳燈録》卷第二十八）

〔三〕回光内燭：謂收回向外尋求的目光，返觀自我身心。與『回光返照』『回光自照』『回光返顧』同。

〔四〕四生：胎生、卵生、濕生、化生。

〔五〕四果：指大乘佛教修行的四種果位。初果須陀洹，二果斯陀含，三果阿那含，四果阿羅漢。因後之經文中有詳細論述此四果者，故具體注釋查閲『須菩提！於意云何？須陀洹能作是念』經文後之注釋。

傅大士曰：『空生初請問，善逝〔一〕應機酬。先答云何住，次教如是修。胎生卵濕化，咸令悲智收。若起衆生見，還同著相求。』若有色者，謂凡夫執有之心，妄見是非，不契無相之理。若無色者，執著空相，不修福慧。若有想者，眼見耳聞，遂生妄想，口説佛行，心不依行。若無想者，坐禪除妄，猶如木石，不習慈悲智慧方便。若非有想者，教中經云：『有無俱遣，語默雙忘。』〔二〕有取捨憎愛之心，不了中道也。

【箋注】

〔一〕善逝：佛十號之一。即如實去往彼岸，不再退没於生死海之義。

〔二〕有無俱遣，語默雙忘：典出《維摩詰所説經·入不二法門品》，後世常用，如《永嘉證道歌》『有無俱遣不空空』、《了庵清欲禪師語録》卷七《寄演福大用》『南天竺國絳衣翁，語默雙忘顯正宗』。

臨濟禪師〔一〕曰：『入凡入聖，入染入净，處處現諸國土，盡是諸法空相，是名真正見解。你若愛聖憎凡，生死海裏浮沉也。』㊀非無想者，謂有求理心也。

【校記】

㊀按，此句出自《鎮州臨濟慧照禪師語録》而有所删減。

【箋注】

〔一〕臨濟禪師：即義玄（？—八六七），唐代曹州南華（今山東菏澤市東明縣）人。自幼剃落，後參黄蘗禪師，深得佛法大意，爲佛教臨濟宗創始人。咸通八年（八六七）在鎮州臨濟院坐化，勅謚『慧照禪師』。底本所引臨濟禪師内容四條，三條出自《鎮州臨濟慧照禪師語録》，一條出自《景德傳燈録》之『鎮州臨濟義玄和尚語』。這些内容皆位於李文會注文之下，應爲李文會注文所引之内容，非單獨注家。

我皆令入無餘涅槃而滅度之。

李文會曰：我者，佛自謂也。皆者，總也。令者，俾也。入者，悟入也。無餘者，真常〔一〕湛寂也。《法華經》云：『佛當爲除斷，令盡無有餘。』涅槃者，菩薩心無取捨，如大月輪，圓滿寂静。衆生迷於涅槃無相之法，而爲生死有相之身也。滅者，除滅。度者，化度也。

【箋注】

〔一〕真常：指如來真空常寂的涅槃之境。有時亦指如來所得之法真實常住。

六祖曰：如來指示三界九地〔一〕，各有涅槃妙心，令自悟入。無餘者，無餘習氣煩惱也。涅槃者，圓滿清淨義。令滅盡一切習氣不生，方契此也。度者，渡生死大海也。佛心平等，普願與一切衆生，同入圓滿清淨無想涅槃，同渡生死大海，同諸佛所證也。煩惱萬差，皆是垢心，身形無數，總名衆生，如來大悲普化，皆令得入無餘涅槃。㊀《證道歌》〔二〕曰：『達者同游涅槃路。』注云：涅槃者，即不生不滅也。涅而不生，槃而不滅，即無生路也。冲應真人周史卿對喫不拓和尚指香煙云：『要觀學人有餘涅槃，爐中灰即是；要觀學人無餘涅槃，爐中灰飛盡即是。』㊁

【校記】

㊀從『煩惱萬差』至『皆令得入無餘涅槃』此句，六祖《金剛經解義》位於『如來指示三界九地』之前。

㊁從『證道歌』至『爐中灰飛盡即是』一段注文，楊圭本亦同，疑爲楊圭所作之箋注，故改爲小字夾注。底本之小字夾注多次引用《證道歌》。

【箋注】

〔一〕九地：又稱九有。有情居止之世界，可分爲欲界、色界、無色界三界。依禪定三昧之深淺，色界、無色界復分爲四禪天、四無色天，與之欲界，計立九種有情之住地，稱爲九地或九有（九種生存）。

〔二〕《證道歌》：《永嘉真覺大師證道歌》。

王日休曰： 梵語涅槃，此云無爲。《楞伽經》云，涅槃乃清净不死不生之地，一切修行者之所依歸。然則涅槃者，乃超脱輪迴，出離生死之地，誠爲大勝妙之所，非謂死也。世人不知此理，乃誤認以爲死，大非也。此無餘涅槃，即大涅槃也，謂此涅槃之外，更無其餘，故名無餘涅槃。此謂上文盡諸世界，所有九類衆生，皆化之成佛，而得佛涅槃也。

如是滅度無量無數無邊衆生，實無衆生得滅度者。

王日休曰： 一切衆生，皆自業緣〔一〕中現。故爲人之業緣，則生而爲人；修天上之業緣，則生於天上；作畜生之業緣，則生爲畜生；造地獄之因緣，則生於地獄。如上文九類衆生，無非自業緣而生者，是本無此衆生也。故菩薩發心化之，皆成佛而得涅槃，實無一衆生被涅槃者，以本無衆生故也。

【箋注】

〔一〕業緣：二十四緣之一，謂善業爲招樂果之因緣，惡業爲招苦果之因緣，一切有情皆由業緣而生。《維摩詰所説經·方便品》曰：『是身如影，從業緣現。』

僧若訥曰：第一義中無生可度，即是常心也。若見可度，即是生滅。良由一切衆生本來是佛，何生可度。所謂平等真法界，佛不度衆生。

陳雄曰：大乘智慧，性固有之，然衆生不能自悟，佛實開悟無量無數無邊衆生，令自心中愚痴邪見煩惱衆生，舉皆滅度矣。滅度如是其多，且曰實無衆生得滅度者，蓋歸之衆生自性自度，我何功哉。六祖《壇經》云：『自性自度，名爲真度。』〔一〕《净名經》云：『一切衆生，本性常滅，不復更滅。』〔二〕文殊菩薩問世尊：『實無衆生得滅度者如何？』世尊曰：『性本清净，無生無滅。』故無衆生得滅度，無涅槃可到，此皆歸之衆生自性耳。《華嚴經》云：『若人欲了知，三世一切佛，應觀法界性，一切惟心造。』《造化因心偈》云：『賦象各由心，影響無欺詐。元無造化工，群生自造化。』〔三〕

【校記】

㈠《壇經》原文爲：『自性自度，是名真度。』

【箋注】

〔一〕《净名經》句：《净名經》即《維摩詰所説經》。但此句引文，實出僧肇之《肇論》所引之維摩詰言。

〔二〕《造化因心偈》：宋晁迥作。

李文會曰：無量無數無邊衆生者，謂起無量無數無邊煩惱也。得滅度者，既已覺悟，心無取捨，無邊煩惱轉爲妙用，故無衆生可滅度也。《寶積經》曰：『智者於苦樂，不動如虚空。』逍遥翁曰：『善能觀察煩惱性空，既過即止，勿使留礙也。』又云：『煩惱性空，勿爲罣礙。觀如夢幻，不用介懷。設使情動，如響應聲，即應即止。』㈠

【校記】

㈠『李文會曰』至此處之所有注文，衆善堂本皆無。

何以故？須菩提！若菩薩有我相、人相、衆生相、壽者相，即非菩薩。

六祖曰：修行人亦有四相：心有能所〔一〕，輕慢衆生，名我相；自恃持戒，輕破戒者，名人相；厭三塗苦，願生諸天，是衆生相；心愛長年，而勤修福業，法執不忘，是壽者相。有四相即是衆生，無四相即是佛。

【箋注】

〔一〕能所：乃『能』與『所』之并稱。二法對峙之時，主動的一面稱爲『能』，被動的一面稱爲『所』，即主體和客體的關係。

僧若訥曰：言我相者，以自己六識〔二〕心，相續不斷，於中執我，此見乃計〔三〕内也。人相者，六道外境，通稱爲人，於此諸境，一一計著，分别優劣，有彼有此，此見從外而立，故云人相。如衆生相者，因前識心，最初投托父母，續有色受想行四陰，計其和合，名衆生相。如壽者相者，計我一期，命根不斷，故云壽者相。

【箋注】

〔一〕六識：眼識、耳識、鼻識、舌識、身識、意識。

〔二〕計：計度之意，即以自己之妄心分別來推度判斷事物之理。《成唯識論述記》卷三（本）謂，計爲分別心之异名，如立凡聖、深淺、高低、長短、好壞等假名，以思量分別之。

陳雄曰：貪嗔痴愛，爲四惡業。貪則爲己私計，是有我相；嗔則分別爾汝，是有人相；痴則頑傲不遜，是衆生相；愛則希覬長年，是壽者相。如來不以度衆生爲功，而了無所得，以其四種相盡除也。《圓覺經》云：『未除四種相，不得成菩提。』菩薩發菩提無上道心，受如來無相教法，豈應有四種相哉？設若有一於此，則必起能度衆生之心，是衆生之見，非菩薩也。菩薩與衆生，本無异性。悟則衆生是菩薩，迷則菩薩是衆生。有是四種相，在夫迷悟如何耳。何以故者，辯論之辭也。佛恐諸菩薩不知真空無相之説，故爲之辯論，而有及於四種相。十七分、二十五分〔一〕皆云。

【箋注】

〔一〕十七分、二十五分：據傳梁昭明太子曾把《金剛經》分爲三十二分目，其『究竟無我分第十七』『化無所化分第二十五』皆言及『四相』。後文有關分目不再詳注。

顏丙曰：一切衆生者，《涅槃經》云：『見佛性者，不名衆生；不見佛性者，是名衆生。』摩訶者，大也。佛告須菩提及大覺性之人，若卵胎濕化，乃蠢動含靈也。有形色，無形色，有情想，無情想，乃至不屬有無二境衆生，體雖不同，性各無二，此十類衆生，我皆令入無餘涅槃而滅度之。涅槃者，不生謂涅，不死謂槃。《經》〔二〕云：『如來證涅槃，永斷於生死。』滅度者，滅盡一切煩惱，度脱生死苦海。令者，使也，我皆使入無餘涅槃。無餘者，羅漢雖證涅槃，尚有身智之餘，經中謂之有餘涅槃，唯無身智餘剩者，方謂無餘涅槃。又曰實無衆生得滅度者，衆生既悟本性空寂，更滅度個甚麽？若四相未能直下頓空，即非菩薩覺性也。

【箋注】

〔二〕《經》：《大般涅槃經》，所引經文出北本卷二十二、南本卷二十。

傅大士頌曰：空生初請問，善逝應機酬。善逝，即世尊號。先答云何住，次教如是修。胎生卵濕化，咸令悲智收。若起衆生見，還同著相求。〔一〕

【校記】

㊀此段注文與前文重複，衆善堂本未引。但前文此頌乃爲李文會注中所引之内容，不算一單獨注條。

李文會曰：有我相者，倚恃名位權勢、財寶藝學，攀高接貴，輕慢貧賤愚迷之流；人相者，有能所心，有知解心，未得謂得，未證謂證，自恃持戒，輕破戒者；衆生相者，謂有苟求希望之心，言正行邪，口善心惡；壽者相者，覺時似悟，見境生情，執著諸相，希求福利。有此四相，即同衆生，非菩薩也。臨濟禪師曰：『五蘊〔一〕身田内，有無位真人〔二〕，堂堂顯露，何不識取。』㊀但於一切時中，切莫間斷，觸目皆是，衹爲情生智隔，想變體殊，所以輪迴三界，受種種苦。敢問諸人觸目皆是，是個甚麼？一一山河無隔礙，重重樓閣應時開。〔三〕

【校記】

㊀此句出自《景德傳燈録》卷第二十八《諸方廣語》之『鎮州臨濟義玄和尚語』而有所删減。

【箋注】

〔一〕五蘊：又作五陰、五衆、五聚，即類聚一切有爲法之五種類别，有色蘊、受蘊、想蘊、行蘊、識蘊。

〔二〕無位真人：指超越一切修行階位，擺脱一切塵染妄執之人，即本來面目之人。乃臨濟宗創始人義玄禪師對於自我、自心佛的稱呼。

〔三〕《圓悟佛果禪師語録》卷第六云：『一一山河無障礙，重重樓閣應時開。』

川禪師曰：頂天立地，鼻直眼横〔一〕。頌曰：『堂堂大道，赫赫分明。人人本具，個個圓成〔二〕。祇因差一念〔三〕，現出萬般形。』

【箋注】

〔一〕鼻直眼横：隱指人人自有的、平常自然的本來面目，即本性、佛性。《五燈全書》卷第七十九《臨濟宗·南岳下三十五世隨録·泰清梵欽中禪師》：『奇問：「堂中有幾個還飯錢底？」師曰：「説甚幾個！人人頂天立地，個個鼻直眼横。」』

〔二〕人人本具，個個圓成：《華嚴經》云『無一衆生而不具有如來智慧』，又云『以無漏智性本自具足』。

〔三〕陸游《西郊尋梅》詩中有『倏然自是世外人，過去生中差一念』。

妙行無住分第四

復次，須菩提！

王日休曰：謂再編次，佛與須菩提答問之言也。此乃叙經者自謂。

顔丙曰：復次，乃再說也。

李文會曰：復次者，連前起後之辭。

菩薩於法，應無所住，行於布施，

《疏鈔》云：言應無所住者，應者，當也，無所住者，心不執著。

李文會曰：菩薩於法者，總標一切空有之法也。應無所住者，一切諸法，應當無所住著也。《法華經》云：『十方國土[一]中，惟有一乘法。』謂一心也。心即是法，法即是心，二乘之人，不能解悟，謂言心外即別有法，逆生執著住於法相，此同衆生之見解也。

【校記】

㊀國土：今傳世本鳩摩羅什所譯之《法華經》卷第一作『佛土』。

逍遥翁曰：『凡夫不識自佛，一向外求。住相迷真，分别他境，不爲助道，但求福門，似箭射空，如人入暗。』㊀俱胝和尚凡見僧來問話，唯豎起一指頭。〔一〕

【校記】

㊀此段引文未見於晁迥著作，但延壽禪師之《萬善同歸集》卷中有之。

【箋注】

〔一〕此乃禪宗公案，唐代俱胝和尚接引學人常豎一指，别無餘言。後人稱此公案爲俱胝一指、俱胝豎指、一指頭禪。

佛鑒禪師〔二〕頌曰：『不用將心向外求，個中消息有來由。報言達磨西來意，祇在俱胝一指頭。』菩薩了悟人法二空，心無取捨，能知凡聖一等，空色一般，善惡一體。

【箋注】

〔一〕佛鑒禪師（一〇五九—一一一七）：舒州（今安徽潛山一帶）人，俗姓汪。法名慧勤，號佛鑒。自幼出家，師事廣教圓深。後參謁五祖法演，并爲其法嗣。與佛果克勤、佛眼清遠同被譽爲臨濟五祖法演門下之三佛。底本所輯佛鑒禪師引文僅一條。

龍濟和尚頌曰：『心境頓消融，方明色與空。欲識本來體，青山白雲中。』〔一〕是菩薩心無所住著也。行於布施者，布者普也，施者散也。謂除我人衆生壽者四相，煩惱妄想取捨憎愛之心，世尊即以教法布施，内破一切執著，外即利益一切衆生。菩薩布施，皆應無住，不見有我爲能施人，不見有它爲受施者，不見中間有物可施。三體皆空，住無所住，清净行施，不愛己乏，不望報恩，不求果報也。凡夫布施，希求福利，此是住相布施也。永嘉大師云：『住相布施生天福，猶如仰箭射虛空。』〔二〕

【箋注】

〔一〕《慈受深和尚廣録》卷第一載：『上堂云：「心境頓消融，方明色與空。欲識本來體，青山白雲中。」師云：「龍濟和尚恁麽道，抛砂撒土，向後人眼裏，直至而今，玄黄不辯。山僧今日爲諸人金鎞刮膜，整頓雙睛，令他個個，别開頂門一隻眼：心境頓消融，方明色與空。欲識本來體……」遂豎起拂子。良久云：「海裏使風山上船。」』

〔二〕出自《永嘉證道歌》。永嘉大師（六六五—七一三），永嘉（今温州）人。俗姓戴，字明道。法名玄覺，號真覺大師。卄歲出家，遍探三藏，精天台止觀圓妙法門。後詣曹溪六祖，言下契悟，一宿而去，時稱『一宿覺』，故又有宿覺禪師之稱。唐玄宗先天二年（七一三）入寂，謚號『無相大師』。著《永嘉證道歌》一首，又有《永嘉集》行於世。

逍遥翁曰：『誦《金剛經》者，若人了知住無所住心，得無所得法者，此名慧業；若人日積課誦之功，希求福利，此名福業。二者相去絶遠，如霄壤也。』《法華經》云：『若於後世讀誦是經典者，是人不復貪著衣服、卧具、飲食、資生之物，所願不虚。』張無盡〔一〕云：『夫學道者，不可以温飽爲志，本求無上菩提，出世間法，若以事不如意爲怨，而圖衣飯爲心者，又何益於事乎？』

【箋注】

〔一〕張無盡（一〇四三—一一二一）：即張商英，字天覺，號無盡居士，蜀州新津（今四川新津）人。宋英宗治平二年（一〇六五）進士及第，大觀、政和年間作爲宰輔紹述新政，是北宋末年新政代表性人物之一。他自幼習儒，早年沾染道風，中年却開始向佛，禪學修養較高，爲禪宗黄龍派兜率從悦禪師的在家嗣法弟子，是北宋佛教最得力的外護居士。他主張三教融合，推動了宋代三教融合的發展，在中國居士佛教史以及道教史上都占有重要的地位。著作有《護法論》《續清涼傳》等。底本引張無盡内容六條，五條出自張商英之《護法論》及《金剛經三十二分説》，且皆位於李文會注之下，應爲李文會注文所引之内容，而非單獨一注家。

所謂不住色布施，不住聲香味觸法布施。

王日休曰：色，謂形色；聲，謂音樂；香，謂鼻之所聞；味，謂食物之味；觸，謂男女之慾；法，謂心之所校量思惟者。乃教化衆生，不使著於六塵也。

陳雄曰：《摩訶般若經》云：『眼色識，耳聲識，鼻香識，舌味識，身細滑識，意法識。』又《懺法》云：『眼著色，耳著聲，鼻著香，舌著味，身著觸㊀細滑，意著法塵，起種種業。』此言住，亦識著之謂。凡夫六根不净，貪是六者以快其欲，是名六塵。一不如其所欲，則必布施以求滿其欲，其所住而布施者然也。菩薩受如來無相教法，無諸欲之求，無能施之心，但以法施利益一切衆生，如水行地中，無有罣礙，無所住行布施者然也。《華嚴經》云：『不求色聲香與味，亦不希求諸妙觸，但爲救度諸群生，常求無上最勝智。』正此之所謂行布施也。

【校記】

㊀此《懺法》即《慈悲道場懺法》，原文中無『觸』字。

《華嚴》二十四卷云：『眼識所知種種諸色，耳識所知種種諸聲，鼻識所知種種諸香，舌識所知種種諸味，身識所知種種諸觸，意識所知種種諸法。』㊀又《天地八陽經》云：『眼常見種種無盡色，耳常聞種種無盡聲，鼻常嗅種種無盡香，舌常了種種無盡味，身常覺種種無盡觸，意常思想分别種種無盡法。』㊁詳此二經，既言種種諸聲，種種無盡聲，則王氏所言聲謂音樂者，恐失之拘於音樂矣。既言種種諸觸，種種無盡觸，則王氏所言觸謂男女之欲者，恐失之執於男女之欲矣。㊂

【校記】

㊀此句出自唐實叉難陀譯《大方廣佛華嚴經》第四十二卷，其中『意識所知種種諸法』，後者作『意識所知種種境界』。

㊁此段引文出自《佛説天地八陽神呪經》（唐義净法師譯）而有所减略。又，《佛説天地八

陽神呪經》乃僞經。清以前的中國歷代藏經均未見收録此經，二十世紀初，《大日本續藏經》曾以朝鮮本校録，後《大正新修大藏經》又據敦煌寫本斯一百二十七號參校，收録於第八十五册。

㊂此條引文應爲夾注之語，衆善堂本將其并入陳雄注條中。

張無盡曰： 不住色布施者，謂智慧性，照見一切皆空也。梵語檀那，此云施。菩薩無色可捨，名爲布施，如藥對病，似空含有，有病既除，空藥俱遣，色空泯絶，中道皆亡，了無一法可得。二乘之人捨色取空，爲不住色而行布施。㊀

【校記】

㊀查張無盡藏内外著作，未見有此段文字。按，據明韓巖集解、程衷懋補注《金剛般若波羅蜜經補注》所載，此段文字出自逍遥翁，但無『梵語檀那，此云施』一句。又，張無盡及此後之所有注文（下段經文之前），戚本皆無。從下文之引文風格及行文特色分析，此處之『張無盡』疑爲『李文會』之誤。

玄奘法師所譯經云：『不住於色，不住非色。香味觸法，一例皆然。』㊀是故空有悉皆無住，無空可取，無有可捨，空有同如，一體平等。平等行施，即知法界。不住有施，不住無施，不得有無二邊障礙。施心廣大，猶若虚空，所獲功德，亦復如是。故經中舉十方虚空較量施福，即斯意耳。

【校記】

㊀玄奘法師所譯《能斷金剛般若波羅蜜多經》作：『不住於色，應生其心；不住非色，應生其心；不住聲香味觸法，應生其心；不住非聲香味觸法，應生其心；都無所住，應生其心。』

傅大士曰：『施門通六行，六行束三檀。資生無畏法，聲色勿相干。二邊純莫立，中道不須安。欲覓無生理，背境向心觀。』㊀不住聲者，清浄無罣礙也。梵語尸羅，此云戒。二乘之人，意謂聲從色起，遂向聲塵中分别。聞樂則喜，聞悲則哀，欲捨此聲，而取無聲，名之爲戒。菩薩無聲可捨，色若是有，聲從是生，色既本空，聲從何起？若能如是悟者，雖在生死中，生死不能拘，雖在六塵中，六塵不能染，在在處處，心常清浄。又云：『尸羅得清浄，無量劫來因。妄想如怨賊，貪愛若參辰。在欲而無欲，居塵不染塵。權依離垢地，當證法王身。』㊁不住香者，謂見色清浄也。梵語羼提，此云忍辱。二乘之人，妄生忍辱，惟恐貪著，欲行遠離，故名忍辱。正是捨色取空，不了中道也。殊不知香性本空，菩薩忍亦無忍，辱亦無辱，須是自性清浄，不生起滅之心，方始悟明心地。故古德曰：『明心之士，其心猶如明鏡，能攝衆像。盡入其中，無有罣礙，清浄含容，無有邊際。』㊂又云：『忍心如幻夢，辱境若龜毛。常能修此觀，逢難轉堅牢。無非亦無是，無下亦無高。欲滅貪瞋賊，須行智慧刀。』㊃不住味者，謂衆生性，與如來性無所分別也。梵語毗離耶，此云精進，了知舌根本空，爲不住味，故云受諸飲食，當如服藥，或好或弱，不可生憎愛也。

【校記】

㊀此條出自《傅大士頌》之《檀波羅蜜布施頌》。衆善堂本有頌名，并且於『中道不須安』後有雙行小字夾子榮之注。『欲覓無生理』，衆善堂本作『欲識無生處』，《梁朝傅大士頌金剛經》作『欲覓無生處』。

㊁此條出自《傅大士頌》之《尸波羅蜜持戒頌》。衆善堂本有頌名及小字夾注。

㊂此條出自宋釋彦琪《證道歌注》，但『能攝衆像』，《證道歌注》作『能接衆像』。

㊃此條出自《傅大士頌》之《羼提波羅蜜忍辱頌》。衆善堂本有頌名及小字夾注。

肇法師曰：『會萬法歸於自己者，其惟聖人乎。』㊀

晁太傅曰：『一切凡夫皆是迷人，内有回心起信，詢求妙理，悟明心地者，此是迷中悟人也。』

徑山杲禪師曰：『佛與衆生，本無异相，祇因迷悟，遂有殊塗。』〔一〕

【校記】

㊀出自僧肇之《肇論》，原文作『會萬物以成己者，其唯聖人乎』。

【箋注】

〔一〕出自《大慧普覺禪師語録》。大慧宗杲（一〇八九—一一六三），宋臨濟宗楊岐派高僧，俗姓奚，宣州寧國（今屬安徽）人，號大慧、妙喜。十七歲於東山慧雲寺依慧齊法師出家，次年受具足戒，後參拜圓悟克勤禪師於杭州。宗杲辯才縱横，平日致力鼓吹公案禪法，其禪法被稱爲『看話禪』。隆興元年（一一六三）八月十日於徑山明月堂示寂，賜謚『普覺』。有《大慧普覺禪師語録》《正法眼藏》傳世。底本所引宗杲禪師内容有四條，皆出自《大慧普覺禪師語録》，應爲李文會注文所引之内容。

黃蘗禪師曰：『有識食〔一〕，有智食。四大之身，飢瘡爲患，隨順給養，不生貪著，謂之智食。恣情取味，妄生分別，唯圖適口，不生厭離，謂之識食也。』〔二〕三乘之人，雖不住飲食之味，尚猶貪著諸法之味，以貪著故，名爲精進。菩薩之心，於諸法相，悉如夢幻，遇緣即施，緣散即寂。

【箋注】

〔一〕識食：四食（段食、觸食、思食、識食）之一，指認識作用。以精神爲主體而保持生存狀態者，稱爲識食。《增一阿含經》卷第二十一《苦樂品》曰：『彼云何爲識食？所念識者，意之所知，梵天爲首，乃至有想無想天，以識爲食，是謂名爲識食。』

〔二〕出自《黃蘗山斷際禪師傳心法要》。

《圓覺經》云：『照了諸相，猶如虛空。此名如來，隨順覺性。』〔一〕傅大士曰：『進修名焰地，良爲慧光舒。二智心中遣，三空境上祛。無明念念滅，高下執情除。觀心如不間，何啻至無餘。』〔二〕不住觸者，謂心無取捨也。內無菩提可取，外無煩惱可捨。梵語禪那，此云靜慮。二乘之人，認觸爲色身，色身若是有，即言離諸觸，色身既本無，諸觸何曾有。又云：『了觸即無生，不住虛分別。一切諸萬法，本來無所動。』

【箋注】

〔一〕引文出自唐佛陀多羅譯《圓覺經》卷第一。

〔二〕此注出自《傅大士頌》之《毗離耶波羅蜜精進頌》。

六祖曰：『一切萬法，皆從心生。心無所生，法無所住。』㊀

【校記】

㊀據《景德傳燈録》《古尊宿語録》《五燈會元》等所載，此引文實出自南岳懷讓禪師之口。

又大陽禪師〔一〕曰：『大陽一禪，竟日如然。滔滔不間，觸目遇緣。若能如是，法法現前。』

【箋注】

〔一〕大陽禪師（九四八—一〇二七）：法名警玄，江夏（今湖北武昌）人，俗姓張，梁山緣觀禪師之法嗣，曹洞宗高僧。又，底本引用大陽禪師者有三處，皆未查找到出處。

傅大士曰：『禪河隨浪静，定水逐波清。澄神生覺性，亡慮滅迷情。遍計虚分别，由來假立名。若了依他起，無别有圓成。』〔一〕不住法者，謂照見身心法相空也。梵語般若，此云智慧。諸法屬意，意屬識，此識是妄。

【箋注】

〔一〕出自《傅大士頌》之《禪波羅蜜禪定頌》。遍計、依他、圓成即指遍計所執性、依他起性、圓成實性，乃唯識宗所立三性。遍計所執性，指凡夫於妄情上，遍計依他起性之法，乃産生『實有我、實有法』之妄執性，此種妄執性乃周遍於一切境者，故以『遍計』稱之。依他起性，指依於他緣而生起一切如幻假有等現象之諸法，此依他起性屬於有爲之法。圓成實性，指真如（諸法所依之體性）具有圓滿、成就、真實三種性質。

《金剛三昧經》〔二〕云：『所見境界，非我本識。』二乘之人，分别諸相，皆是妄識，本識又何可得也。菩薩了知本識究竟，故無分别。

傅大士曰：『慧燈如朗日，藴界若乾城。明來暗便謝，無暇暫時停。妄心猶未滅，乃見我人形。妙智圓光照，惟得一空名。』〔三〕

【箋注】

〔一〕《金剛三昧經》：全一卷，八品。北涼時代（三九七—四三九）譯出，失譯人名。其内容係闡釋諸法空、真如、如來藏等，可視爲般若類經典之總綱。

〔二〕此注文出自《傅大士頌》之《般若波羅蜜智慧頌》。

又六波羅蜜有總頌云：『三大僧祇劫〔一〕，萬行俱齊修。既悟無人我，長依聖道流。二空方漸證，三昧〔二〕任遨游。創居歡喜地，常樂遂亡憂。』〔三〕

【箋注】

〔一〕三大僧祇劫：菩薩修行成滿至於佛果所須經歷之時間。阿僧祇，梵語asaṃkhya，意爲無量數、無央數；劫，爲極長遠之時間名稱，有大、中、小三劫之别。三度之阿僧祇大劫，即稱三大阿僧祇劫。

〔二〕三昧：梵語samādhi，又稱三摩地、三定。意譯爲正定，謂屏除雜念，心體寂静，是佛教的重要修行方法之一。

〔三〕出自《傅大士頌》六波羅蜜頌之後。又，上文所引傅大士之七頌，後文皆有重引，且有小字夾注，故凡此頌文所涉及之名相不再注釋。

臨濟禪師曰：『佛有六通者，謂入色界不被色惑，入聲界不被聲惑，入香界不被香惑，入味界不被味惑，入身界不被觸惑，入意界不被法惑。所以達此六種，皆是空相，不能繫縛。此乃無依道人〔一〕，雖是五蘊穢陋之身，便是地行菩薩〔二〕。』〔三〕

【箋注】

〔一〕無依道人：指衆生之本來面目、自心佛。它不依附於任何事物，包括凡聖、染净，它是人人本具之自有佛性。《鎮州臨濟慧照禪師語録》曰：『問如何是真正見解。師云：「爾但一切入凡入聖，入染入净，入諸佛國土，入彌勒樓閣，入毗盧遮那法界，處處皆現國土成住壞空。佛出于世，轉大法輪，却入涅槃，不見有去來相貌，求其生死了不可得。便入無生法界，處處游履國土。入華藏世界，盡見諸法空相，皆無實法。唯有聽法無依道人，是諸佛之母。所以佛從無依生。若悟無依，佛亦無得。若如是見得者，是真正見解。」』

〔二〕地行菩薩：指修十地行之菩薩。十地是大乘菩薩道的修行階位，即指十種地位，十個菩薩行的重要階位。又作十住。

〔三〕出自《鎮州臨濟慧照禪師語録》。

又黄蘗禪師曰：『本是一精明，分爲六和合。一精明者，一心也。六和合者，六根也，各與塵合。眼與色合，耳與聲合，鼻與香合，舌與味合，身與觸合，意與法合。中間生六識爲十八界，若了十八界無所有，一切皆空，束六和合爲一精明。』㊀此乃了悟之人，唯有真心蕩然清淨。

【校記】

㊀出自《黄蘗山斷際禪師傳心法要》，但有個別字詞不同。

須菩提！菩薩應如是布施，不住於相。

六祖曰：應如無相心布施者，爲無能施之心，不見有施之物，不分别受施之人，故云無相布施。

僧若訥曰：應如是布施者，指出色香等六塵也。不住於相者，乃不住六塵之相。若住相布施者，但是人天果報而已。

李文會曰：菩薩應如是布施者，謂捨除一切煩惱憎愛之心也。然煩惱本空，皆是妄見，有何可捨。經云：『一切諸有，如夢如幻。一切煩惱，是魔是賊。』

逍遥翁曰：『夫煩惱性，是佛境界；觀煩惱性空，是正修行。學人若止依此觀練精至，不須求別法也。』又云：『夫見性之人，十二時中，凡遇逆順境界，心即安然，不隨萬境所轉，一任毀謗於我。我即不受，惡言謗黷，返自歸己，所謂自作自受者也。譬如有人，手執火炬，擬欲燒天，徒自疲困，終不可得。故古德曰：心隨萬境轉，轉處實能幽。隨流認得性，無喜復無憂。』

何以故？若菩薩不住相布施，其福德不可思量。

《疏鈔》云：何以故者，此證問意。施本求福，今令不住於相，其意云何？佛答：『若菩薩不住相布施，其福德不可思量。』若達三輪體空，方名不住相布施。不住者，心不住有爲之福也。三輪者，施者、受者并財等是三輪也。施者，返觀體空，本無一物，故云理空；受者，觀身無相，觀法無名，身尚不有，物從何受，故曰受空。施受既空，彼此無妄，其物自空，故曰三輪體空。㊀

【校記】

㊀此條注文，戚本置於下條經文之後。

陳雄曰：世尊答文殊曰：『財施爲凡，法施爲聖。』蓋凡夫布施，必以滿三千世界七寶爲求福之具，財施也，此住相布施也。且以人天大福報自期，數盡未免輪迴。菩薩布施，但一心清浄，利益一切，爲大施主，法施也，此不住相布施也。雖不邀福，自然離生死苦，受大快樂，歷千劫而不古，超三界以長今，是所謂無限福德，實不可思惟而量度也。佛憫末世衆生被六塵染，未可遽化，姑誘以福德無限之説，使之頓悟法施之會。《維摩經》云：『當爲法施之會，何用是財施會爲。』

顔丙曰：住者，著也。菩薩於佛法中，應當無所著布施。布施者，捨施也。所謂不住於色聲香味觸法布施。六者謂之六塵，眼貪色，耳貪聲，鼻貪香，舌貪味，情塵相對謂觸，貪著有爲謂法。人性清浄，本無六根可得，六塵又向什麽處安頓？所以佛云：『應當如是布施，不住於相。』若不著相捨施，其福德量等虚空，非思量可及。

傅大士曰：《檀波羅蜜布施頌》曰：『施門通六行，六行，即六度。六行束三檀。《疏鈔》云：三檀者，資生檀、無畏檀、法檀。布施是資生檀，能資益生諸善法，故曰資生檀；持戒忍辱是無畏檀，因戒浄，毁辱不動，心無怖畏，故曰無畏檀；法檀者，精進禪定智慧是也。因定生慧，因慧生種種法，故曰法檀，將此六行束爲三檀。資生無畏法，聲色勿相干。二邊純莫立，中道不須安。子榮曰：「二邊即有無二邊不立。有無俱遣，中道何安。」晁文元公曰：「凡夫著有，不見有中之空；二乘著空，不見空中妙有。不著見於二邊，不取相於中道，惟佛知見。」欲識無生處，背境向心觀。』《尸波羅蜜持戒頌》曰：『尸羅得清净，無量劫來因。妄想如怨賊，貪愛若參辰。參辰，即參商二星，一出一没，常相遠離。在欲而無欲，居塵不染塵。權依離垢地，當證法王身。』《圓覺經》注云：「佛爲萬法之王。」《羼提波羅蜜忍辱頌》曰：『《華嚴》六十卷，羼初眼初雁二切。忍心如幻夢，辱境若龜毛。《華嚴經》云：「無則同於龜毛兔角。」常能修此觀去聲，逢難轉堅牢。無非亦無是，無下亦無高。欲滅貪嗔賊，須行智慧刀。』《毗離耶波羅蜜精進頌》曰：『進修名焰地，良爲慧光舒。二智心中遣，真俗二智。三空境上袪。無明念念滅，十二因緣法：無明緣行，行緣識，識緣名色，名色緣六入，六入緣觸，觸緣受，受緣愛，愛緣取，取緣有，有緣生，生緣老死憂悲苦惱。高下執情除。觀心如不間，何啻至無餘。』《禪波羅蜜禪定頌》曰：『禪河隨浪静，定水逐波清。澄神生覺性，息慮滅迷情。遍計虛分別，由來假立名。若了依他起，無別有圓成。』《華嚴合論》第四卷云：「遍計所執性，依他起性，圓成實性。」《般若波羅蜜智慧頌》曰：『慧燈如朗日，蘊界若乾城。《華嚴》四十二卷云：「龍依宫住，而能興雲；有人仰視所見宫殿，當知是乾闥婆城。」子榮曰：「乾城者，即乾闥婆城。海上龍蜃化現餘氣，人見樓閣，忽爾還無，此破衆生妄執五蘊色身爲實。」明來暗便謝，無暇暫時停。妄心猶未滅，乃見我人形。妙智圓光照，唯得一空名。』

智者禪師《萬行齊修頌》曰：『三大僧祇劫，阿僧祇，數名。阿者，無也。僧祇者，數也。乃無數劫。萬行具齊修。既悟無人我，長依聖道流。二空方漸證，人法二空。三昧任遨游。三昧，梵語，中國言正定，亦云正見。創居歡喜地，常樂遂無憂。』㈠

【校記】

㊀此傅大士七頌上文已有引，但未有小字夾注。上文之頌疑爲李文會注中所引。戚本前文未引此七頌，而衆善堂本將此處七頌中之小字夾注移至上文，此處就未再引此七頌。

李文會曰：不住於相者，非但見色是相，一切種種分别，皆名爲相，如是之相，皆從因緣而生。應知一切分别，皆如夢幻，遇緣即施，緣散即寂。是故佛言：『凡所有相，皆是虚妄。』又西明和尚〔一〕云：『法相若是有，可言住諸相。法相既本無，故言不住相。』既不住相布施，其福德更有何思量也。

【箋注】

〔一〕西明和尚：可能爲泉州西明院琛禪師，南岳下第七世保福展禪師法嗣。

逍遥翁曰：『須知諸法，如夢如幻，如影如響，如水中月，如鏡中像。』又云：『了達一切法，不住一切相。心如虚空，自然無礙。心住於相，即屬有法。故知一切法，不住一切相，即能見佛性也。』

傅大士曰：若論無相施，功德極難量。行悲濟貧乏，果報勿須望。凡夫情行劣，初且略稱

揚。欲知檀狀貌，如空遍十方。㊀

【校記】

㊀此頌《傅大士頌》置於下條經文之後。底本下條經文之後亦有此頌。

川禪師曰：若要天下行，無過一藝精。頌曰：『西川十樣錦〔一〕，添花色轉鮮。欲知端的〔二〕意，北斗面南看〔三〕。虛空不礙絲毫念，所以張名大覺仙〔四〕。』㊀

【校記】

㊀『無過一藝精』，戚本、川禪師《金剛經注》本作『無過一藝强』。『虛空不礙絲毫念，所以張名大覺仙』，戚本作『虛空不閡絲頭念，所以彰名大覺仙』，川禪師《金剛經注》本作『虛空不礙絲頭念，所以彰名大覺仙』。

【箋注】

〔一〕西川十樣錦：四川地區盛産的錦緞，有十種花式。

〔二〕端的：禪林常用語，謂事理之本末始終，確切分明而顯然可見。義同於正是、真是、確實等語。

〔三〕北斗面南看：面向南方看北斗星。又作『面南看北斗』。乃禪家奇特句，指消除了分別對立妄心的禪悟境界。《雲門匡真禪師廣録》卷上：『問：「如何是佛法大意？」師云：「面南看北斗。」』《黄龍慧南禪師語録·偈頌·送和禪者》：『毗盧性清淨，清淨不須守。宜著弊垢衣，入俗破慳有。五六七八九，面南看北斗。此中若得玄，縱横任哮吼。』

〔四〕大覺仙：大覺金仙，指佛陀。宋徽宗宣和元年（一一一九）嘗詔改佛陀爲大覺金仙。《釋氏稽古略》卷第四載是年二月：『詔改佛爲大覺金仙，餘爲仙人大士。僧稱德士，尼爲女德士。寺爲宫，院爲觀。禁銅鈸。賜佛天尊服。』

須菩提！於意云何？東方虚空可思量不？』『不也，世尊！』『須菩提！南、西、北方、四維上下虚空可思量不？』『不也，世尊！』『須菩提！菩薩無住相布施，福德亦復如是不可思量。須菩提！菩薩但應如所教住。

李文會曰：『不也，世尊』者，須菩提謂虚空我思量之，實無可思量也。不可思量者，既已覺悟，心無能所，即無我人衆生壽者四相，豈更有可思量。但應如所教住者，謂諸學人，當依佛教，行無所住，必得悟入也。

謝靈運曰：聖言無謬，理不可越，但當如佛所教而安心耳。㈠

【校記】

㈠此注條出自僧肇所注之《金剛般若波羅蜜經注》。底本所引之謝靈運注十二條，皆出自僧肇此注本，後文不再一一注出。謝靈運之《金剛般若經注》已佚，但《文選》李善注中有收録兩條。

陳雄曰：佛謂所教之住，與《華嚴經》住無所住同。如來教菩薩法，不過住無所住之法。菩薩受如來教，非敢變异，但當如其所教者，以無住爲住處。《楞嚴經》云：『得住般若波羅蜜。』《文殊般若經》云：『佛告文殊師利：「當云何住般若波羅蜜？」文殊言：「以不住法爲住般若波羅蜜。」復問：「云何不住法，名住般若波羅蜜？」文殊言：「以無住相，即住般若波羅蜜。」』〔一〕此住之法詳矣，無非住無所住之意。《三昧經》云：『如來所説法，悉從於無住。我從無住處，是處禮如來。』〔二〕

【箋注】

〔一〕此條引文，出自梁曼陀羅仙譯《文殊師利所説般若波羅蜜經》卷上。是經又稱《文殊説摩訶般若經》《文殊師利般若波羅蜜經》，簡稱《文殊般若經》。後被編入《大寶積經》，成爲第四十六會《文殊説般若會》。另有异譯，爲南朝梁僧伽婆羅所譯之《文殊師利所説般若波羅蜜經》一卷。内容叙述文殊師利、佛如來及有情界之一相不可得、福田相之不可思議，及一相莊嚴三摩地等之説法。

〔二〕此句出自《金剛三昧經·如來藏品》。

顔丙曰：四維者，四隅也，如東方、東南方、西方、西北方之類。東西南北及四維上下方，總謂十方。佛問如十方虚空可思量不，須菩提答不可思量，蓋大莫大於十方虚空，佛所以借此喻福德也。傅大士頌云：『欲知檀狀貌，如空遍十方。』佛云：『菩薩無住相布施，福德亦復如是。虚空不可思量測度，菩薩當如佛所指教處住。』佛教所謂住者，湛若十方，空無所住而住。又頌曰：『若論無相施，功德極難量。行悲濟貧乏，果報不須望平聲。凡夫情行去聲劣，初且略稱揚。欲知檀狀貌，如空遍十方。』㊀〔一〕

【校記】

㊀從『傅大士頌云』至『如空遍十方』應爲顔丙注文所引之内容。

【箋注】

〔一〕此頌爲傅大士頌。

川禪師曰：可知禮也。頌曰：『虚空境界豈思量，大道清㊀幽理更㊁長。但得五湖〔一〕風月在，春來依舊百花香。』㊂

【校記】

㊀清：道川《金剛經注》作『情』。

㊁更：道川《金剛經注》作『事』。

㊂戚本和衆善堂本無此條注文。

【箋注】

〔一〕五湖：春秋時范蠡助越王勾踐實現霸業後，即泛舟於五湖。《國語》《史記》等有載。

如理實見分第五

須菩提！於意云何？可以身相見如來不？」

寶積如來〔一〕解曰：如來真身，本無生滅，湛然常住，托陰受形，同凡演化，入神母胎，擐〔二〕胡貫切此凡相各别。故云若見諸相非相，即見如來。頌曰：『凡相滅時性不滅，真如覺體離塵埃。了悟斷常〔三〕根果别，此名佛眼〔四〕見如來。』

【箋注】

〔一〕寶積如來：過去五十三佛之一。依《三劫三千佛緣起》所載：『爾時釋迦牟尼佛告大衆言：「我曾往昔無數劫時，於妙光佛末法之中，出家學道，聞是五十三佛名。」』五十三佛名號中有歡喜藏摩尼寶積佛、寶蓋照空自在力王佛、日月珠光佛、金海光佛、山海慧自在通王佛、一切法常滿王佛。楊圭《十七家解注金剛經姓號目録》中所録之第一位注家即爲『五十三如來』，然而文中却未出現『五十三如來』之注家，但有寶積如來、自在力王如來、日月殊光如來、金海光如來、通王如來、法常滿如來這六位如來之注文各一條，概此六位皆爲『五十三如來』之一，故經首目録以『五十三如來』統稱之。推測可能有人托名五十三如來注解《金剛經》，而楊圭輯録了其中六位如來的注文。後洪蓮本《金剛經五十三家注解姓號目録》中即録爲：『寶積如來、自在力王如來、日月殊光如來、金海光如來、通王如來、法常滿如來。』此五十三如來之注本已佚，目前亦未查到其他書中有引用此注本者。故底本所輯之六位如來之注均未找到出處。另，後文所出現之其他五位如來之注文不再一一注明。

〔二〕擐（huàn）：穿，貫。

〔三〕斷常：『八迷』之一。三論宗立有八不中道，以之爲至極之宗旨。所謂八不者，係指『不生不滅，不去不來，不一不异，不斷不常』；反之則爲『生滅，去來，一异，斷常』，稱爲八迷。若破除此等『八迷』，即可得中道。

〔四〕佛眼：梵語 buddhacakṣus 之意譯，指諸佛照破諸法實相而慈心觀衆生之眼，乃佛所説五眼之一。其他四眼爲肉眼、天眼、慧眼、法眼。《無量壽經》卷下：『佛眼具足，覺了法性。』

王日休曰：此如來，乃謂真性之佛也。佛呼須菩提而問之云：『可以用三十二相見真性之佛否？』

『不也，世尊！不可以身相得見如來。

王日休曰：此須菩提言否也，而又呼世尊云『不可以身相得見如來』，是其言否也者，乃大略言之，下乃詳言之也。

李文會曰：不可以身相得見如來者，須菩提謂色身即有相，法身即無相。色身者，地水火風，假合成人；法身者，即無形段相貌。色身即是凡夫，法身即是如來。須菩提以凡夫但以色身不見法身，故答是語。㈠

【校記】

㈠衆善堂本無李文會注。

何以故？如來所説身相，即非身相。』

王日休曰：此如來謂色身佛也。須菩提又自問『何故不可以身相見如來』，乃自答云『如來所説身相，非是真實』。故云『即非身相』，謂無有真實身相也。

李文會曰：如來所説身相即非身相者，非者，無色，凡夫謂色身是有，執著修行，所以不見佛性，生死轉重，如來法身無相，故言所説身相非身相也。《華嚴經》云：『佛以法爲身，清净如虛空。』『故雲門大師〔一〕云：「我當時若見，一棒打殺與狗子喫者。」此大乘先覺之人，解粘去縛，遣疑破執也。』㊀黄蘗禪師曰：『夫學道人，若欲得知要訣，但莫於心上著一物。佛真法身猶若虛空，此謂法身即虛空，虛空即法身。常人謂法身遍虛空處，虛空中含容法身，不知法身即虛空，虛空即法身也。虛空與法身無异相，佛與衆生無异相，生死與涅槃無异相，煩惱與菩提無异相，離一切相，即名諸佛也。』㊁

【校記】

㊀此條引文出自宋張商英《護法論》。

㊁黄蘗禪師引文出自唐裴休集《黄蘗山斷際禪師傳心法要》，而個別字詞略有差异。又，『李文會』至『黄蘗禪師』此段注文，衆善堂本無。

【箋注】

〔一〕雲門大師（八六四—九四九）：指雲門宗創始人文偃禪師。俗姓張，姑蘇嘉興（今浙江嘉興）人。幼依空王寺志澄律師出家，後參道蹤，又轉參雪峰義存，獲其印可。後住韶州（今廣東韶關）雲門山，自成一系，因稱『雲門文偃』。其禪風被稱爲『雲門三句』，即『函蓋乾坤，截斷衆流，隨波逐浪』。往來學徒不下千人，嗣法者六十一人。謚『大慈匡真宏明禪師』。有《雲門匡真禪師廣録》三卷傳世。文中『我當時若見，一棒打殺與狗子喫者』句，出《雲門匡真禪師廣録》卷中。

川禪師曰：且道祇今行住坐卧，是什麽相？休瞌睡。頌曰：『身在海中休覓水，日行山嶺莫尋山。鶯啼燕語皆相似，莫問前三與後三〔一〕。』

【箋注】

〔一〕前三與後三：禪宗公案，原作『前三三後三三』，亦簡稱『前三後三』『三三』，典出無著文喜禪師。《五燈會元》卷第九：『師直往五臺山華嚴寺。至金剛窟禮謁，遇一老翁，牽牛而行，邀師入寺……翁曰：「近自何來？」師曰：「南方。」翁曰：「南方佛法，如何住持？」師曰：「末法比丘，少奉戒律。」翁曰：「多少衆？」師曰：「或三百，或五百。」師却問：「此間佛法，如何住持？」翁曰：「龍蛇混雜，凡聖同居。」師曰：「多少衆？」翁曰：「前三三，後三三。」』關於前三後三的旨意，禪林揣測頗多，但皆未有結論。《五燈會元》卷第四《福州靈雲志勤禪師》載：『峰後問曰：「古人道前三三後三三，意旨如何？」師曰：「水中魚，天上鳥。」』

《五燈會元》卷第七《福州雪峰義存禪師》載：『師問長慶：「古人道前三三，後三三，意作麽生？」慶便出去。』《金剛經川老頌古評記》上曰：『若强辨之，本凡聖同居之後語也。』

佛告須菩提：『凡所有相，皆是虚妄。若見諸相非相，即見如來。』

陳雄曰：須菩提欲人人見自性佛，所以有即非身相之説。色身是相，中無真實之體，故云皆是虚妄。法身非相，却有真如本體寓乎其中。若見諸相非相，是見色身中有法身，見自性中有如來，而如來豈可外求，即吾性見矣。《壇經》云：『佛即是性，離性無別佛。』

顔丙曰：佛問可以身相見如來不？須菩提答不可。如來者乃自性不屬去來也。四大色身本由妄念而生，若執虚妄身相，而欲見如來之性，譬如認賊爲子，終無是處。所以佛告須菩提云：『凡所有相，皆是虚妄，若見諸相非相，即見如來。』若能回光返照，得見身相無形可得，即是見自性如來。

李文會曰：凡所有相，皆是虚妄者，虚則不實，妄則不真，既不真實，相即非相。又云：『非獨佛身，相即無相，凡所有相，皆是虚妄。』色身有相，故言虚妄；法身無相，故言非相也。若見諸相非相，即見如來者，言身虚妄，即是人空；言非相者，即是法空。若悟人法二空，即見自性。㈠《法華經》云：『一切諸相，皆悉空寂。』㈡又云：『或見菩薩，觀諸法性，無有二相，猶如虛空。』

【校記】

㈠『李文會』至『即見自性』此段注文，衆善堂本無。

㈡《法華經》原文爲『一切諸法，皆悉空寂』。

傅大士頌曰： 如來舉身相，爲順世間情。恐人生斷見，權且立虛名。假言三十二，八十也空聲。《大藏一覽集·示生品》曰：『菩薩以四月八日，因母晝寢，以示其夢，從右脅入。夫人夢覺，自知身重，菩薩住胎，十月滿足。四月八日，菩薩化從右脅而生，自行七步，舉其右手，作師子吼：「天上天下，唯我獨尊。」九龍空中，吐清淨水，灌太子身。三十二相，八十種好，放大光明，普照三千大千世界。即名太子爲悉達多，漢言頓吉。』有身非覺體，無相乃真形。

川禪師曰： 山是山，水是水，佛在甚麼處。頌曰：『有相有求俱是妄，無形無見墮偏枯。堂堂密密何曾間〔一〕，一道寒光爍太虛〔二〕。』

【箋注】

〔一〕堂堂密密：香嚴智閑禪師上堂云：『道由悟達，不見言語，況見密密堂堂，曾無間隔，不勞心意。』

〔二〕白雲守端禪師頌曰：『有情有理俱三段，一道寒光射斗傍。』

正信希有分第六

須菩提白佛言：『世尊！頗有衆生，得聞如是言説章句，生實信不？』佛告須菩提：『莫作是説。如來滅後，後五百歲，有持戒修福者，於此章句能生信心，以此爲實。

陳雄引《華嚴經》云：『信爲道源功德母，長養一切諸善法。』《智度論》云：『佛法大海，信爲能入。』蓋實信者，實諦〔一〕之階也。須菩提疑衆生不能生實信，故作此問，而佛恐沮衆生實信之心，且告之以莫作是説。

【箋注】

〔一〕實諦：指真如一實之諦理，與『真諦』同義。即聖者所見之理爲真實之諦理，故稱實諦。

僧若訥曰：持戒者，諸惡莫作；修福者，衆善奉行。夫持戒修福者，即種善根者也。

李文會曰：得聞如是言説章句生實信不者，須菩提謂前説無相行於布施，即是因深；得見無相如來，即是果深。既談因果，切恐如來滅後，濁劫惡世之中，無人聽信，故有是問。

傅大士曰：『因深果亦深，理密奥難尋。當來末法〔一〕後㊀，惟慮法將沉。空生情未達，聞義恐難任。如能信此法，定是覺人心。』有持戒修福者，不著諸相，即是持戒；心常空寂，無諸妄念，即是修福。此人不被諸境所惑，能生信心，以此爲實。㊁

【校記】

㊀後：《傅大士頌》、戚本、衆善堂本皆作『世』，亦可。

㊁戚本、衆善堂本衹引傅大士頌文，無『有持戒修福者……以此爲實』這句。此條應爲李文會注文之内容。

【箋注】

〔一〕末法：梵語 saddharma-vipralopa。指佛法衰頹之時代。與『末世』『末代』同義。佛法傳世共分正法、像法、末法三個變遷期。佛入滅後五百年爲正法時期，此後一千年爲像法時期，再後一萬年就是末法時期。

慈受禪師〔二〕云：『念念常空寂，日用有大力。此是三世諸佛行履處，六代祖師行履處，無

功之功，功不虛棄。』㊀

【校記】

㊀此條注文出自《慈受懷深禪師廣録》卷第一，其中『日用有大力』原作『日用大有力』。

【箋注】

〔一〕慈受禪師：法名懷深，住相國惠林院。壽春（今安徽省六安市）人，俗姓夏。臨濟宗南岳下第十三世長蘆崇信禪師法嗣。底本所輯慈受禪師引文五條，其中四條出自《慈受懷深禪師廣録》卷一，又皆位於李文會注文之下，應爲李文會注所引之内容。

川禪師曰：金佛不度爐，木佛不度火，泥佛不度水。〔一〕頌曰：『三佛形儀總不真㊀，眼中瞳子面前人〔二〕。若能信得家中寶〔三〕，啼鳥山花一樣春。』

【校記】

㊀道川《金剛經注》作『三佛威儀總不真』，衆善堂本作『三佛儀形總不真』，意思基本相同。

【箋注】

〔一〕典出趙州從諗禪師。《景德傳燈録》卷第二十八載其上堂云：『金佛不度爐，木佛不度火，泥佛不度水，真佛屋裏坐。』

〔二〕崇福德基禪師：『水底金烏天上日，眼中瞳子面前人。』（《五燈會元》卷第十六）

〔三〕《大方等如來藏經》：『譬如貧家有珍寶藏，實不能言我在於此。』

當知是人不於一佛二佛三四五佛而種善根，已於無量千萬佛所種諸善根。

李文會曰：不於一佛二佛者，謂一劫一佛出世也。種種善根者，世間種種善事，不可勝計，大概止是諸惡莫作，衆善奉行是也。《法華經》云：『隨宜方便事，無復諸疑惑。心生大歡喜，自知當作佛。』傅大士曰：『依它㈠非自立，必假衆緣成。日謝樹無影，燈來室乃明。』㈡

【校記】

㈠它：《傅大士頌》作『他』，意同。

㈡此頌出自《傅大士頌》之《頌依他》。又，戚本、衆善堂本皆無此條注文。

六祖曰： 何謂種諸善根？所謂於諸佛所，一心供養，隨順教法；於諸菩薩、善知識、師僧父母、耆年宿德尊長之處，常行恭敬供養，承順教命，不違其意，是名種諸善根。於一切貧苦衆生起慈愍心，不生輕厭，有所須求，隨力惠施，是名種諸善根。於一切惡類，自行柔和忍辱，歡喜逢迎，不逆其意，令彼發歡喜心，息剛戾心，是名種諸善根。於六道衆生不加殺害，不欺不賤，不毁不辱，不騎不箠〔一〕，不食其肉，常行饒益〔二〕，是名種諸善根。

【箋注】

〔一〕箠（chuí）：鞭打。

〔二〕饒益：使人受法益。《維摩詰所説經·佛國品》：『菩薩取於净國，皆爲饒益諸衆生。』

王日休曰： 何謂種善根乎？至誠稱其佛號，或拈香一炷，或爲一拜，或以一物供養，皆謂之種善根。

僧若訥曰： 顯其已多種善根者，見佛多，聞法多，修行多也。

聞是章句，乃至一念生净信者，須菩提！如來悉知悉見，是諸衆生得如是無量福德。

六祖曰：信心者，信般若波羅蜜，能除一切煩惱；信般若波羅蜜，能成就一切出世功德；信般若波羅蜜，能出生一切諸佛。信自身佛性，本來清净，無有染污，與諸佛性平等無二；信六道衆生本來無相；信一切衆生盡得成佛，是名净信心也。

李文會曰：乃至一念生净信者，謂凡夫於諸法中，起一切善惡凡聖等見，有取捨心，種種妄念，不能生净信者。菩薩了悟人法二空，無諸妄念，心常清净，聽信其法，故言一念生净信也。㊀

【校記】

㊀衆善堂本無此條注文。

傅大士頌曰：信根生一念，諸佛盡能知。修因於此日，證果未來時。三大經多劫，六度久安施。熏成無漏種〔一〕，《阿毗達磨論》云：『漏者，令心連注流散不絕，故名爲漏。』僧問清平和尚曰：『如何是有漏〔二〕？』平曰：『笊籬。』僧曰：『如何是無漏？』平曰：『木杓』。〔三〕方號不思議。

【箋注】

〔一〕無漏種：指脱離了煩惱的清净種子。按唯識學觀點，阿賴耶識含有漏、無漏種子，通過正聞熏習可使得無漏種子現行，從而悟入唯識，修成佛果。

〔二〕有漏：乃『無漏』之對稱。漏，梵語 āsrava，乃流失、漏泄之意，爲煩惱之异名。有漏，即有煩惱。人類由於煩惱所産生之過失、苦果，使人在迷妄的世界中流轉不停，難以脱離生死苦海，故稱爲有漏；若達到斷滅煩惱之境界，則稱爲無漏。

〔三〕此述清平和尚語録，事見《五燈會元》卷第五『鄂州清平山安樂院令遵禪師』條。《禪苑蒙求》卷中概述其事爲『清平杓索』。

李文會曰：得如是無量福德者，此謂如來知見衆生，無諸妄念，心常清净，敬信其法，所得智慧勝妙功德，不可測量。

川禪師曰：種甘草甜〔一〕，種黄連苦。作如是因，獲如是果。㊀又曰：種瓜得瓜，種果得果。頌曰：『一佛二佛千萬佛，各各眼横兼鼻直〔二〕。昔年曾種善根來，今日依前得渠力。須菩提！須菩提！著衣喫飯尋常事，何須特地〔三〕却生疑。』㊁

【校記】

㊀道川禪師《金剛經注》中實無此句。

㊁戚本無此條注文。

【箋注】

〔一〕『甘草甜』云云，禪宗語録中常見，如《景德傳燈録》卷第二十五載漳州羅漢院守仁禪師示衆云：『甘草甜，黄蘗苦。』

〔二〕眼横鼻直：眼睛是横的，鼻子是豎直的，喻指事物的自然、平常狀態。禪宗常用來指認得本來面目，即自心本性。

〔三〕特地：反而之意，表示轉折。

何以故？是諸衆生無復我相、人相、衆生相、壽者相，無法相，亦無非法相。

李文會曰：無復我人衆生壽者相者，謂不倚恃名位權勢、財寶藝學、精進持戒、輕慢貧賤愚痴懈怠破戒之流，無能所知解之心，無苟求希望之心，言行相應也。無法相者，經云『心生則一切法生，心滅則一切法滅』。心既清净，諸法皆空，故無取捨一切善惡凡聖等見諸法相也。亦無非法相者，謂不著能知解心，不作有所得心，無人無法，内明實相，外應虚緣也。㊀

【校記】

㊀衆善堂本無此條注文。

肇法師曰：無法相者，明法非有，遣著有心也。亦無非法相者，明法非無，遣著無心也。

僧若訥曰：法相者，有見也。非法相者，無見也。捨二邊之著，故云無也。

圓悟禪師〔一〕曰：『伶俐漢〔二〕，脚跟須點地，脊樑要硬似鐵。游人間世，幻視萬緣，把住作主，不徇人情，截斷人我，脱去知解，直下以見性成佛，直指妙心爲階梯。及至作用，外應虚緣，不落窠臼，辨一片長久，守寂淡身心，於塵勞中透脱去，乃善之又善者也。』㊀

【校記】

㊀出自《圓悟佛果禪師語録》卷第十五。戚本和衆善堂本無此條注文，疑爲李文會注中所引，輯入時被分割開來。

【箋注】

〔一〕圓悟禪師（一〇六三—一一三五）：宋代高僧，俗姓駱，字無著，法名克勤。彭州（今四川成都彭州市）人。先後弘法於四川、湖北等地，晚年住持成都昭覺寺。聲名卓著，皇帝多次召其問法，并賜紫衣和『佛果禪師』之號，後又賜號『圓悟』，謚號『真覺禪師』。底本所引圓悟禪師内容十三條，主要出自《圓悟佛果禪師語録》《佛果圓悟禪師碧岩録》《佛果圓悟真覺禪師心要》。這十三條引文，十二條出自李文會注文之下，應爲李文會注文所引之内容，而非一單獨注家。

〔二〕伶俐漢：聰明伶俐之人。《五燈會元》卷第十六《法昌倚遇禪師》：『伶俐漢，纔聞舉著，眨上眉毛，便知落處。』

川禪師曰：圓同太虛，無欠無餘。〔一〕頌曰：『法相非法相，開拳復成掌〔二〕。浮雲散碧空，萬里天一樣。』

【箋注】

〔一〕此句出自禪宗三祖僧璨之《信心銘》。

〔二〕開拳復成掌：人之手，握則爲拳，開則爲掌。拳與掌，都是手的存在狀態，又都不是手之本體。禪宗以此喻有無、事理之『是非雙遣』。《明覺禪師語録》卷第三載雪竇重顯示衆：『握則爲拳，有高有下。復開云：「開則成掌，無黨無偏。且道放開爲人好，把定爲人好？」』明虛一《宗門玄鑑圖·四與麼》『不與麼與麼』之注文又曰：『先奪後縱，以理辨其事。以有爲無，喚事作理。非無作有，以理作事。事理非事，以此作用，立明其道。非理非事，如開拳成掌，握掌成拳，但了是手，拳掌俱是而亦俱非。』

何以故？是諸衆生，若心取相，即爲著我人衆生壽者。若取法相，即著我人衆生壽者。何以故？若取非法相，即著我人衆生壽者。

李文會曰：心若取相，即起妄念，故著我人衆生壽者相也。

圓悟禪師曰：『諸佛開示祖師，直指唯心妙性。徑截承當，不起一念。透頂透底，於見成際，不勞心力。任運逍遥，了無取捨，乃真密印〔二〕也。』㊀

【校記】

㊀出自《圓悟佛果禪師語録》卷第十五，但『透頂透底』後缺『無不現成』四字。咸本、衆善堂本，無此條注文。

【箋注】

〔二〕密印：禪宗僧徒一旦徹見本性而了悟生死迷妄之根源，師家即於契當之機緣給予印可；此種印可證明之境地，乃師家與學人間直接、親切之心印，非他人所能窺知者，故稱密印。《筠州洞山悟本禪師語録》載：『曹山親入師室，密印所解，盤桓數載乃辭師。』

逍遥翁曰：有念無覺，凡人境界；有念有覺，賢人境界；無念有覺，聖人境界。智者可了知，説則難爲説。㊀

【校記】

㊀此條注文，出自晁迥《法藏碎金録》卷第五，與後者相較，『智者可了知』前少『無念有覺臻極者，上上聖人境界』。

黄蘗禪師謂裴丞相曰：佛與衆生，唯止一心，更無差别。此心無始以來，無形無相，不曾生，不曾滅，當下便是。動念即乖，猶如虚空，無有邊際。唯此一心，即便是佛。佛與衆生，更無别异。但是衆生著相外求，求之轉失。使佛覓佛，將心捉心，窮劫盡形，終無所得，不知息念忘慮，佛自現前。此心即是佛，佛即是衆生。爲衆生時，此心不滅；爲諸佛時，此心不添。遇緣即施，緣散即寂，不假修證，本自具足。若不決定信此是佛，縱使累劫修行，終不成道。取法相者，謂言心外有法，故著諸相也。㊀

慈受禪師曰：『順天門〔一〕外古招提〔二〕，爛熳春光照錦溪。物物更無心外法，個中能有幾人知。』〔三〕

【校記】

㊀出自《黄蘗山斷際禪師傳心法要》，文字略有不同。

【箋注】

〔一〕順天門：北宋東京城（今河南開封市）外城西牆南門。

〔二〕招提：本指四方僧人所設之客舍，後世用作寺廟之别稱。杜甫《游龍門奉先寺》曰：『已從招提游，更宿招提境。』

〔三〕出自《慈受懷深禪師廣録》卷第一。

逍遥翁云：『欲外安和，但内寧静。心虚境寂，念起法生。水濁波昏，潭清月朗。修行之要，靡出於斯。』㊀

【校記】

㊀『欲外安和』云云，實出自五代宋初釋延壽之《宗鏡録》卷第七十五。

黄蘗禪師曰：『造惡造善，皆是著相。著相造惡，枉受輪迴；著相造善，枉受勞苦，都總不如便自認取本心。心外無法，此心即法。法外無心，將心無心，心却成有，一切在我默契而已。』〔一〕若取非法相者，謂有取捨善惡凡聖等相也。

【校記】

〔一〕出自《黄蘗山斷際禪師傳心法要》，原文爲：『造惡造善，皆是著相。著相造惡，枉受輪迴；著相造善，枉受勞苦，總不如言下便自認取本法。此法即心，心外無法。此心即法，法外無心。心自無心，亦無無心者。將心無心，心却成有，默契而已。絶諸思議，故曰言語道斷，心行處滅。此心是本源清浄佛，人皆有之，蠢動含靈與諸佛菩薩一體不异。』

傅大士曰：人空法亦空，二〔一〕相本來同。遍計虚分別，依他礙不通。圓成沉識海，流轉若飄蓬。圓成之理，墮在識海，流轉生死，有若飄蓬。欲識無生〔二〕理〔三〕，心外斷行蹤。是不著諸法相也〔三〕。

【校記】

〔一〕二：底本原作『一』，《傅大士頌》、戚本、衆善堂本皆作『二』，今據校本改爲『二』。

〔二〕理：戚本作『處』，《傅大士頌》作『性』。

㊂是不著諸法相也：《傅大士頌》《傅大士夾頌》、戚本、衆善堂本皆無，應爲小字夾注。

【箋注】

〔一〕無生：涅槃，因其超越生死而無生滅，故云無生。北宋智圓述《維摩經略疏垂裕記》卷第二曰：『無生寂滅，一體异名。』

是故不應取法，不應取非法。

李文會曰：不應取法不應取非法者，此謂有無俱遣，語默雙亡。若取法相，即有法執；若取非法相，即有空執。有執則煩惱熾然，無執則信心清净。

傅大士頌曰：有因名無㊀號，無相有馳名〔二〕。有無無別體，有之與無，本無各別之體。無有有無形。有無之形，本來無有。有無無自性，有無之間，無此自性。妄起有無情。有無之情，人自妄起。有無如谷響〔三〕，勿著有無聲。

【校記】

㊀無：《傅大士頌》作『假』。

【箋注】

〔一〕馳名：指聲名傳得遠。《高僧傳》卷第三説曇摩流支『以律藏馳名』。

〔二〕谷響：指谷中之回聲，雖似有而無真實。《大般若波羅蜜多經》卷第三百九十二：『又如谷響實無有聲。』

『所施設事皆如谷響，雖現似有而無真實。』唐智周《成唯識論演秘》卷第七：『又

川禪師曰：金不博金，水不洗水〔一〕。頌曰：『得樹攀枝未足奇，懸崖撒手〔二〕丈夫〔三〕兒。水寒夜冷魚難覓，留得空船載月〔四〕歸。』

【箋注】

〔一〕金不博金，水不洗水：金不博金，意爲無須用金子去交換金子。水不洗水，意思是水與水并無區別，用水洗水是徒勞、荒唐之事。二者皆喻指參禪不應作無謂徒勞之功，含有認識自心是佛、祛除分别心之義。《大慧普覺禪師語録》卷第一曰：『上堂。僧問：「老東山也恁麽舉，老圓悟也恁麽舉，未審和尚如何舉？」師云：「一手不獨拍，兩手鳴摑摑。」進云：「金不博金，水不洗水。」師云：「蹉過了也不知。」進云：「上是天，下是地，蹉過個甚麽？」師云：「金不博金，水不洗水聻。」』

〔二〕懸崖撒手：形容參禪時超越語言知見、情識分别，毫無依倚，毫不猶豫。《圓悟佛果禪師語録》卷第三曰：『一一七穿八穴，明明百匝千重。何必棒喝交馳，方論照用，直下懸崖撒手便可承當。還有恁麽人麽？見義不爲非勇士，臨危不變始驚群。』

〔三〕丈夫：佛十號之一。《長阿含經》卷十三：『佛告摩納：「若如來出現於世，應供、正遍知、明行足……調御丈夫……」』

〔四〕空船載月：指即心是佛，無須外求。月，比喻佛性。唐船子和尚有詩偈曰：『千尺絲綸直下垂，一波纔動萬波隨。夜静水寒魚不食，滿船空載月明歸。』

以是義故，如來常説：汝等比丘，知我説法，如筏喻者，法尚應捨，何况非法。

王日休曰：筏，謂編竹木成牌以渡人，乃過水之具，亦舡之類也。以是義理之故，乃指上文所言之意也。佛嘗謂汝等比丘，當知我之説法，如船筏之譬喻。是未渡之時，不可無船筏，喻若未了悟真性之時，不可無佛法也。既渡之後，則不須船筏，喻既了悟真性之後，即不須佛法也。如此則既悟之後，佛法尚當捨去，則非佛法而爲外道法者，尤當捨去，故云『法尚應捨，何况非法』。傅大士頌曰『渡河須用筏，到岸不須船』，此言盡之矣。㈠

【校記】

㊀衆善堂本無此後的若訥、顔丙、李文會、傅大士、川禪師注文。

僧若訥曰：《筏喻經》云：『若解筏喻者，善法尚捨，何况不善法。』如欲濟川，先應取筏。至彼岸已，捨而去之。

顔丙曰：法相屬有，非法相屬無，乃兩頭見，直須截斷，是故不應取法，不應取非法。以此義故，如來常説『汝等比丘，知我説法，如筏喻者』。筏乃大船也。譬如人未渡河，須假舡筏，既到彼岸，當離其筏，不可執著也。人未出生死愛河，須假佛法，方得度脱，法亦當捨。所以趙州道『佛之一字，吾不忍聞』〔二〕，佛法尚應捨，何况非佛法。

【箋注】

〔二〕《大慧普覺禪師語録》卷第十九：『趙州云：「佛之一字，吾不喜聞。」佛字尚不喜聞，想無閑工夫管閑事。逐日波波地，檢點他人也。』

李文會曰：執有説空，因何用筏，有執既喪，空説奚存，既已渡河，那更存筏。傅大士曰：『渡河須用筏，到岸不須船。人法知無我，悟理詎勞筌。中流仍被溺，誰論在二邊。』子榮曰：『存心中道，尚被流溺，中道不立，二邊何安。』有無如取一，即被污心田。且未見性之時，在於死生海中，遇善知識教以言説，分別法相。得見自性，不可更執著也。法尚應捨，何况非法者，《經》云：『若人欲識佛境界，當浄其意如虚空。』〔一〕外無一法而建立，法尚應捨，何况非法乎？㊀

【校記】

㊀戚本祇有傅大士頌及頌中之子榮小字夾注。

【箋注】

〔一〕此句出自《八十華嚴》，但原文爲：『若有欲知佛境界，當浄其意如虚空。』

川禪師曰：水到渠成㊀〔一〕。頌曰：『終日忙忙，那事無妨〔二〕，不求解脱，不樂天堂。但能一念歸無念〔三〕，高步毗盧〔四〕頂上行。』

【校記】

㊀水到渠成：道川《金剛經注》本作『水至成渠』，戚本作『水到成渠』，亦可。

【箋注】

〔一〕水到渠成：宋寶臣述《注大乘入楞伽經》云：『直須水到渠成，自然任運。』

〔二〕終日忙忙，那事無妨：《古尊宿語録》卷八《汝州首山念和尚語録》：『上堂。僧问：「終日忙忙，那事無妨。如何是那事？」師云：「孤峰頂上千花秀，萬仞嵯峨嶮處行。」』

〔三〕無念：無妄念之意，指意識未存世俗之憶想分別，而符合真如之念。爲八正道中之正念。宗密《禪源諸詮集都序》卷上之二：『覺諸相空，心自無念，念起即覺，覺之即無。此即修行之妙法，故雖備修萬行，唯以無念爲宗。』

〔四〕毗盧：毗盧遮那，即佛之法身（一説報身）。《密庵和尚語録》：『自從踏斷千差路，便向毗盧頂上行。』

無得無説分第七

須菩提！於意云何？如來得阿耨多羅三藐三菩提耶？如來有所説法耶？」須菩提言：『如我解佛所説義，無有定法名阿耨多羅三藐三菩提，亦無有定法如來可説。

僧若訥曰：空生領解佛旨，乃云第一義中，無有定實之法可得，亦無有定實之法可説。

陳雄曰：《楞伽經》論七種空〔一〕有曰『一切法離言説空』『第一義聖智大空』。如來了真空之妙，固無法可得，亦無法可説，是以設爲之問。無上菩提，乃第一義，深妙難名，或持戒忍辱而得之，或精進禪定而得之，或聚沙爲塔，或稱南無，皆已得之，豈可拘以定法而名之哉。如來憫衆生之未悟，安得嘿然〔二〕而離説。或爲志求勝法者説，或爲求無上慧者説，或爲求聲聞者説，《傳心法要》曰：『自聲教而悟者爲聲聞。』或爲求辟支佛者説。《法華經》曰：『樂獨善寂，是名辟支佛乘。』應機而酬，隨即而答，寧有定法耶？佛盡變通之義，無執無著。須菩提兩言無有定法，非能解佛所説義乎？

【箋注】

〔一〕七種空：《楞伽阿跋多羅寶經》卷一佛告大慧菩薩説：『大慧！彼略説七種空。謂：相空、性自性空、行空、無行空、一切法離言説空、第一義聖智大空、彼彼空。』

〔二〕嘿然：不作聲。《中阿含經》卷第二十六即説佛弟子：『樂嘿然，自收斂。』

李文會曰：如來有所説法耶者，佛所問意，恐謂如來有所説也。無有定法者，根器有利鈍，學性有淺深，隨機設教，對病用藥。《法華經》云：『諸根利鈍，精進懈怠。隨其所堪，而爲説法。』是故法無定相，迷悟懸殊。若未悟時，似無所得；若悟了時，似有所得。得與不得，皆是妄見，但不可執著。自契中道，豈有定法可説耶？

川禪師曰：寒即言寒，熱即言熱〔一〕。頌曰：『雲起南山雨北山，驢名馬字〔二〕幾千㊀般。請看浩渺無情水，幾處隨方幾處圓〔三〕。』

【校記】

㊀千：道川禪師《金剛經注》本、戚本、衆善堂本皆作『多』，可。

【箋注】

〔一〕寒即言寒，熱即言熱：出自《趙州和尚語録》：『忽問趙州説什麽法？但向伊道：「寒即言寒，熱即言熱。」』表無定法可説。

〔二〕驢名馬字：指隨機説法。《保寧仁勇禪師語録》即云：『驢名馬字雖呼喚，多少傍觀揜面羞。』

〔三〕《宗鏡録》卷十三：『水同上德，方圓任器。』

何以故？如來所説法，皆不可取、不可説、非法、非非法。

謝靈運曰：非法則不有，非非法則不無，有無并無，理之極也。

王日休曰：此法㊀爲衆生而設，非有真實之法，故云非法。然亦假此以開悟衆生，又不可全謂之非法，故云非是非法也。

【校記】

㊀法：戚本、衆善堂本作『皆』，語意亦通。

陳雄曰：如來所説者，無上菩提法也。可以性修而不可以色相取，徒取則何以深造於性理之妙；可以心傳而不可以口舌説，徒説則何以超出於言意之表，須菩提所以辨論兩言其不可也。是法也，微妙玄通，深不可識。一以爲㊀有耶，雖有而未嘗有；一以爲㊁無耶，雖無而未嘗無，此非法非非法之意。真空不空，其若是乎。

【校記】

㊀爲：戚本、衆善堂本作『言』，亦可。

㊁爲：衆善堂本作『言』，亦可。

李文會曰：不可取者，空生深恐學人不悟如來無相之理；不可説者，深恐學人執著如來所説章句也。非者，無也。非非者，不無也。

黄蘗禪師曰：『法本不有，莫作無見。法本不無，莫作有見。』〔一〕謂無即成斷滅，謂有即成邪見。

【箋注】

〔一〕此句出自《黄蘗斷際禪師宛陵録》。

傅大士曰：菩提離言説，從來無得人。須依一㊀空理，當證法王身。子榮曰：先悟人法二空，然後證涅槃妙果。有心俱是妄，無執乃名真。若悟非非法，逍遥出六塵。

【校記】

㊀一：《傅大士頌》、衆善堂本作『二』。結合子榮『人法二空』，作『二』似更妥帖些。

川禪師曰：是什㊀麽。頌曰：『恁麽也不得，不恁麽也不得〔一〕。廓落〔二〕太虚空，鳥飛無影迹。咄！撥轉機輪〔三〕却倒回㊁，南北東西任往來。』

【校記】

㊀什：道川《金剛經注》本、戚本皆作『甚』，亦可。

㊁回：道川《金剛經注》本、戚本、衆善堂本皆作『迴』，亦可。

【箋注】

〔一〕《五燈會元》卷五載藥山惟儼禪師參石頭希遷時問：『三乘十二分教某甲粗知，嘗聞南方直指人心，見性成佛，實未明了，伏望和尚慈悲指示。』頭曰：『恁麽也不得，不恁麽也不得，恁麽不恁麽總不得，子作麽生？』恁麽：禪林俗語，這樣、如此之意。

〔二〕廓落：空闊孤寂。《景德傳燈録》卷第二十四載福州廣平玄旨禪師上堂示衆情形：『問：如何是法身體？師曰：廓落虚空絶玷瑕。』

〔三〕機輪：古代提水用的機械裝置。《明覺禪師語録》卷第二載雪竇上堂：『機輪轉處作者猶迷，千眼頓開與君相見。』

所以者何？一切聖賢皆以無爲法而有差别。』

《疏鈔》曰：未了人空法空，皆名執著；了此二法，即曰無爲。菩薩〔一〕能齊證二空，聲聞〔二〕方離人空，未達法空。故云離一非以證前之義，故云而有差别。

【箋注】

〔一〕菩薩：指菩薩乘，乃大乘修行果位之一。以悲智六度法門爲乘，運載衆生，總越三界三乘之境，至無上菩提大般涅槃彼岸。

〔二〕聲聞：指聲聞乘，乃小乘修行果位之一。以四諦爲乘，聞佛聲教而出離生死，以達涅槃。

六祖云： 三乘根性，所解不同。見有淺深，故言差別。佛説無爲説者，即是無住。無住即無相，無相即無起，無起即無滅，蕩然空寂，照用齊施，鑒覺無礙，乃真是解脱佛性。佛即是覺，覺即是觀照，觀照即是智慧，智慧即是般若也。㊀

【校記】

㊀『佛説無爲説者』，《金剛經解義》本作『佛説無爲法者』。『智慧即是般若也』，《金剛經解義》本作『智慧即般若波羅蜜多也』，戚本、衆善堂本亦皆作『智慧即般若波羅蜜多也』。

王日休曰： 其言賢聖以無爲法而有差別者何哉？蓋謂於無爲法得之淺者則爲賢人，若須陀洹之類是也；得之深者則爲聖人，若佛與菩薩是也，此所以爲差別歟。

顔丙曰： 佛問須菩提：『如來得阿耨多羅三藐三菩提耶，如來有所説法耶？』答云：『如我解佛所説義理，皆無一定之法，可名可説。』何故？如來所説法，如人飲水，冷暖自知，不可取，不可説。非法非非法，法屬有，非法屬無，執有著相，執無落空，所以道不是法，不是非法。又以者，用也；無爲者，自然覺性，無假人爲，故一切賢聖，皆用此無爲之法。然法本無爲，悟有淺深，遂生差別見，到頭則一也。

李文會曰：無爲法性，本無淺深定相可取。若有定相，應無差別。有差別者，謂根有利鈍，學有淺深，故曰差別。既有差別，即無定相也。

覺海元禪師㊀曰：『一金成萬器，皆由匠者智。何必毗耶城，人人説不二〔一〕。』

【校記】

㊀覺海元禪師：底本及衆善堂本皆作『海覺元禪師』，但《禪宗頌古聯珠通集》卷第五、《宗鑑法林》卷第三都收録有此頌，作者題爲『覺海元』。覺海元禪師，即宋代禪僧贊元，號覺海禪師。婺州義烏人，傅大士之後裔。爲石霜楚圓法嗣，臨濟宗傳人。《禪宗頌古聯珠通集》《宗鑑法林》皆録有其頌數首，故底本應有誤，而衆善堂本延續底本之誤。底本中僅有此處引到覺海元禪師頌。

【箋注】

〔一〕何必毗耶城，人人説不二：典出《維摩詰所説經·入不二法門品》。

傅大士曰：人法俱名執，了即二無爲。菩薩齊能證，聲聞離一非。所知煩惱盡㊀，空中無所依。常能作此觀，證果定無疑㊁。

【校記】

㊀盡：《傅大士頌》作『障』，亦可。

㊁證果定無疑：《傅大士頌》作『得聖定無疑』，亦通。

川禪師曰：毫厘有差，天地懸隔。㊀頌曰：『正人説邪法，邪法悉歸正。邪人説正法，正法悉皆邪〔一〕。江北成枳江南橘，春來都放一般花。』㊁〔二〕

【校記】

㊀毫厘有差，天地懸隔：衆善堂本無此句。

㊁戚本無此條注文。

【箋注】

〔一〕趙州云：『正人説邪法，邪法亦隨正。邪人説正法，正法亦隨邪。諸方難見易識，我者裏易見難識。』（《趙州和尚語録》）

〔二〕《周禮·考工記》：『橘踰淮而北爲枳。』此謂雖有種種差别，但皆是無爲法。

依法出生分第八

『須菩提！於意云何？若人滿三千大千世界七寶以用布施，是人所得福德寧爲多不？』

王日休曰：三千大千世界者，此日月所照，爲一小世界，其中間有須彌山〔一〕，日月繞山運行，故南爲閻浮提，東爲弗婆提，西爲瞿耶尼，北爲鬱單越，是名四天下。日月運行，乃在須彌山之中腰，故此山之高，其半出日月之上。山上分四方，每方有八所，中間又有一所，共三十三所，謂之三十三天，梵語謂之忉利天〔二〕是也。日月運行於此四天下，謂之一小世界，如此一千小世界，謂之小千，如此一千小千世界，謂之中千，如此一千中千世界，謂之大千。以三次言『千』字，故云三千大千，其實則一大千耳，如此方謂之一大世界。『寧爲多不』者，此『寧』字，乃譯師之言，蓋若助辭耳，不必深考也。

【箋注】

〔一〕須彌山：原爲印度神話中之山名，後爲佛教之宇宙觀沿用，謂其爲聳立於一小世界中央之高山。以此山爲中心，周圍有八山、八海環繞而形成一世界。

〔二〕忉利天：梵名Trāyastriṃśa，音譯多羅夜登陵舍、怛唎耶怛唎奢。又作三十三天。於佛教之宇宙觀中，此天位於欲界六天之第二天，係帝釋天所居之天界，位於須彌山頂；山頂四方各八天城，加上中央帝釋天所住之善見城（喜見城），共有三十三處，故稱三十三天。忉利天爲帝釋之住處，此信仰自古即盛行於印度。傳説佛陀之母摩耶夫人命終後生於此天，佛陀曾上升忉利爲母説法三個月。

六祖曰：此是如來問起此意如何。布施供養，身外之福，受持經典，身内之福。身福即衣食，性福即智慧。雖有衣食，性中愚迷，即是前生布施供養，不持經典，今生聰明智慧而貧窮無衣食者，即是前生持經聽法，不布施供養。外修福德即衣食，内修福德即智慧。錢財見世之寶，般若在心之珍。内外雙修，方爲全德，此是贊嘆持經功德勝布施福也。

《疏鈔》云：七寶者，金、銀、琉璃、珊瑚、瑪瑙、赤真珠、玻璖。佛意欲顯無爲之福，先將有漏之福，問及善現，三千世界盡著七寶以用布施，作福所得，其福德寧爲多不？下文須菩提答。

須菩提言：『甚多，世尊！何以故？是福德即非福德性，是故如來説福德多。』

謝靈運曰： 福德無性，可以因緣增多，多則易著，故即遣之。

六祖曰： 三千大千世界七寶持用布施，得福雖多，於性一無利益。依摩訶般若波羅蜜多修行，令自性不墮諸有，是名福德性。心有能所，即非福德性；能所心滅，是名福德性。心依佛教，行同佛行，是名福德性；不依佛教，不能履踐佛行，即非福德性。

僧若訥曰： 空生謂大千七寶，寶豐福勝，故曰甚多。是福德者，事福也。即非福德性者，非般若福德種性，既非理福，不趨菩提也。是故如來説福德多者，於世間事福，乃云多也。

僧子榮曰： 住相布施，唯成有漏之因，而得人天福業報；離相持經，則證無爲之理，得福無有邊際。㊀

【校記】

㊀戚本將此注條置於『須菩提所謂佛法者，即非佛法』經文之後。衆善堂本無此注條。

陳雄曰： 聚寶布施，持經精進，皆六度之一也。佛化度衆生，未嘗沮其布施，而獨喜其精進，蓋謂世人計著，多用金銀、琉璃、珊瑚、瑪瑙、真珠、玻瓈，爲求福地。殊不知以覺性之寶，修其性上福德。故并爲一者設爲之問，以較其優劣。持經精進者，率性而修也。性彌滿六虚，其福德亦如是，夫是之謂福德性。聚寶布施者，藉物而修也，物有限而其福亦有限，又非福德性之比。故須菩提辨論曰：『是福德即非福德性』，且斷之曰：『如來説福德多者，以其有限，得以計其多寡故也。』五祖嘗曰：『自性若迷，福何可救。』六祖亦曰：『功德在自性，不是布施供養之所求。』又曰：『自悟自修，是自性上功德。』二佛之言，深契玄旨。

顔丙曰：佛問：若人滿世界七寶捨施，得福多不？須菩提答：福德雖多，畢竟非福德性。㊀

【校記】

㊀咸本、衆善堂本皆無此注條。

李文會曰：三千大千世界七寶布施，此是住相布施，希求福利，得福雖多，而於識心見性，了無所得。傅大士曰：『寶滿三千界，賫〔一〕持作福田。惟㊀成有漏業，終不離人天。』故知住相布施，即非福德性。若人心無能所，識心見性，方名福德性也。

川禪師曰：事向無心得。頌曰：『寶滿三千及大千，福緣應不離人天。若知福德元無性，買得風光不用錢〔二〕。』㊁

【校記】

㈠惟：《傅大士頌》作『唯』，亦可。

㈡川禪師此條注，戚本置於『若復有人……其福勝彼』經文之下，道川《金剛經注》本亦同。

【箋注】

〔一〕賫（jī）：挾抱、懷持之意。

〔二〕買得風光不用錢：《禪宗頌古聯珠通集》卷第四録北礀居簡禪師之頌曰：『五十三人一縷穿，小兒雖小膽如天。茫茫煙水無重數，買得風光不用錢。』又，李白《襄陽歌》有『清風明月不用一錢買』句。

『若復有人，於此經中受持，乃至四句偈等，爲他人説，其福勝彼。』

《疏鈔》云：此經者，人人俱有，個個周圓，上及諸佛，下及螻蟻，亦具此經，即妙圓覺心是也，無物堪比。

顔丙曰：復有人於此經中受持，乃至四句偈等，受者，直下承受，持者，時時行持，更爲他人解説，如一燈傳百千萬燈。其福勝彼，如何便見得勝彼處？彼以七寶乃住相布施，縱得濁福，福盡墮落。此因經悟性，四句現前，福等太虛，歷劫不壞，故云：『住相布施生天福，猶如仰箭射虚空。勢力盡，箭還墜，招得來生不如意。争似無爲實相門，一超直入如來地。』〔一〕又四句決疑，《金剛經》者，乃《大藏經》之骨髓；而四句偈者，又《金剛經》之骨髓〇。若人受持是經，而不明四句下落，又豈能超生脱死而成佛作祖也哉。古今論四句偈者不一，或指聲香味觸法是，或指經中二偈是，或云若見諸相非相即見如來，或云眼耳鼻舌，或云有爲句、無爲句，非有爲句、非無爲句，或云有諦無諦、真諦俗諦，各執己見，初無定論。唯《銅牌記》〔二〕云：『天親菩薩，升兜率宫，請益彌勒：「如何是四句偈？」彌勒云：「無我相、無人相、無衆生相、無壽者相是也。」』六祖大師復以『摩訶般若波羅蜜多是也』〔三〕。若果執此兩轉語，便爲倒根，何异數他人珍寶，於自己無半文之分。幸而傅大士曾露個消息，最是親切，云：『若論四句偈，應當不離身。』〔四〕以是而觀，則四句偈者，初不假外求，而在吾心地明了，方真四句也。不然六祖何以注四句偈云：『我人頓盡，妄想既除，言下成佛。』〔五〕向使此偈可以言傳面命，可以聰明測度而到，則我佛乃天人之師，住世四十九年，廣爲衆生説法，三百五十度，而於此經凡一十四處舉四句偈，而終不明明指示端的，豈我佛吝其辭而不爲説破耶？蓋恐人執指爲月，而徒泥紙上之死句，而不能返觀内照於自己之活句也。且我佛尚不敢執著指示，况其餘者乎？吾之所謂活句〔六〕者，死生不能汩，凡聖立下風，在於常行日用中，字字放光，頭頭顯露，初無一點文墨污。若是個漢，直下承當，早是蹉過了也。何更容些小見識解會，而分別此是彼非也。唯有過量人〔七〕，方知鼻孔元來在面上。㊂

【校記】

㊀『而四句偈者』句，衆善堂本無。

㊁顔丙此注條，戚本置於『所謂佛法者，即非佛法』的經文之後。

【箋注】

〔一〕諸句出自《永嘉證道歌》。

〔二〕《銅牌記》：相傳爲梁僧寶志所著，多記未來之事，於五代時流傳甚廣。

〔三〕六祖《金剛經解義》卷上云：『四句偈即是摩訶般若波羅蜜多。』

〔四〕《傅大士頌》云：『經中持四句，應當不離身。』

〔五〕出自六祖《金剛經解義》卷下。

〔六〕活句：禪林用語，一般與『死句』對舉。指活用之句，乃超越分別的靈妙之句。《正法眼藏》卷一：『洞山初和尚示衆云：「語中有語，名爲死句，語中無語，名爲活句。」』

〔七〕過量人：指超越數量分别、不落途程、不歷階位的禪悟者。《密庵和尚語録》：『輔弼宗門有老成，一番提掇一番新。咬薑呷醋知鹹淡，便是叢林過量人。』

傅大士頌曰：寶滿三千界，賫持作福田。唯成有漏業，終不離人天。持經取四句，與聖作良緣。欲入無爲海，須乘般若船。㊀

【校記】

㊀傅大士此注條，底本置於『須菩提所謂佛法者，即非佛法』的經文之後。

玄宗皇帝〔一〕**云：**三千七寶雖多，用盡還歸生滅。四句經文雖少，悟之直至菩提。

【箋注】

〔一〕唐玄宗皇帝所注之《金剛經》，本已亡佚，但於二十世紀五十年代後陸續出土的房山石經中發現了唐玄宗之《金剛般若波羅蜜經注》，後日本學者麥谷邦夫據此給予恢復。然將《集注》中所引之唐玄宗注文與房山石經本對比，發現石經本無此句。敦煌文獻中亦有殘本，但亦無《集注》所引之文。底本所輯之唐玄宗注，唯此一條。楊圭本亦輯録此條，但置於『須菩提所謂佛法者，即非佛法』之經文後，然其《十七家解注金剛經姓號目録》未列唐玄宗。疑此條乃楊圭所加之注文。

百丈禪師〔一〕曰：眼耳鼻舌，各各若不貪染一切諸法，是名受持四句偈，亦名四果仙人，亦名六通羅漢。若能受持乃至四句偈等，功德廣大，勝彼三千大千世界七寶布施也。㊀〔二〕

【校記】

㊀戚本和衆善堂本無此條注文。底本有百丈禪師引文三條，其他兩條皆位於李文會注文之下，此處可能亦出自李文會之注。

【箋注】

〔一〕百丈禪師：即百丈懷海（約七二〇—八一四），本姓王，俗名木尊，福建長樂人。洪州宗開創者馬祖道一之法嗣。因常住地爲洪州百丈山（江西奉新），故稱『百丈禪師』。百丈禪師是禪宗清規的製定者，他製定新的修行生活儀軌《禪門規式》（經後人不斷增補後定名爲《百丈清規》），對禪宗的發展作出了重大貢獻。底本所引百丈禪師内容三條，皆出自《古尊宿語録》卷第二。

〔二〕《古尊宿語録》卷第二『大鑑下三世』之『百丈大智禪師』記載：『誌公云：内見、外見俱錯。眼耳鼻舌，各各不貪染一切有無諸法，是名受持四句偈，亦名四果。六入無迹，亦名六通。』

陳雄曰：《三昧經》云：『一切佛法，攝在一四句偈中。』〔一〕故得之者不在於文字之多，但一念頃，即入實諦，而其性天昭徹矣。若更有勤行修進，受之不忘於心，持之不厭其久，説之普得聞知，非特覺一己之性，且將覺億萬人之性，其爲福德莫大焉，比之多施七寶之福爲勝。

【箋注】

〔一〕經文出自《金剛三昧經·真性空品第六》。

李文會曰：受持者，身口意皆清浄是也。曉解經義，依教而行，如船入㊀海，無所不通，亦名受持。既不曉解經義，而又懈怠，心口相違，如入小港，即有斷絶，非受持也。四句偈，川禪師注載在卷末《應化非真分》中。

【校記】

㊀入：底本作『如』。衆善堂本無此條注文。明韓巖集解、程衷懋補注《金剛般若波羅蜜經補注》卷上和清行敏述《金剛經如是經義》卷上皆輯有此段話，都作『入』字。今依此及前後文意改作『入』字。

張無盡曰：『佛爲無上法王，金口所宣聖教靈文，若一誦之則爲法輪轉地。夜叉唱空，報四天王，天王聞已，如是展轉，乃至梵天，通暗通明，龍神悦懌，猶如綸言，誕布詔令，横流寰宇之間，孰不欽奉。誦經之功，其旨如此。若止形留神往，外寂中摇，尋行數墨而已，何异春禽晝啼，秋蛩夜鳴，雖千萬遍果何益哉？』㊀池陽鄭山因禪師遣僧往大通鎮陳宅求經，頌曰：『燈籠露柱〔一〕熾然説，莫學驢年〔二〕紙上鑽。看經須具看經眼〔三〕，多見看經被眼謾。』

【校記】

㊀此段引文出自張商英之《護法論》而有所删減。

【箋注】

〔一〕燈籠露柱：禪林用語。意謂以本來面目而呈現者，即指無情之物恒常不斷地説示真理之相。露柱，指立於堂外正面以旌表門第之圓柱，舊時官宦之家和寺廟常有之，禪宗用以表示無情、非情等意。

〔二〕驢年：禪林用語。十二生肖中無驢，即無驢年，故以之譬喻永無可期之日。

〔三〕看經須具看經眼：出自《雲門匡真禪師廣録》卷下『看經須具看經眼，燈籠露柱，一大藏教無欠少』。

何以故？須菩提！一切諸佛，及諸佛阿耨多羅三藐三菩提法，皆從此經出。

《疏鈔》云：經云『三世諸佛，及阿耨菩提，一切妙法，皆從此經出』，即明持經果滿，顯前義也。又《多心經》云：『三世諸佛，依般若波羅蜜多故，得阿耨菩提』，亦同此義。又忠國師云：『茲經喻如大地，何物不從地之所生。諸佛惟指一心，何法不從心之所立。』〔一〕故云皆從此經出。

【箋注】

〔一〕此句出自唐南陽慧忠國師之《般若波羅蜜多心經序》。又，《多心經》即《心經》。

王日休曰： 阿耨多羅三藐三菩提，謂真性也。一切諸佛阿耨多羅三藐三菩提法者，謂諸佛求真性之法也。何以故者，佛自問何故於此經受持講説，所得福德勝於彼三千大千世界七寶布施也。乃自答云：『一切諸佛，求真性之法，皆從此經出。』則此經之功，爲極大而且無窮矣。

顏丙曰： 何以故一切諸佛，及阿耨多羅三藐三菩提法，皆自此經出者，蓋《大藏經》及從上諸佛無上正等正覺之法，皆出自此經。此經者，此外無餘經也。

僧若訥曰： 皆從此經出者，非指此一經文句語言，乃指實相般若即是一心，遍爲諸法性體，自己一念能生一切法故。

李文會曰： 無相福德生出應身，無相智慧顯出真身，謂從自己心中出菩提法也。㊀

【校記】

㊀衆善堂本無此條注文。

川禪師曰： 且道此經從甚處出，須彌頂上，大海波心。頌曰：『佛祖垂慈實有權，言言不離此經宣。此經出處還相委，便向雲中駕鐵船〔二〕。切忌錯會。』

【箋注】

〔一〕駕鐵船：出自《景德傳燈録》卷第十七所載洪州泐潭寶峰神黨禪師對『如何是佛法大意』之答語：『虛空駕鐵船，岳頂浪滔天。』

須菩提！所謂佛法者，即非佛法㊀。

【校記】

㊀此句經文之末尾，衆善堂本多『是名佛法』四字。

王日休曰：佛於此再呼須菩提而告之所謂佛法者，乃上文所謂阿耨多羅三藐三菩提法也。佛恐人泥於有此佛法，故云所謂佛法者，非有真實佛法，乃虛名爲佛法而已。蓋謂佛法本來無有，唯假此以開悟衆生耳，是於本性中非爲真實也。

六祖曰：如來所説佛者令人覺，所説法者令人悟，若不覺不悟，取外佛外法者，即非佛法也。㊀

【校記】

㈠此條注文，實出自《銷釋金剛科儀會要注解》卷第四，但後者『取外佛外法者』作『執取心外佛法者』，語義更勝，疑底本『外佛』之『外』涉後而致誤。

顔丙曰： 所謂佛法即非佛法者，隨説隨剗也。㈠

【校記】

㈠顔丙此條注文，乃上條『若復有人……其福勝彼』經文後之『顔丙』注中的一句，咸本將前文顔丙整條注文置於此處。

李文會曰： 二乘之人，執著諸相以爲佛法，遂乃向外尋求。文殊師利云〔一〕：一切衆生，愚迷顛倒，不知覺悟，種種修行，不離身内，若於身外修行，無有是處。菩薩於諸佛法，都無染著，亦不捨離，見如不見，聞如不聞，心境空寂，自然清浄，是故佛法非佛法也。覺道之人，既能覺悟諸相皆空，但用所得知解做藥，治個心中妄想執著之病，心地自然調伏無罣礙也。

【箋注】

〔一〕『文殊師利云』後之内容：底本原作一單獨注條。底本所引文殊師利内容，僅有兩條，此處所引内容出處待考，後文所引一條（見《究竟無我分第十七》）出自《大聖文殊師利菩薩赞佛法身禮》。這兩條引文皆在李文會注條之下，應是李文會注中所引之内容，故文殊師利不能算作一單獨注家。底本所輯注文中引用文殊之語者還有七處：僧若訥所引一處，陳雄所引六處。有兩處出自《文殊般若經》。

川禪師云：能將蜜棗子㊀，換汝苦葫蘆。〔一〕頌曰：『佛法非法，能縱能奪。有放有收，有生有殺。眉間常放白毫光，痴人猶待問菩薩。〔二〕』

【校記】

㊀能將蜜棗子：道川《金剛經注》本作『能持蜜菓子』，戚本作『能將蜜果子』。語意皆通。

【箋注】

〔一〕能將蜜棗子，換汝苦葫蘆：指佛法非法，乃佛爲宣教而假設的方便説法。《佛果圜悟禪師碧巖録》卷第十：『誰云黄葉是黄金？仰山示衆云：「汝等諸人，各自回光返照，莫記吾言。汝等無始劫來，背明投暗，妄想根深卒難頓拔，所以假設方便，奪汝粗識。如將黄葉止小兒啼，如將蜜果换苦葫蘆相似。古人權設方便爲人，及其啼止，黄葉非金。世尊説一代時教，也祇是止啼之説。」』

〔二〕《法華經·序品第一》，佛放眉間白毫相光，彌勒以此瑞問文殊師利。白毫光：指佛光。如來眉間生白毛，會放光，爲如來三十二相之一。

一相無相分第九

須菩提！於意云何？須陀洹能作是念：我得須陀洹果不？』須菩提言：『不也，世尊！何以故？須陀洹名爲入流，而無所入，不入色聲香味觸法，是名須陀洹。』

陳雄曰： 須陀洹〔一〕、斯陀含〔二〕、阿那含〔三〕、阿羅漢〔四〕，此四羅漢㊀在一切凡夫人中爲第一。佛告彌勒菩薩，於《法華經》嘗言之矣；告大慧菩薩，於《楞伽經》亦詳言之。《大涅槃經》，佛言若有比丘欲得須陀洹果、斯陀含果、阿那含果、阿羅漢果，當勤修習奢摩他〔五〕、毗婆舍那〔六〕二法。《大般若經》有預流果、一來果、不還果、阿羅漢果，正此之所謂四果也。又云，修行般若波羅蜜多時，不著預流果，不著一來果、不還果、阿羅漢果。抑又見四羅漢得是果，而不存所得心也。今我佛恐四羅漢不知以無念爲宗，尚萌所得之念，故設四問，以爲能作得果得道之念不？須菩提皆以『不也』答之，復爲之辨論，以形容其所得之實。夫入流者，初入其門得預聖人之流也。須陀洹已證入流之果，名爲入流，且心無所得，故曰『而無所入』。其所以無所入者，不入六塵境界耳，名須陀洹，其以是歟？

【校記】

㈠四羅漢：戚本、衆善堂本皆作『四菩薩』。

【箋注】

〔一〕須陀洹：梵語srotāpanna，指聲聞四果之初果。意譯爲入流、至流、逆流、預流。

〔二〕斯陀含：梵語sakrd-āgāmin，爲聲聞四果中之第二果位。意譯作一來、一往來。

〔三〕阿那含：梵語anāgāmin，乃聲聞四果之第三果位。意譯作不還、不來、不來相。

〔四〕阿羅漢：梵語arhat，爲聲聞四果之第四果位。指斷盡三界見、思之惑。

〔五〕奢摩他：梵語Śamatha，意譯爲止、寂静、能滅等。爲禪定七名之一，即止息一切雜念，使心寂静。

〔六〕毗婆舍那：梵語vipasana，意譯爲觀，即以寂静之慧觀察六根、六塵内外諸法。

李文會曰：問第一果須陀洹者，知身是妄，欲入無爲之理，斷除人我執著之相，以無取心，契無得理。無取則心空，無得乃理寂。雖然能捨粗重煩惱，而未能離微細煩惱，此人不入地獄，不作修羅餓鬼異類之身，此謂學人悟初果也。

逍遥翁云：夫煩惱者，菩提之根本也。若人照了練習，可爲出世之法，譬如高源陸地不生蓮花，蓮花生於淤泥濁水中也〔一〕。又云：煩惱勿令損於菩提心，譬如日月翳於烟雲中，而日月必無損也；珠玉落於泥滓中，珠玉亦無損也。莫管煩惱障，但存菩提心。入流者，謂捨凡入聖，初入聖流也。而無所入者，修無漏業，不入六塵，然終未能捨離塵境。

【箋注】

〔一〕典出《維摩詰經·佛道品》：『若見無爲入正位者，不能復發阿耨多羅三藐三菩提心；譬如高原陸地，不生蓮華，卑濕淤泥乃生此華；如是見無爲法入正位者，終不復能生於佛法；煩惱泥中，乃有衆生起佛法耳！』

傅大士曰：『捨凡初入聖，煩惱漸輕微。斷除人我執，創始證無爲。緣塵及身見，今者乃知非。七反人天後，趣寂不知歸。』不入色聲香味觸法者，厭喧求静，六塵之境，於念未忘，所以不入色聲香味觸法也。㊀

【校記】

㊀『不入色聲香味觸法者』此句，衆善堂本祇有『不入色聲香味觸法也』幾字。

圓悟禪師曰：『報緣未謝於人間，世上有許多交涉，應須處之，使綽綽然有餘裕始得。人生各隨緣分，不必厭喧求靜，但令中虛外順，雖在閙市沸湯中，亦恬然安穩，纔有纖毫見刺，即便打不過也。』〔一〕

【箋注】

〔一〕出自《圓悟佛果禪師語録》卷第十四。

『須菩提！於意云何？斯陀含能作是念，我得斯陀含果不？』須菩提言：『不也，世尊！何以故？斯陀含名一往來而實無往來，是名斯陀含。』

肇法師曰：一往來者，一生天上，一生人中，便得涅槃，故名一往來。而實無往來者，證無爲果時，不見往來相也。

六祖曰：斯陀含人，名一往來。行從天上，却得人間生；從人間死，却生天上竟。欲界九品思惑，斷前六品盡，名斯陀含果。大乘斯陀含者，目睹諸境，心有一生一滅，無第二生滅，故名一往來。㊀

【校記】

㈠此條注文出自六祖《金剛經解義》而有所變化，原文爲：『斯陀含，名一往來。往來從天上，却到人間生；從人間死，却生天上竟。遂出生死，三界業盡，名斯陀含果。大乘斯陀含者，目睹諸境，心有一生一滅，無第二生滅。故名一往來。』咸本大體與六祖本同。

王日休曰：一往來者，但色身一次往來天上人間，而真性遍虚空世界，豈有往來哉。故此色身往來非爲真實，但虚名爲一往來而已，故云實無往來，以色身非真實故也。

陳雄曰：一往來者，一往天上，一來人間，不復再來人間也。斯陀含已證一來之果，名一往來，且心無所得，而實無生滅相，名斯陀含，其以是歟？

李文會曰：問第二果斯陀含者，是漸修精進之行，修無漏業，念念不住六塵境界，然終未有湛然清净之心。一往來者，謂人間報謝，一往天上，却來受生也。實無往來者，謂前念纔著，後念即覺，是無得果之心。心既無我，誰云往來，故曰而實無往來也。

『須菩提！於意云何？阿那含能作是念，我得阿那含果不？』須菩提言：『不也，世尊！何以故？阿那含名爲不來，而實無不來，是故名阿那含。』

僧若訥曰：梵語『阿那含』，此翻不來。已斷欲界思惑，更不來生欲界，故名不來而實無不來者，謂不計不來相也。

陳雄曰：不來者，謂不來欲界受生也。㊀阿那含已證不來之果，名爲不來，且心無所得，而實無不來之相，名阿那含，以是之故，豈他在耶？

【校記】

㊀戚本、衆善堂本作『不來者，直生兜率天宫，不來欲界受生也』。

李文會曰：第三果阿那含者，已悟人法俱空，漸修精進，念念不退菩提之心。名爲不來者，謂能斷除，内無欲心，外無欲境，已離欲界，不來受生，故名不來。心空無我，孰謂不來，故云而實無不來也。

傅大士頌曰：捨凡初入聖，煩惱漸輕微。斷除人我執，創始至無爲。緣塵及身見，今者乃知非。七返人天後，趨寂不知歸。㊀《佛説四十二章經》曰：『佛言阿羅漢者，能飛行變化，曠劫壽命，住動天地；次爲阿那含，阿那含者，壽終魂靈上十九天，於彼證阿羅漢；次爲斯陀含，斯陀含者，一上一還，即得阿羅漢，一上天上，一還人間；次爲須陀洹，須陀洹者，七死七生，便證阿羅漢。』又《十六菩薩因果頌·阿氏多尊者》㊁頌曰：『萬行周通能覺住㊂，驅除煩惱更勤修。七生七死方成道，初等陀洹入聖流。』子榮曰：

『七返人天後者，七度往返天上人間受生，謂初果須陀洹人。趣寂不知歸者，第四果證得阿羅漢，已悟人法二空，怕染著世間生死，一向灰心滅智。入無餘界，沉空寂滅，不來塵世，化導度生，爲有智無悲，不能入生死界，且自利也。』

【校記】

㊀傅大士此詩，前『須菩提！於意云何？須陀洹能作是念』處經文下已引之，此處應是李文會注文所引之内容。

㊁住：唐闍那多迦譯《十六大羅漢因果識見頌》作『性』，義似更勝一籌。

【箋注】

〔一〕《十六菩薩因果頌》：即《十六大阿羅漢因果識見頌》，唐闍那多迦譯。乃十六國大阿羅漢所頌。十六國大阿羅漢於毗子祁音樂樹下聽佛説因果識見而頓悟之後，會於崛陀山中積寶臺上，各各會念，爲摩拏羅多等比丘僧傳因果識見、悟本成佛大法而各課七頌，共一百一十二頌。

川禪師曰：諸行無常，一切皆苦。頌曰：『三位聲聞已出塵，往來求静有疏親。明明四果元無果，幻化空身即法身。』

『須菩提！於意云何？阿羅漢能作是念：我得阿羅漢道不？』須菩提言：『不也，世尊！何以故？實無有法名阿羅漢。世尊！若阿羅漢作是念，我得阿羅漢道，即爲着我人衆生壽者。

謝靈運曰：阿羅漢者，無生也。相滅生盡，謂之無生。若有計念，則見我、人起相也㊀。有注云：『阿羅漢者，生已盡，行已立，所作已辦，不受後有，故於諸相諸法實無所得，更不於三界内受生，故名不生。』〔一〕

【校記】

㊀『起相也』，僧肇《金剛經注》作『起相受生』。

【箋注】

〔一〕此注出處待考。但《長阿含經》卷第十七有偈云：『生死已盡，所作已辦，不受後有，即成阿羅漢。』

僧若訥曰： 阿羅漢者，名含三義，一殺煩惱惑使，二後報不來，三應受人天供養，亦謂之無學果。自初果至阿羅漢果，無别有法，皆同證此無爲之體，無可取捨，故云實無等。又曰：『若阿羅漢起得果之念，即有著我、人等過。』〔一〕

【箋注】

〔一〕此句又見唐知恩《金剛般若經依天親菩薩論贊略釋秦本義記》卷上，但後者結尾處多一『也』字。

陳雄曰： 諸漏已盡，無復煩惱，名阿羅漢。〔一〕阿羅漢心行般若波羅蜜法，故得是道。㊀若自有法，是所得心未除，何以稱是名哉？故曰實無有法名阿羅漢。《法華經》云『於諸法不受，亦得阿羅漢』，正謂此耳。自須陀洹而至於阿羅漢，自得果而至於得道，如是次第修，則菩提無上道，可以次第到。

【校記】

㊀此句底本原作『阿羅漢心行般若波羅蜜故，法得是道』，今據戚本改。

【箋注】

〔一〕唐玄奘譯《大般若經初會·初分緣起品第一》曰：『時，薄伽梵住王舍城鷲峰山頂，與大苾芻衆千二百五十人俱，皆阿羅漢，諸漏已盡，無復煩惱，得真自在。』

顔丙曰：四果修行，名四不還，須陀洹名爲入流者，隨順世間也。而無所入者，本性空故，居塵不染塵之説。斯陀含名一往來者，色身雖有來去，而法身湛然不動，而實無往來也。阿那含名爲不來者，離生死義，而實無不來者，假名不來，實無動静。阿羅漢能作是念而得道者，是爲著相，實無有法，但假名爲阿羅漢。

陳雄曰：世尊者，啓咨之辭也。念者，萌之於心也。須菩提啓咨世尊曰：設若阿羅漢作得道之念，是萌所得心，則四著謬妄，無不爲已，故曰即爲著我人衆生壽者。

李文會曰：問第四果阿羅漢者，此是梵語，由須菩提當此果也。諸漏已盡，無復煩惱。實無有法者，謂無煩惱可斷，無貪嗔可離，情無逆順，境智俱亡〔一〕，豈有得果之心。我心既空，無得道念，若於道有得，於法有名，是凡夫之行，即著我人衆生壽者相也。

【箋注】

〔一〕境智俱亡：境即所觀之境界，智即能觀之智慧。境智俱亡，指主客觀之意識俱都泯除。釋延壽《宗鏡録》卷第九十二曰：『若宗明則教息，道顯則言空，絶待真心，境智俱亡矣。如是，則方入宗鏡，深達玄門。』

世尊！佛説我得無諍三昧，人中最爲第一，是第一離欲阿羅漢。世尊！我不作是念，我是離欲阿羅漢。㈠

【校記】

㈠咸本於此段經文後有小字夾注曰：『壽春石本無後世尊二字，因人入冥司所告，不敢易也。』關於此句中第二次出現的『世尊』二字，江味農云：『流通本有世尊二字，寫經及古本無之，可省也。』（《金剛般若波羅蜜經講義》卷第三，第一百一十一頁）此處之『世尊』二字，乃是民間通行本與古代寫本、石刻本之區别，咸繼光此處提到的『因人入冥司所告』乃是之後的第二十一分中所多出的六十二字之『冥世偈』。

六祖曰：三昧，梵音，此云正受，亦云正見，遠離九十五種邪見，是名正見。

王日休曰：梵語三昧，亦云三摩地，亦云三摩提，此云正定，亦云正受，乃謂入定思想法也。正定者謂入定之法正也。正受者謂定中所想境界，而受之非是妄想，故云正受。世人不知此理，乃謂三昧爲妙趣去聲之意，故以善於點茶者，謂得點茶三昧；善於簡牘者，謂得簡牘三昧，此皆不知出處，妄爲此説也。於此三昧人之中，須菩提爲第一。

僧若訥曰：無諍者，《涅槃經》云：『須菩提住虚空地，若有衆生嫌我立者，我當終日端坐不起；嫌我坐者，我當終日立不移處。』〔一〕一念不生〔二〕，諸法無諍〔三〕。言三昧者，得此無諍精妙之處，於諸弟子中最爲第一。

【箋注】

〔一〕語出北本《大般涅槃經》卷十六而有删减。

〔二〕一念不生：指不起任何心念的境界。唐法藏《華嚴經探玄記》卷第一曰：『四頓教者，但一念不生，即名爲佛。』《圓悟佛果禪師語録》卷第九：『但能上無攀仰，下絶己躬，外不見大地山河，内不立聞見覺知，直下擺脱情識，一念不生，證本地風光，見本來面目。然後山是山，水是水；僧是僧，俗是俗。』

〔三〕無諍：梵語 araṇā，音譯阿蘭那，意譯正定。即能令諸有情不生貪嗔痴等煩惱之智，并具有止息他人煩惱之力，唯有佛及阿羅漢具此。又無諍三昧，謂住於空理而與他無諍之三昧。在佛弟子中，解空第一之須菩提最通解空理，故於弟子中所得之無諍三昧，最爲第一。

李文會曰： 三昧者，梵語也，此名正定。心心無生滅，名爲正定，故云三昧，人中最爲第一。離欲阿羅漢者，能離一切法，亦無離欲之心，微細四相，皆已滅盡，愛染不生，故謂之離欲耳。又曰：無我心寂，不作是念，我是離欲得道果者，若作是念，即是心有生滅，不名離欲阿羅漢也。

川禪師曰： 把定則雲横谷口〔一〕，放行則月落寒潭〔二〕。頌曰：『唤馬何曾馬，呼牛未必牛〔三〕。兩頭都放下，中道一時休。六門迸出遼天鶻〔四〕，獨步乾坤〔五〕總不收。』六祖《壇經》曰：『六門，六根也。』〔六〕《禪宗頌古》白雲端曰：『趙州放出遼天鶻。』鶻，乎骨切㊀。

【校記】

㊀鶻，乎骨切：戚本無，衆善堂本於『鶻，呼骨切』後多『鷹鸇之屬，能摩霄漢』幾字。

【箋注】

〔一〕雲横谷口：語出《佛果圜悟禪師碧巖録》卷第九曰：『此事若向言語上覓，一如掉棒打月，且得没交涉……祇是言語無味，杜塞人口。是故道：「一片白雲横谷口，幾多歸鳥夜迷巢。」』

〔二〕月落寒潭：禪林境界之一。如《正法眼藏》卷第一載慈明和尚示衆云：『所以山僧居福嚴，衹見福嚴境界，宴起早眠，有時雲生碧嶂、月落寒潭，音聲鳥飛鳴般若臺前，娑羅花香散祝融峰畔……』

〔三〕《莊子·天道篇》：『子呼我牛也，而謂之牛；呼我馬也，而謂之馬。』

〔四〕遼天鶻：比喻任運自在。鶻（hú）：鷙鳥，隼類。《五燈會元》卷第十八洞山辯禪師上堂云：『不是心，不是佛，不是物，鑽天鷂子遼天鶻。不度火，不度水，不度爐，離弦箭發没回途。直饒會得十分去，笑倒西來碧眼胡。』

〔五〕獨步乾坤：禪林用語。形容禪悟者毫無執著倚仗，運用自在無礙。亦作乾坤獨步。《圓悟佛果禪師語録》卷第十一：『釋迦老子百億身，十方分形，如印印空，如印印水，如印印泥。初不分前後際，亦不分縱横并别。到這裏若深入骨髓底，直下透脱，不疑天下人舌頭。聊聞舉著，踢起便行，可以坐斷十方，可以乾坤獨步。』

〔六〕六門：《六祖大師法寶壇經·付囑第十》：『内六門——眼、耳、鼻、舌、身、意是也。』

世尊！我若作是念，我得阿羅漢道，世尊則不説須菩提是樂㈠阿蘭那行者！以須菩提實無所行，而名須菩提，是樂阿蘭那行。』

【校記】

㈠『樂』字下，戚本有小字夾注『五教切』，衆善堂本注『音效』。

僧若訥曰：阿蘭那，此翻無諍，世尊雖稱嘆我，我實不作是念，若作是念，世尊不應記我無諍之行最爲第一。又曰：離三界欲，證四果法，得無諍三昧，方受須菩提名。以須菩提翻爲空生，故云是樂阿蘭那行，若計著實有所行，則非無諍行也。

陳雄曰：三昧，梵語，此言正受也。無生法忍，證寂滅樂，是所謂無諍三昧也。《華嚴經》云：『有諍説生死，無諍即涅槃。』六祖偈曰：『諍是勝負心，與道相違背。便生四相心，何由得三昧。』須菩提證真空無相之妙，得六萬三昧，而無諍三昧爲最。以三昧力超出物表，不爲物役，名爲第一離欲阿羅漢宜矣。且啓咨世尊曰：『我不作如是之念』，則須菩提不存所得心可知。又曰：須菩提恐大衆不知去所得心，是以啓咨世尊，至於再四。我者，須菩提自稱也。須菩提者，亦自稱也。樂者好也。阿蘭那，梵語，無諍之謂也。言樂阿蘭那行者，即是好無諍行之人也。夫萌之於心者曰念，見於修爲者曰行。有所行則必有是行去聲，有是行則必有所得。須菩提得無諍三昧，有是行故也。且曰無所行者，蓋以心無所得也。有是行而心無所得，宜乎世尊以樂阿蘭那行名之也。

顔丙曰：若阿羅漢生一妄念，作有所得想，即著四相。佛説我得無諍三昧，人中最爲第一。無諍者，佛性包含大千，無有門諍。三昧者，唐言正見，人中第一，無門諍也。是第一離欲阿羅漢者，六欲頓空也。阿蘭那行者，無人我行也。是樂阿蘭那行者，窮其本性空寂，畢竟實無所行，所行謂之行。樂者，愛也。

李文會曰：阿蘭那者，是梵語也，此名無諍。心若作是念，心有生滅，即是有諍心。須菩提實無所行，是無生滅，所以佛許須菩提是樂阿蘭那行者。

百丈禪師云：祇如今一切諸法，若於藏府中有纖毫停留，是不出網，但有所求所得，生心動念，盡是野干〔一〕；若藏府中都無所求，都無所得，此人諸惡不生，人我不起。是納須彌於芥子中〔二〕，不起一切貪嗔。是能吸四大海水〔三〕，不受一切喜怒語言入耳中。於一切境，不惑不亂，不嗔不喜。刮削并當得浄潔。是無事人，勝一切知解、精進頭陀〔四〕。是名有天眼，是名有法界性，是作車載因果，是佛出世度衆生。㊀

【校記】

㊀出自《古尊宿語録》卷第二《大鑑下三世》之『百丈大智禪師』條而有所删改。尤其是『刮削并當得浄潔』，依原文作『於自己六根門頭刮削，并當得浄潔』，方通。

【箋注】

〔一〕野干：野狐。常與『獅子吼』對稱，用來襯托宗師説法、大機大用的威力。

〔二〕典出《維摩詰經・不思議品》。須彌，指須彌山；芥子，原係芥菜之種子。原指極小的芥子中能容納巨大的須彌山。禪宗多以『須彌入芥子』『芥子納須彌』來表示超越大小、高低、迷悟、生死等差别見解，而達於大徹大悟、融通無礙之境界。華嚴宗則用來表示華嚴境界之不可思議的法界，無所不包而大小無礙。

〔三〕典出《維摩詰經・不思議品》。與『須彌入芥子』喻意同。

〔四〕頭陀：梵語 dhūta，意譯爲抖擻，即去除衣、食、住等貪著，以修煉身心。爲苦行之一。亦稱頭陀行、頭陀事、頭陀功德。

傅大士頌曰：無生即無滅，無我復無人。永除煩惱障，長辭後有身。子榮曰：『出生死苦，更不受父母胞胎之身。』境亡心亦滅，無復起貪嗔。無悲空有智，翛㊀思邀切然獨任真。子榮曰：『「無悲空有智，翛然獨任真者。」爲方證得果，悟人法空寂，更有餘習，一向沉空趨寂，爲不敢入衆生生死海中，教化衆生，方有智慧，未全悲愍之心，故云空有智。』

【校記】

㈠翛：《傅大士頌》作『蕭』，亦可。

川禪師曰：認着依前還不是。頌曰：『蚌腹隱明珠，石中藏碧玉。有麝自然香，何用當風立。活計〔一〕看來恰似無，應用頭頭〔二〕皆具足。』

【箋注】

〔一〕活計：謀生行當，禪林中多用來比喻禪法或種種機用。《景德傳燈録》卷第二十八載池州南泉普願和尚上堂：『諸子！老僧十八上解作活計，有解作活計者出來，共爾商量，是住山人始得。』

〔二〕頭頭：事事、處處、樣樣。

莊嚴净土分第十

佛告須菩提：『於意云何？如來昔在然燈佛所，於法有所得不？』『不也，世尊！如來在然燈佛所，於法實無所得。』

劉虯㊀〔一〕曰：言如來作菩薩時，在然燈佛所，於法畢竟無所得，離所取也。

【校記】

㊀劉虯：楊圭《十七家解注金剛經姓號目録》作『武當山居士劉蚪』。『蚪』，因与『虯』形近而誤。

【箋注】

〔一〕劉虯（四三八—四九五）：即南朝隱士劉虬。又有作劉蚪者，應是字形近之誤。字靈預，南陽涅陽（今河南鄧州附近）人。宋泰始中曾爲當陽令，後罷官歸家，一心精研佛理，注講諸經。建元、建武之初，徵辟皆不就。建武二年（四九五）冬，徙居江陵

（今屬湖北）西沙洲，於是年冬卒，時年五十八（《釋門正統》卷第八言『年六十卒於江州』）。謚『文範』。曾注《法華經》《華嚴經》《無量義經》，但均亡佚，僅《無量義經序》存世。首創教判之説，立漸頓二教，後世遵之。又傳説其後入武當山修煉，得道仙去，故楊圭《十七家解注金剛經姓號目録》作『武當山居士』。底本所輯劉虯注文僅兩條，均未找到出處。

六祖曰：然燈是釋迦牟尼佛授記之師，故問須菩提，我於師處聽法，有法可得不？須菩提知法，即因師開示而實無得，但悟自性本來清淨，本無塵勞，寂而常照，即自成佛。當知世尊在然燈佛所，於法實無所得。

王日休曰：如來，佛自謂也。昔，舊也。然燈即定光佛，乃釋迦佛本師。

陳雄曰：八王子〔一〕皆師妙光，得成佛道，而其最後成佛者，名曰然燈。十六王子〔二〕出家爲沙彌，皆得如來之慧，最後者我釋迦牟尼。然燈是釋迦授記之師，釋迦如來因師開導，得無上菩提法，爲諸釋之法王，於法寧無所得耶？但不存其所得心耳。佛恐諸菩薩所得心未除，故設是問，須菩提深悟佛意，以不也答之，且言於法實無所得，則以如來實得之心傳故也。言實則將以息大衆之疑心。

【箋注】

〔一〕八王子：典出《法華經·序品》。日月燈明佛在俗時之王子，後隨其出家，師事妙光，第八子成佛，號曰燃燈。

〔二〕十六王子：典出《法華經·化城喻品》。十六王子以童子出家而爲沙彌，咨啓大通智勝如來，得成佛道，其中之第十六王子，即我釋迦摩尼佛。

李文會曰：於法有所得不者，如來欲破二乘之人執著之心，故有此問。白樂天問寬禪師云：『無修無證，何异凡夫？』師云：『凡夫無明，二乘執著，離此二病，是名真修也。真修者，不得勤，不得怠㈠，勤則近執著，怠則落無明，乃爲心要耳，此是初學入道之法門也。』〔一〕於法實無所得者，須菩提謂如來自性本來清淨，而於然燈佛所，於法實無所得。

【校記】

㈠怠：《五燈會元》卷第三、宋張商英《護法論》皆作『忘』。後之『怠』字，亦同。

【箋注】

〔一〕《五燈會元》卷第三有關於白居易請問惟寬禪師的記載：『曰：「無修無念，又何异凡夫邪？」師曰：「凡夫無明，二乘執著，離此二病，是曰真修。真修者不得勤，不得忘，勤即近執著，忘即落無明，此爲心要云爾。」』此段引文與《五燈會元》之記載微有不同，却與張商英《護法論》基本一致（除『忘』字作『怠』字外），從李文會注文頻繁引用《護法論》推斷，此處應該是引自《護法論》。寬禪師，即唐京兆興善寺惟寬禪師，南岳下二世馬祖道一禪師法嗣。

傅大士頌曰：昔時稱善慧，今日號能仁。善慧、能仁者，皆釋迦佛號。看緣緣是妄，識體體非真。法性非因果，如理不從因。法性本乎自然，非因有果而後得，如理出於真性，不從有因而後能。謂得然燈記，寧知是舊身。然燈佛，即定光佛，乃釋迦佛本師也。舊身即本來非身也。《涅槃經》曰：『唯有法身常住不滅是也。』寒山詩曰：『嘗㊀聞釋迦佛，先受然燈記。然燈與釋迦，祇論前後智。前後體非殊，异中無一㊁异。一佛一切佛，心是如來地。』

【校記】

㊀嘗：《寒山子詩集》作『常』，二字通，亦可。

㊁一：《寒山子詩集》作『有』。

川禪師云：古之今之。頌曰：『一手指天，一手指地〔一〕，南北東西，秋毫不睹。生來心膽大如天，無限群魔倒赤幡〔二〕。』㊀

【校記】

㊀戚本、衆善堂本皆無此條注釋。

【箋注】

〔一〕此爲佛陀出生故事，佛典中常見，如《修行本起經》《太子瑞應本起經》等。

〔二〕赤幡：赤色旗幟。在古印度，佛弟子與外道論議後，勝利的一方往往高舉赤色旗幡，并奏凱歌。《碧巖録》第十三則即云：『西天論議，勝者手執赤幡，負墮者返披袈裟，從偏門出入。』

『須菩提！於意云何？菩薩莊嚴佛土不？』『不也，世尊！何以故？莊嚴佛土者，即非莊嚴，是名莊嚴。』

肇法師曰：是名離相莊嚴佛土。

《疏鈔》云：佛土者，佛之妙性也，衆生之真心也。如是心土，還可以相好莊嚴不？又云：不也者，即善現從理以答之，何故？自心之土，不在莊嚴。何故？爲性無相，體等虛空，如何莊嚴，何名莊嚴？答：六度萬行，布施戒定慧等，一切善法，是皆莊嚴。又云：若染斷常，即非浄土。《經》〔一〕云：『欲浄其土，先浄其心，心浄故即浄土也。』問心云何浄，答：外不染六塵，内無我人，不著斷滅，故名浄土。

【箋注】

〔一〕《經》：此指《維摩詰經》。

王日休曰：既曰菩薩，而言莊嚴佛土，何也？蓋一大世界，必有一佛設化，如此間大世界，乃釋迦佛設化之所。東方有大世界，乃不動佛設化之所是也。唯其一大世界，有一佛設化，故凡大世界，皆謂之佛土。而菩薩莊嚴者，蓋有菩薩於其佛土之中，作種種善事以變易其世界。如阿彌陀佛〔一〕爲菩薩時，作無量善事，故其善緣福業，能變其世界，皆以黄金爲地，七寶爲樹林樓臺，是爲莊嚴也。佛於此又自問何以故者，謂何故菩薩言我當莊嚴清浄佛土者，爲非真實語也。乃自答云：莊嚴佛土者，即非莊嚴，是名莊嚴者，爲真性中，非有此莊嚴，故此莊嚴，但爲虛名而已，非是真實，唯真性爲真實故也。

【箋注】

〔一〕阿彌陀佛：梵名 Amita-buddha。爲西方極樂世界之教主。意譯作無量壽佛、無量光佛。

陳雄曰：《維摩經》云：『隨其心净，則佛土净。』蓋此心清净，便是莊嚴佛土，奚以外飾爲哉？七寶宮殿，五采棟宇，皆外飾也。此凡夫之所謂莊嚴，非菩薩之所謂莊嚴。欲知菩薩莊嚴，當於非莊嚴中求之，則萬行莊嚴，是乃所以名其爲莊嚴也。

李文會曰：莊嚴佛土者，謂造寺、寫經、布施、供養，此是著相莊嚴。若人心常清净，不向外求，任運隨緣，一無所得，行住坐卧，與道相應，是名莊嚴佛土。龐婆看藏經，維那請回向，婆於面前取梳子就腦後插云：『回向了也。』〔二〕此是無能所心。傅大士云：『莊嚴絶能所，無我亦無人。斷常㊀俱不染，穎脱出囂塵。』㊁

【校記】

㊀常：底本原作『除』，《傅大士頌》、衆善堂本皆作『常』，其義更勝（斷、常是對立的概念）。後文所引此條注文者亦同，皆改作『常』。

㊁傅大士此頌，後文亦引之，且有小字夾注。戚本此處未引，應爲李文會注文中所引之

内容。

【箋注】

〔一〕《禪宗頌古聯珠通集》卷第十四：『龐婆入鹿門寺作齋，維那請疏意回向，婆枯梳子插向髻後曰：「回向了也。」便出去。』龐婆：中唐時期龐蘊居士之妻。

川禪師云：娘生袴子〔一〕，青州布衫〔二〕。頌曰：『抖擻渾身白勝霜，蘆花雪月轉争光。幸有九臯〔三〕翹足勢，更添朱頂又何妨。』㊀〔四〕

【校記】

㊀戚本無此條注文。

【箋注】

〔一〕娘生袴子：喻指本來面目。娘生，亦作孃生；袴子，亦作褲子。《慈受深和尚廣録》卷第一：『孃生袴子，脱體皆空。趙州布衫，更無打度。袖頭打領，腋下剜襟，自然縫罅難尋，直是針鋒不露。然雖如是，説食終不飽，著衣方免寒，争似者個衫子。』

〔二〕青州布衫：喻指本來面目。《大慧普覺禪師住徑山能仁禪院語録》卷第四：『僧問趙州：「承聞，和尚親見南泉，是否？」州云：「鎮州出大蘿蔔頭。」又僧問：「萬法歸一，一歸何處？」州云：「我在青州作一領布衫重七斤。」雲居舜老夫道：「鎮州蘿蔔大，青州布衫重。要會個中意，鷄向五更啼。」』

〔三〕九臯：指鶴。《詩經・小雅・鶴鳴》：『鶴鳴於九臯，聲聞於天。』唐窺基《阿彌陀經通贊疏》卷中：『經云：白鶴、孔雀、鸚鵡，舍利、迦陵、頻伽共命之鳥。贊曰：「第二别列名字也。白鶴者，丹朱作頂，霜雪爲毛，鳴之則聲振九臯，舞之則雅和八節，迥异諸鳥，故云白鶴。」』

〔四〕《金剛經川老頌古評記》上：『此篇全寄鶴事而述，謂本來自性清浄法，如鶴之渾身純白光潔，而無物可比倫。』

『是故須菩提，諸菩薩摩訶薩，應如是生清浄心，不應住色生心，不應住聲香味觸法生心，應無所住而生其心。

《疏鈔》云：應者，當也。故云當如是生清浄心，即佛勸生真如無染之心也。問云何生清浄心？答：不應住色聲香味觸法生心。又《楞嚴經》云：『若能轉物，即同如來。』凡夫被物轉，菩薩能轉物。如是轉者，故曰應無所住而生其心。

王日休曰： 梵語菩薩摩訶薩，此云覺衆生。大衆生，其實即所謂菩薩也。如是字，乃指下文謂不當住於有形色者而生心，亦不當住於有聲音馨香滋味及所觸，及一切法者而生其心。當無所住而生其心者，謂不可生心以住著於六塵，唯可於無所住著處生心也。諸佛教化衆生，有第一義〔一〕第二義〔二〕。此經説第一義，雖至高而可曉，然不易到。净土雖爲第二義，而人人可行。佛言修净土而明第一義。讀誦大乘經典者，上品上生〔三〕，則爲菩薩，生死自如。然則修净土者，豈可不曉此經之義，而受持讀誦，以期於上品上生也。

【箋注】

〔一〕第一義：第一義諦、第一義門。梵語 paramārtha-satya，指最殊勝之第一真理，爲『世俗諦』之對稱。

〔二〕第二義：第二義門。指由向上之平等處，迴入向下差别門之教理法門。於宗門中，第一義門（向上門）多指真實絶對悟境的佛道究極之旨，或不執於世緣的上求菩提之修行道法。相對於此，方便權巧，假借名言而設立之教義法門，或隨順世情以教化衆生之菩薩行，則屬第二義門（向下門）。亦即以種種方法截斷衆生之惑障，以破除迷妄，導引趣向成佛得悟之道。《碧巖録》卷第一曰：『理事不二，權實并行，放過一著，建立第二義門，直下截斷葛藤，後學初機難爲湊泊。』

〔三〕上品上生：净土法門中九品往生之第一品。修習净土法門，上、中、下三根皆得往生，依此三根分爲九品。即：上品上生、上品中生、上品下生、中品上生、中品中生、中品下生、下品上生、下品中生、下品下生。

陳雄曰： 菩薩莊嚴，既不在於外飾，則當反而求之於心。心苟清净，莊嚴莫甚焉，故云應如是生清净心。凡住六塵而生其心者，皆非清净心也，菩薩豈應如是。且如佛心本來清净無相，寧有所住，菩薩受如來教，亦應如是，故云應無所住而生其心，與十四分應生無所住心同。佛言六塵之苦，每以色獨言於先，而繼之以聲香味觸法，益以見色者，人情之所易惑，在六塵中尤其最者也。五祖爲六祖説《金剛經》，恰至應無所住而生其心，六祖言下大悟，乃言：『何期自性，本自清净；何期自性，本不生滅；何期自性，本自具足；何期自性，本無摇動㊀。』五祖曰：『不識本心，學法無益；若言下識自本心，見自本性，即名丈夫、天人㊁。』〔一〕㊂

【校記】

㊀摇動：《六祖大師法寶壇經》作『動摇』，亦通。

㊁即名丈夫、天人：《六祖大師法寶壇經》作『即名丈夫、天人師、佛』。

㊂從『五祖爲六祖説《金剛經》』至此段結束，底本及校本皆作一單獨注條，但從注文的上下文看，應爲陳雄注所引之内容。

【箋注】

〔一〕語出《六祖大師法寶壇經》。

李文會曰：菩薩之心，心常空寂，無諸妄念，不生不滅，不動不摇，即是清净心也。凡夫之心，無明起滅，妄想顛倒，取捨、善惡、凡聖等見，是名濁亂心也。不應住色生心者，心若清净，即不被諸境惑亂也。㊀

【校記】

㊀衆善堂本將下條李文會、《維摩經》、黄蘗禪師三段注文皆合并到此處，但黄蘗禪師一段中漏了『心若清净，何假言説，但無一切心，即名無漏智。汝每日行住坐卧，一切語言，但莫著有爲法，出言瞬目，盡須無漏。如今修行學道者，皆著一切聲色，何不與我心同虚空去，如枯木石頭去，如寒灰死火去，方有少分相應。若不如是，他日盡被閻羅老子考訊你在，你但』這幾句。

逍遥翁云：若人心境清净，是佛國净土；心境濁亂，是魔國穢土也。㊀

【校記】

㊀戚本、衆善堂本皆無此條注文。逍遥翁之語，出自《法藏碎金録》卷第十，但『若』，後者作『夫』，且後者結尾少一『也』字，語義則完全相同。

傅大士頌曰：掃除心意地，名爲净土因。無論福與智，先且離貪嗔。莊嚴絶能所，無我亦無人。《圓覺經》曰：『無能無所。』清凉國師答皇太子曰：『是非兩亡，能所雙絶。』斷常俱不染，穎脱出囂塵。或斷滅，或常久，此心俱不染著也。唯俱不染著，故能如穎之脱囊中而出乎囂塵也。《華嚴經》四十四卷《十忍品》云：『非斷非常。』《史記》毛遂曰：『使遂早得處囊中，乃脱穎而出。』此言雖小，可以喻大也。

川禪師云：雖然恁麼，争奈目前何？頌曰：『見色非干色，聞聲不是聲。色聲不礙處，親到法王城。』

李文會曰：衆生之心，本無所住，因境來觸，遂生其心，不知㊀觸境是空，將謂世法是㊁實，便於境上住心，正猶猿猴捉月〔一〕，病眼見花〔二〕。一切萬法，皆從心生，若悟真性，即無所住。無所住心，即是智慧，無諸煩惱，譬如大空，無有罣礙；有所住心，即是妄念，六塵競起，譬如浮雲，往來不定。

【校記】

㈠知：底本原作『如』，形近而誤，今依衆善堂本改。

㈡是：底本原作『相』，語意欠妥，今依衆善堂本改。

【箋注】

〔一〕猿猴捉月：謂群猿捕捉映在水面之月。原係形容愚者相隨從而受苦惱，此處喻指觸境皆爲幻象。據《摩訶僧祇律》卷第七所載，過去世時有城名波羅奈，國名伽尸。於空閑處有五百獼猴，游行林中，至一尼俱律樹，樹下有井，井中有月影現。時獼猴主見是月影，語諸伴言：『月今日死，落在井中，當共出之，莫令世間長夜闇冥。』共作議言：『云何能出？』時獼猴主言：『我知出法，我捉樹枝，汝捉我尾，展轉相連，乃可出之。』時諸獼猴即如主語，展轉相捉，小未至水，連獼猴重，樹弱枝折，一切獼猴墮井水中。爾時樹神便説偈言：『是等騃榛獸，痴衆共相隨，坐自生苦惱，何能救世間？』

〔二〕病眼見花：謂人因眼疾而於虚空錯見有花，喻指世界萬物本非真實存在，祇因妄心而生妄見。《摩訶止觀義例纂要》卷第五：『故彼問云：「病眼見華，華處空處，同异存没，法譬如何？今此與彼辭异意同，何者？」太虚空中本自無華，由病眼者遍空見華，是故名存而虚空中華實不生……以此空華之喻，委悉推尋真妄事理迷悟縛脱，一切諸法莫不皆如空華之喻也。』

《維摩經》云：『欲得净土，但㊀净其心，隨其心净，即佛土净。』

黄蘗禪師曰：『心若清净，何假言説，但無一切心，即名無漏智。汝每日行住坐卧，一切語言，但莫著有爲法。出言瞬目，盡須無漏。如今修行學道者，皆著一切聲色，何不與我心同虚空去，如枯木石頭去，如寒灰死火去，方有少分相應。若不如是，他日盡被閻羅老子考訊你在，你但離却有無諸法，心如日輪，常在虚空，自然不照而照，豈不是省力底事。到此之時，無棲泊處，即是行諸佛路，便是應無所住而生其心，是你清净法身，阿耨多羅三藐三菩提也。』〔一〕

【校記】

㊀但：傳世什譯本《維摩詰所説經·佛國品》作『當』。

【箋注】

〔一〕出自《黄蘗山斷際禪師傳心法要》而有所改動。

川禪師云： 退後退後，看看頑石動也。頌曰：『山堂静夜坐無言，寂寂寥寥本自然。何事西風動林野，一聲寒雁唳長天。』

須菩提！譬如有人，身如須彌山王，於意云何？是身爲大不？』須菩提言：『甚大，世尊！何以故？佛説非身，是名大身。』

王日休曰： 須彌山王者，以此山在四天下之中，爲山之極大者，故名山王，謂在衆山之中而爲王者也。日月遶山而行，以爲晝夜由此而分。四面爲四天下，其上有三十三天，可謂至大矣。人身豈有如是之大者乎，蓋譬喻耳，故云譬如有人身如須彌山王也。雖如是至大，亦非真實，是虚名大身而已，故云佛説非身，是名大身也。何則，凡有形相者，皆爲虚妄，故三千大千世界亦爲虚妄，况如須彌山之身者乎。唯真性爲真實，此經説真性第一義，故以一切皆爲虚妄也。一切所以爲虚妄者，以其有形相，既有形相，則無不壞者，縱使不壞，乃業力以持之，非本不壞也，業力盡則壞矣。唯真性無形相，故無得而壞，此所以爲不壞之本。自無始以來至於今日，無有損動，故云常住真性，謂真性常住而無變壞，此所以爲真實也。

陳雄曰： 須彌山高廣三百三十六萬里，爲衆山之王，謂人身有如是之大，萬無是理，唯佛真性，清净無相，無住著，無罣礙，包太虚，藏沙界，雖須彌山不足以擬其大。世尊欲以真心悟人，托大身以爲問，而須菩提深悟佛意，遂有甚大之對。恐大衆未曉，爲之辯論曰：『佛説非身，是名大身。』非身者，法身也，真心也。文殊菩薩問世尊：『何名大身？』世尊曰：『非身是名大身。具一切戒定慧，了清净法，故名大身。』蓋亦指真心言之也。如此則真心可以吞須彌山矣。

顔丙曰： 色身雖大如須彌山王，畢竟非大，爲有生滅，佛説非身，非身乃爲此身也。本性無此妄身，是名大身，所謂佛身充滿於法界是也。

李文會曰： 色身雖大，心量即小，縱如須彌山王形，有相有可量，不名大身。法身心量廣大，等虛空界，無形無相，無可比量，方名大身。圓悟禪師曰：『不登泰山，不知天之高；不涉滄溟，不知海之闊，此區中之論也。若是其中人，天在一粒粟米中，海在一毫毛頭上〔二〕，浮幢王華藏界〔三〕，盡在眉毛眼睫間。且道此個人什麽處安身立命，還委悉麽。無邊虛空盛不盡，直透威音更那邊〔三〕。』〔四〕〔一〕

【校記】

〔一〕衆善堂本無此條注文。

【箋注】

〔一〕典出《維摩詰所説經·不思議品》：『若菩薩住是解脱者，以須彌之高廣内芥子中無所增減……又以四大海水入一毛孔……』

〔二〕典出《八十華嚴·如來出現品》。經中説風輪上之香水海中有大連華，此大蓮華中含藏一切世界，深廣而無窮盡。此華藏世界各有佛刹微塵數世界周匝圍繞，各有佛出現，教化衆生。這些佛刹位於香水海中，故稱浮幢，又佛刹有二十層，高高叠起，甚爲廣大，故稱王。

〔三〕威音那邊：又稱威音那畔。威音王佛乃是過去莊嚴劫最初之佛，此佛出世以前爲絶待無限之境界，故禪家多以威音王佛出世以前稱爲威音那畔，常用來指超越時間空間的禪悟境界。《圓悟佛果禪師語録》卷第四即説：『曠劫來事秖在如今，威音那邊全歸掌握。』

〔四〕出自《圓悟佛果禪師語録》卷第七。

傅大士頌曰：須彌高且大，子榮曰：『梵語須彌山，此云妙高山，出衆山之最高大爲第一，是衆山之王，更有六萬小山而爲眷屬也。』**將喻法王身。**子榮曰：『報身佛能現千重化，化受用身，化十地菩薩，是爲説法之王，示現大身，實無最大之相現，心雖廣，亦無有廣見之心量也。』**七寶齊圍繞，**子榮曰：『須彌外更有七重金山圍繞也。』**六度次相鄰。**子榮曰：『報身佛因中，唯修六度萬行，證得佛果，故云六度次相鄰也。』

四色成山相，《延光集》〔一〕注：『須彌東方玻璃峰紅色，南方琉璃峰青色，西方真金峰赤色，北方白玉峰白色。』榮㊀曰：『須彌四面各有色，喻報身佛有四相。』**慈悲作佛因。**子榮曰：『菩薩人因地中，皆修四無量心，具慈悲喜捨，修諸萬行，方能成佛，故云作佛因。』**有形終不大，無相乃爲真。**子榮曰：『有形不名爲大身，法身無相，故名爲大身也。』

川禪師曰：設有，向甚處著。〔二〕頌曰：『**擬把須彌作幻軀，饒君膽大更心粗。目前指出千般有，我道其中一也無**〔三〕。**便從這裏入。**』

【校記】

㊀『榮』：據上下文，其前缺一『子』字，可據補。

【箋注】

〔一〕《延光集》：佛書之一，作者不詳，已散佚，但王日休撰《龍舒增廣淨土文》卷第十二、釋本覺編集《釋氏通鑒》卷第二曾摘引其少量作品。

〔二〕三聖慧然禪師參德山，纔展坐具，山云：『不用展炊巾，這裏無殘羹餿飯。』師云：『賴遇無，設有，向甚麼處著？』（《聯燈會要》卷第十）

〔三〕《景德傳燈録》卷第十一『徑山洪諲禪師傳』中載：『佛日曰：「一言定天下，四句爲誰留？」師曰：「汝言有三四，我道其中一也無。」』

無爲福勝分第十一

『**須菩提！如恒河中所有沙數，如是沙等恒河，於意云何？是諸恒河沙寧爲多不？**』

王日休曰：西土有河，名曰恒河，佛多以此河沙爲言者，蓋因衆人之所見，而取以爲譬喻也。然佛尚以此問須菩提寧爲多不者，蓋使須菩提先省悟此沙已不勝其多矣，然後爲下文之説也。寧字，儒家訓豈如此，乃譯師用字，止如助字然，不須深考也。

須菩提言：『**甚多，世尊！但諸恒河尚多無數，何況其沙！**』

李文會曰：如恒河中所有沙數者，一沙即爲一河，是諸河中各有其沙，河尚無數，何況其沙也。

川禪師云：前三三，後三三。頌曰：『一二三四數河沙，沙等恒河數更多。算盡目前無一法，方能靜處薩婆訶〔一〕。』

【箋注】

〔一〕静處薩婆訶：謂於静處坐禪可獲悟道之效果。薩婆訶，梵語 svāhā，意譯爲吉祥、成就，多用於咒文之末句。《嘉泰普燈録》卷第十六《黄龍法忠章》：『僧問「如何是佛？」曰：「莫向外邊覓。」……云：「如何是禪？」曰：「莫向外邊傳。」云：「畢竟如何？」曰：「静處薩婆訶。」』

『須菩提！我今實言告汝：若有善男子、善女人，以七寶滿爾所恒河沙數三千大千世界，以用布施，得福多不？』須菩提言：『甚多，世尊！』佛告須菩提：『若善男子、善女人，於此經中，乃至受持四句偈等，爲他人説，而此福德勝前福德。

肇法師曰：良由施福是染，沉溺三有，三有謂三界，三界不離於有，故謂之三有。持經福浄，超升彼岸，是故勝也。

《疏鈔》云：佛重顯無爲福勝有爲福也。《圓覺經》云：『有大陀羅尼門名爲圓覺，流一切真如涅槃。』如此之理，豈不是此經四句偈，何故？圓覺者，妙性也。因圓覺妙性，流出一切真如之法，涅槃之理，不生滅之道，從此而出，亦同第八分之妙義也。如是解者，受持無廢，自利利他，普與有情，咸達其道，而此福者，即無爲福也。其福勝前恒河沙珍寶布施之福，所以題號無爲福勝之分。

王日休曰： 佛再呼須菩提言，善男子善女人於此經中，受其義理而持守之，乃至以四句偈等爲他人説，則已不爲惡業所縛，而可以悟明真性，而人亦得聞此至理，而有悟明真性之漸，久而善根皆熟，可以脱離輪迴，永超生死，則萬劫無有盡期。故其福德勝於彼恒河沙數世界七寶布施，無量無數也。佛嘗言財施有盡，法施無窮〔一〕。財施不出欲界，法施能出三界，此法施之福，勝於彼無量無數，不足怪也。

【箋注】

〔一〕財施有盡，法施無窮：唐玄奘譯《大般若波羅蜜多經》卷第五百六十九《第六分法性品第六》：『佛告光德……財施有竭，法施無窮。何以故？財施但能得世間果，人、天樂果曾得還失，今雖暫得而後必退；若以法施得未曾得，所謂涅槃，定無退義。』

陳雄曰： 七寶雖多，不過人間有限之物布施，以此但受人間有限之福，較之經中一偈，悟之者生天，豈不相去萬萬耶？《三昧經》云：『若復有人，持以滿城金銀而以布施，不如是人所受持是經一四句偈。』今有善男女非特受持，即自見性，又且解説，教人見性，則彼此生天，成無上道，回視七寶之福爲不足道，故有勝前云。《華嚴》云：『譬如暗中寶，無燈不可見。佛法無人説，雖慧不能了。』是則解説之功，又孰有大於此者。

顔丙曰：將七寶滿世界布施，得福多多，屬在有漏，未免窮盡，不如於此經中受持自己四句，更能展轉教人，皆得入佛知見，此福德歷劫長存，故勝前著相福德。

李文會曰：甚多世尊者，謂七寶滿恒河沙數三千大千世界以用布施，福德甚多。受持四句偈者，川禪師解注甚是詳明，載在應化非真分中。爲他人説，而此福德勝前福德者，若能説此大乘經義，化導衆生，了悟住無所住心，得無所得法，當知受持此經，無爲功德，勝前以七寶滿恒河沙數三千大千世界有爲之福德也。

智者禪師頌曰：恒河㊀數甚多，沙數更難量。舉㊁沙齊七寶，能持布施漿。有相皆爲幻，徒言智慧强。若論四句偈，此福未爲長㊂。㊃

【校記】

㊀恒河：《傅大士夾頌》作『河沙』，亦可。

㊁舉：《傅大士夾頌》作『將』，亦可。

㊂長：《傅大士夾頌》作『量』，亦可。

㊃此頌《傅大士夾頌》中有，《傅大士頌》中無。

川禪師曰：真鍮〔一〕不換金。頌曰：『入海算沙徒費力，區區未免走埃塵。争如運出家中寶，枯木生花〔二〕别是春。』㊀

【校記】

㊀咸本無此條注文。

【箋注】

〔一〕鍮（tōu）：一種黄色有光澤的礦石，似金而非金。

〔二〕枯木生花：比喻絶處逢生。《古尊宿語録》卷第七《風穴禪師語録》：『盲龜值木雖優穩，枯木生花物外春。』《建中靖國續燈録》卷第十三：『問：「臨濟宗風，龍山大布，三關壁立，願師垂示。」師云：「大海纖塵起，紅爐片雪飛。」僧曰：「汾陽浪裏，競棹孤舟。枯木生花，别迎春色。」』

尊重正教分第十二

復次，須菩提！隨説是經，乃至四句偈等，當知此處，一切世間天、人、阿修羅，皆應供養，如佛塔廟。

陳雄曰： 隨順者，隨順衆生而爲説也。但説是經一偈之處，則凡在天道、人道、阿修羅道〔一〕者，舉皆以華香、瓔珞、幢幡、繒蓋〔二〕、香油、蘇燈，恭敬供養，如佛真身舍利寶塔在此，況能持誦一經全文乎！應知盡能持誦全文者，則所成就之法，乃出世間上上法也，非尋常法也。故《壇經》有所謂摩訶般若波羅蜜法，最尊最上最第一。

【箋注】

〔一〕阿修羅道：六道之一。多由嗔、慢、疑三因而受生，乃常懷嗔心而好戰鬥之大力神之生所。

〔二〕繒（zēng）蓋：用絹布所作之大蓋。

謝靈運曰： 封殯法身謂之塔，樹像虛堂謂之廟。聖體神儀，全在四句。獻供致敬，宜盡厥心也。

六祖曰： 所在之處，見人即説是經，常行無所得心，即此身中有如來全身舍利，故言如佛塔廟。心清净而説是經，令諸聽者除迷妄心，悟得本來佛性，常行真實，感得天人、阿修羅、人非人等，皆來供養持經之人也。

王日休曰： 謂隨其所在之處，乃一切處也。有人受持讀誦演説，則其功德威力爲甚大，故其處即成塔寺，而一切人及諸天與阿修羅等皆恭敬也。阿修羅有三種，一屬天趣，一屬人趣，一屬畜生趣，大概如人耳，唯嗔恨之心重，故托生於此類，其福力大者生天趣，其次者生於人趣，其下者生於畜生趣。

僧若訥曰： 塔廟者，具云塔婆，此翻方墳，亦名圓塚。廟者，梵云支提，此云靈廟，安佛形貌處也。

李文會曰： 隨説者，心無分別，理應萬差，逢凡説凡，逢聖説聖也。當知此處者，謂此心也。如佛塔廟者，若人但爲名聞利養，心不清净而説是經，轉墮輪迴，有何利益。心若清净，即當空寂，不起妄念，以此無所得心，無能解心，而説是經，令諸聽者生清净心，無諸妄念，是名供養。即此幻身，便是法身，中有如來全身舍利，感得天人恭敬，何殊塔廟。

何况有人盡能受持讀誦。須菩提！當知是人，成就最上第一希有之法。若是經典所在之處，即爲有佛，若尊重弟子。』

六祖曰： 自心誦得此經，自心解得經義，自心體得無著無相之理。所在之處，常修佛行，即自心是佛，故言所在之處，即爲有佛。

王日休曰： 尊重弟子，謂弟子之可尊可重者，乃大弟子，則菩薩之屬也。盡能受持讀誦，則如佛與大弟子在焉。

僧若訥曰： 經者，即法寶也。即爲有佛，即佛寶也。若尊重弟子，即僧寶也。經典所在之處，即三寶共居也。弟子者，學居師後故稱弟，解從師生故稱子，又云以父兄之禮事師，故稱弟子。

傅大士頌曰： 恒沙爲比量，分爲六種多。以恒河之沙而比量此經之功德，究此經之功德莫大乎六種波羅蜜也。《華嚴合論》九十六卷云：『六種波羅蜜海是也。』持經取四句，七寶詎能過。法門游歷處，供養感修羅。經中稱最勝，尊高似佛陀。佛陀，即佛也。梵語佛陀，此云覺。

李文會曰： 成就者，見性無疑也。最上第一希有之法者，佛與衆生本無差別，若能心常清净，不生不滅，無諸妄念，便可立地成佛。

杲禪師曰： 『身口意清净，是名佛出世。身口意不净，是名佛滅度。』〔一〕所在之處，即爲有佛，若尊重弟子者，若能行住坐卧，一切時中，心無起滅，湛然清淨，常修佛行，念念精進，無有間斷，所在之處，自心即佛，是名佛子，故可尊重矣。又曰：即心是佛無餘法，迷者多於心外求。一念廓然歸本際，還如洗脚上船頭。又曰：『即心是佛，更無別佛；即佛是心，更無別心。如拳作掌，似水成波。波即是水，掌即是拳也。』〔二〕

【箋注】

〔一〕出《大慧普覺禪師語録》卷第二。

〔二〕出《大慧普覺禪師語録》卷第三。

無業禪師〔一〕問馬祖云：『如何是即心是佛？』祖云：『即你不了底心是，更別無物也。迷即衆生，悟即是佛，如拳作掌，似掌作拳。』師於言下省悟。僧問馬祖云：『如何是佛？』師云：『即心是佛。』

【箋注】

〔一〕無業禪師：商州上洛（今陝西商洛一帶）人，俗姓杜，係馬祖道一法嗣。其事迹，詳見《宋高僧傳》卷第十一《唐汾州開元寺無業傳》。

百丈問長慶〔一〕云：『如何是佛？』師云：『騎牛討牛。』〔二〕僧問首山和尚云：『如何是佛？』山云：『新婦騎驢阿家牽。』〔三〕鼓山圭禪師爲作頌云㊀：『阿家新婦兩同條，咫尺家鄉路不遥。可笑騎驢覓驢者，一生錯認馬鞍橋。』又僧問慈受云：『如何是佛？』師云：『擔水河頭賣。』〔四〕僧問大陽云：『如何是佛？』師云：『如何不是佛？』〔五〕僧問歸宗云：『如何是佛？』師云：『我向汝道，汝還信否？』僧云：『和尚誠言，安敢不信。』師云：『祇汝便是也。』〔六〕

【校記】

㊀衆善堂本無『僧問首山』和『鼓山圭禪師頌』這兩條。又，據《禪宗頌古聯珠通集》卷第三十六所收鼓山珪所作『阿家新婦』頌，『圭』應作『珪』。鼓山珪，即士珪禪師，字粹中，四川成都人，其人與北宋著名詩僧惠洪有交往。

【箋注】

〔一〕長慶：即唐代福州大安禪師，俗姓陳，别號懶安，係百丈懷海禪師法嗣。其事見宋普濟《五燈會元》卷第四《福州長慶大安禪師》。

〔二〕騎牛討牛：原作『騎牛覓牛』，亦作『騎驢覓驢』。騎著牛去找牛，禪林用來喻指自心是佛，却向外尋求作佛之法的痴迷可笑行爲。

〔三〕典出宋賾藏主集《古尊宿語録》卷第八《汝州首山念和尚語録·次住廣教語録》：『問：「如何是佛？」師云：「新婦騎驢阿家牽。」僧云：「未審此語什麽句中收？」師云：「三玄收不得，四句豈能該？」僧云：「此意如何？」師云：「天長地久，日月齊明。」』新婦騎驢阿家牽，爲禪宗公案，亦作『首山新婦』。新婦即媳婦，阿家即婆婆，指媳婦騎驢，婆婆却替媳婦牽著驢，爲尊卑顛倒之行爲。袁賓主編的《禪宗大詞典》解釋爲：『寓意佛的境界無尊卑區別，萬法如一。』吴言生認爲這是一種『井覰驢』式的禪悟直覺觀照（《吴言生説禪一：經典禪語》）。首山省念禪師（九二六—九九三），宋臨濟宗高僧。俗姓狄，山東萊州人，風穴延沼禪師法嗣。

〔四〕典出《慈受懷深禪師廣録》卷第一。擔水河頭賣，比喻在内行門前賣弄。

〔五〕僧問大陽之句，出處不詳。但《景德傳燈録》卷第十三所載汝州風穴延沼禪師語録中，弟子與延沼之間也有此問答。

〔六〕此爲福州芙蓉山靈訓禪師初參廬山歸宗智常禪師之公案。事見《五燈會元》卷第四。

川禪師云：合如是。頌曰：『似海之深，如山之固。〔一〕左旋右轉，不去不住。出窟金毛獅子兒〔二〕，全威哮吼衆狐疑。深思不動干戈處，直攝天魔外道歸。』

【箋注】

〔一〕似海之深，如山之固：雪竇頌『如何是不揀擇』中有此兩句。

〔二〕金毛獅子兒：因金毛獅子指佛，故禪家常將金毛獅子兒指傑出、伶俐的僧人。《圓悟佛果禪師語録》卷第八即曰：『吒呀卓朔能哮吼，即是金毛師子兒。』（按：師、獅同。）

如法受持分第十三

爾時，須菩提白佛言：『世尊！當何名此經？我等云何奉持？』佛告須菩提：『是經名爲《金剛般若波羅蜜》，以是名字，汝當奉持。

王日休曰： 梵語般若波羅蜜，此云智慧到彼岸。所云金剛智慧到彼岸者，謂明此經者，其智慧則如金之剛利，斷絶外妄，直至諸佛菩薩之彼岸也。以是名字汝當奉持者，謂奉事此義而持守之也。

陳雄曰： 唐柳宗元曰：言之著者莫如經〔一〕。此經未標名時，須菩提請名於佛，而佛目之曰金剛般若波羅蜜，俾須菩提依此名字，遵奉受持，一心流布於天下後世。

李文會曰： 言金剛者，堅利之物，故借金爲喻。般若者，智慧也，爲教衆生用智慧力，照破諸法無不是空，猶如金剛觸物即碎，故名般若也。波羅蜜者，到彼岸也。心若清浄，一切妄念不生，能度生死苦海。汝當奉持者，祇是奉持自心，行住坐卧，勿令分别人我是非也。

圓悟禪師云：『纔有是非，紛然失心。祇這一句，驚動多少人做計較。若承當得，坐得斷，透出威音王那畔。若隨此語轉，特地紛然，自回光返照始得。』〔二〕《天壇石鼓記》云：絲毫失度，即招黑暗之愆，霎頃邪言，即犯禁空之醜。天人耳目，咫尺非遥，克告行人，自當省察。

【校記】

㊀柳宗元《送琛上人南游序》原作『佛之迹去乎世久矣，其留而存者，佛之言也。言之著者爲經』，陳雄似是意引。

【箋注】

〔一〕出自《圓悟佛果禪師語録》卷第十五。

廬山歸宗常禪師云：有座主來參，值宗鋤草，次見一條蛇，宗遂斬之。主云：『久嚮歸宗，元來却是一個粗行沙門。』宗云：『是爾粗，我粗？』諸人且道這僧過在什麼處？汾陽昭禪師爲作頌云：『廬岳宗師接上機，斬蛇特地施慈悲。痴迷座主生驚怕，却道粗心惹是非。』〔二〕

【箋注】

〔一〕此段引文出自《汾陽無德禪師語録》卷中。無德禪師，即宋代臨濟宗高僧汾陽善昭（九四七—一〇二四）。太原（山西省）人，俗姓俞。首山省念禪師法嗣。有《汾陽無德禪師語録》傳世。廬山歸宗常禪師，即廬山歸宗寺智常禪師，南岳下三世，馬祖道一法嗣，其嗣法弟子有芙蓉靈訓禪師、漢南高亭和尚、新羅大茅和尚等。

死心和尚〔一〕云：祇者是，大似眼裏著刺。只者不是，正是開眼磕睡。諸人且道畢竟作麽生則是，還委悉麽，點鐵化成金即易，勸人除却是非難㊀。

【校記】

㊀衆善堂本無上條廬山歸宗常禪師及本條死心和尚注文。

【箋注】

〔一〕死心和尚：宋代臨濟宗黄龍派高僧死心禪師（一〇四三—一一一五），俗姓黄，韶州（今廣東省韶關市）人。法名悟新，爲黄龍二祖晦堂祖心法嗣。

川禪師曰：今日小出大遇〔二〕。頌曰：『火不能燒，水不能溺。風不能飄，刀不能劈。軟似兜羅〔三〕，硬似鐵壁。天上人間，古今不識。咦！』

【箋注】

〔一〕小出大遇：小往大來，以小本獲得大利。《雲門匡真禪師廣録》卷下：『問新到：「爾在南岳山，借我二百錢，爲什麽不還？」無對。代云：「今日小出大遇。」』

〔二〕兜羅：梵語tūla。意譯爲綿、細綿，乃草木花絮之總稱。

所以者何？須菩提！佛説般若波羅蜜，即非般若波羅蜜，是名般若波羅蜜。

王日休曰：此智慧到彼岸之説，真性中亦豈有哉？故云即非智慧到彼岸，謂實無也，但虚名爲智慧到彼岸，以此接引衆生耳。

陳雄曰：柳宗元曰：『法之至者，莫尚於般若⊖。』《楞伽經》曰：『智慧觀察，不墮二邊。得自覺聖趣，是般若波羅蜜。』《三昧經》曰：『心無心相，不取虚空。不依諸地，不住智慧，是般若波羅蜜。』然般若波羅蜜，至法也。始而親出佛口，故有佛説之句，終而默傳此心，則證入於般若三昧，超出於言意之末，而了無所得，此非般若波羅蜜也，又孰得而名之哉。既非如是，而且名其如是，是又得其所以名也。然則汝當奉持者，以是名字故。

【校記】

㊀柳宗元《送琛上人南游序》作『法之至莫尚乎般若』。

顔丙曰： 此是須菩提請佛爲法安名，更問如何遵奉行持，佛云是經名爲《金剛般若波羅蜜》。夫妙明本性，湛若太虛，體既尚無，何名之有。如來恐人生斷滅見，不得已而强安是名。所以傅大士頌云：『恐人生斷見，權且立虛名。』

李文會曰： 佛説般若波羅蜜者，實相般若之堅，觀照般若之利，截煩惱源，達涅槃岸。即非般若波羅蜜者，既知法體元空，本無妄念，若無諸罣礙，何必持戒忍辱，湛然清净，自在逍遥，是名即非般若也。

川禪師云： 猶較些子〔一〕。頌曰：『一手抬，一手搦〔二〕，左邊吹，右邊拍。無弦彈出無生樂〔三〕，不屬宫商格調新，知音知後徒名邈。』㊀

【校記】

㊀戚本無此條注文。

【箋注】

〔一〕較些子：好一些，馬馬虎虎、説得過去。《景德傳燈録》卷第七『伏牛自在禪師傳』：『國師問曰：「馬大師以何示徒？」對曰：「即心即佛。」國師曰：「是甚麽語話？」良久又問曰：「此外更有什麽言教？」師曰：「非心非佛，或云不是心不是佛，不是物。」國師曰：「猶較些子。」』

〔二〕一手抬，一手搦：禪林用語，又作『一手抬，一手捺』，謂一方面扶持之，一方面又壓抑之，形容禪師指導修行僧時自由無礙之機法。《景德傳燈録》卷第十六載巖頭全豁禪師曰：『我當時一手抬，一手搦。』《從容録》第二十二則又曰：『師云：「洞山老漢不識好惡，我當時一手抬，一手捺。」』

〔三〕無生樂：《景德傳燈録》卷第二十七載：『緊那羅王奏無生樂供養世尊。』

須菩提！於意云何？如來有所説法不？』須菩提白佛言：『世尊！如來無所説。』

顔丙曰：佛問有所説法不，須菩提答云如來無所説者，蓋直下無開口處，若言有説，即爲謗佛。所以世尊臨入涅槃，文殊請佛再轉法輪，世尊咄云：『吾住世四十九年，未嘗説著一字，汝請再轉法輪，是吾曾轉法輪耶？』又佛偈曰：始從成道後，終至跋提河〔一〕。於是二中間，未嘗說一字。

【箋注】

〔一〕跋提河：全名阿恃多伐底，梵名 Ajitavatī，意譯爲無勝。此河位於中印度拘尸那揭羅國，略稱跋提河。釋尊於此河西岸涅槃，此河因之出名。

李文會曰：本心元净，諸法元空，更有何法可說。二乘之人執著人法是有，即有所說，菩薩了悟人法皆空，即無所說。是故經云：『若有人言如來有所說法，即爲謗佛。』

慈受禪師云：『吾心似秋月，碧潭光皎潔。無物堪比倫，教我如何說。寒山子說不得則且止，諸人還說得麼？直須口似磉盤，方始光明透漏。』[一]若能了悟色性皆空，有無俱遣，語默雙亡，即見自性清净，雖終日言，猶爲無言，雖終日說，猶爲無說。

【箋注】

〔一〕出自《慈受懷深禪師廣録》卷第一，開頭所引四句詩爲寒山詩。

保寧勇禪師〔一〕云：『門前諸子列成行，各逞英雄越霸王。如何獨有無言者，坐斷毗盧不可當。』

【箋注】

〔一〕保寧勇禪師：宋代臨濟宗楊岐派高僧仁勇禪師。四明（今浙江寧波）人，俗姓竺。生卒年不詳。初學天台宗，後轉參雪竇明覺禪師。聞楊岐方會于雲蓋弘法，往謁，一語未及，頓明心印。方會殁後，與白雲守端禪師同游四方，後住金陵保寧寺而終。有《保寧仁勇禪師語録》傳世。此引七言偈，出自《保寧仁勇禪師語録》。

傅大士云：名中無有義，義上復無名。金剛喻真智，能破惡堅貞。若到波羅岸，入理出迷情。智人心自覺，愚者外求聲。

川禪師云：低聲低聲。頌曰：『入草求人〔二〕不奈何，利刀斷了手摩挲〔三〕。雖然出入無蹤迹，文彩〔三〕全彰見也麽。』㊀

【校記】

㊀咸本無此條注文。

【箋注】

〔一〕入草求人：謂陷入言語之糾纏。《佛果圜悟禪師碧巖録》：『趙州入草求人，不覺渾身泥水。』

〔二〕利刀斷了手摩挲：《五燈會元》卷第十九『佛鑒禪師傳』：『曰：「賓主蒙師指示，向上宗乘事若何？」師曰：「大斧砍了手摩挲。」』

〔三〕文彩：在禪林中常用來指現象、行迹之意。《圜悟佛果禪師語録》卷第六：『師在高郵乾明受勅，拈起示衆云：「見麽？拈時十日并照，舉處千界光輝。九重天上降來，宰輔手中親付。更不敢囊藏被蓋。請僧正一爲敷宣。」次拈疏云：「毫端寶刹，閫外威權，有捲有舒，有照有用。」字字珠迴玉轉，一一草偃風行，雖然文彩已彰，更請重新拈出。』

『須菩提！於意云何？三千大千世界所有微塵是爲多不？』須菩提言：『甚多，世尊！』『須菩提！諸微塵，如來説非微塵，是名微塵。如來説世界，非世界，是名世界。

陳雄曰：《華嚴經》云：『三千大千世界，以無量因緣乃成一切衆生。』豈外此而别有世界耶？悟者處此，迷者亦處此。悟者之心，清凈心也，以此心處此世界，即清凈世界。迷者之心，塵垢心也，以此心處此世界，即微塵世界。然世界許多，而微塵不勝其多，宜須菩提有甚多之對。又曰：諸微塵者，一切衆生心上微塵也。佛分身於微塵世界中，示現無邊大神力，開闡清净無垢法，使一切衆生，皆生清净心，非微塵所可污，故云非微塵；得出世間法，非世界所能囿，故云非世界。世尊答文殊曰：『在世離世，在塵離塵，是爲究竟法。』此言非微塵，非世界，即離塵離世也。

顔丙曰：世界微塵，二者皆非真實。經云：『一切山崖，會有崩裂。一切江河，會有枯竭。唯有法身，常住不滅。』

李文會曰：微塵者，衆生妄念煩惱客塵，遮蔽净性，喻如微塵。如是煩惱妄想，如病眼人見空中花，如愚痴人捉水中月，求鏡中像，枉用其心。

傅大士頌曰：『積塵成世界，析界作微塵。界喻人天果，塵爲有漏因。塵因因不實，界果果非真。果因知是幻，逍遥自在人。』又曰：『妄計因成執，迷繩謂是蛇。心疑生暗鬼，眼病見空花。一境雖無异，三人乃見差。了兹名不實，長馭白牛車〔二〕。』㊀

【校記】

㊀『又曰』下之注文，戚本和衆善堂本皆無。

【箋注】

〔一〕白牛車：比喻一佛乘。即《法華經・譬喻品》所説四車之一。天台、賢首諸師以羊車比喻聲聞乘，以鹿車比喻緣覺乘，以牛車比喻菩薩乘，而以大白牛車比喻一佛乘。

晁太傅云：『念起念止，皆由自心。念起即一切煩惱起，無念即一切煩惱止。既由自心，何如無念。』又古德云：『一念不生全體現，六根纔動被雲遮。』

察禪師云：『真净界中纔一念，閻浮早已八千年。』〔一〕

【箋注】

〔一〕出自《景德傳燈録》卷第二十《九同安察禪師十玄談》。察禪師：唐末五代僧人察常禪師。乃洪州建昌（今屬江西）鳳棲山同安院住持，爲九峰道虔禪師法嗣。底本所輯察禪師引文兩條。

逍遥翁云：不怕念起，唯恐覺遲，覺速止速，二妙相宜，知非改過，蘧顔可師〔一〕。㊀

【校記】

㊀此條注文，衆善堂本置於『圓悟禪師上堂云』之注文後，與下條『逍遥翁』注文内容合并。

【箋注】

〔一〕蘧顔可師：蘧，指蘧伯玉；顔，指顔回。蘧伯玉每日都在思考如何減少之前所犯錯誤，顔回不二過，世人欲知非改過，皆可以二人爲師。典出《論語·憲問》及《論語·雍也》。

圓悟禪師上堂云：『十方同聚會，個個學無爲。此是選佛場〔一〕，心空及第歸。大丈夫具决烈志氣，慷慨英靈，踏破化城〔二〕，歸家穩坐。外不見一切境界，内不見有自己，上不見有諸聖，下不見有凡愚。浄裸裸，赤灑灑，一念不生，桶底子脱〔三〕，豈不是心空也。到這裏還容棒喝麽，還容玄妙理性麽，還容彼我是非麽，直不如紅爐上一點雪〔四〕相似，豈不是選佛場也？然雖如是，猶涉階梯在。且不㊀涉階梯一句作麽生道，千聖會中無影迹，萬人叢裏奪高標。』〔五〕

【校記】

㊀不：原本作『下』，形近而誤，此據《圓悟佛果禪師語録》卷第八作改。

【箋注】

〔一〕選佛場：指叢林，禪家法會。唐宋時將科舉考試看作選官，藉此説法，便將參禪悟道、見性成佛稱作選佛。

〔二〕化城：梵語rddhi-nagara，指佛力化現的城邑，比喻小乘涅槃境界。《法華經》卷第三《化城喻品》即説：有衆人將過五百由旬險難惡道以達寶處（即大乘境界），疲極欲返，佛便於道中過三百由旬處化作一城，令衆人休息，後佛又滅去此城，促使衆人走向寶處。

〔三〕桶底子脱：禪林用語，比喻祛除妄見，心光透露，豁然大悟的境界。因禪家常斥責痴迷愚妄者爲『漆桶』，如處無明暗室中，桶底脱了後則明亮通暢，故有此喻。

〔四〕紅爐上一點雪：又作紅爐片雪。雪落入燒得通紅的火爐中，立刻融化得無影無蹤。禪宗用來喻指除盡分别情識，悟見真如本性。《法演禪師語録》卷下：『資福專使，持法嗣書至。師於法堂上受書，拈起問專使云：「本無名字，什麼處得這個來？」專使擬議。師云：「因誰致得？」遂升座。舉石頭問長髭：「什麼處來？」髭云：

「嶺南來。」石頭云：「大庾嶺頭一鋪功德成就也未？」髭云：「成就久矣，祇欠點眼在。」石頭云：「莫要點眼麽？」髭云：「便請。」石頭垂下一足，髭便禮拜。石頭云：「爾見個什麽道理便禮拜？」髭云：「如紅爐上一點雪。」師云：「紅爐一點雪，知音瞥不瞥。龜毛扇子扇，泥牛一點血。」』

〔五〕出自《圓悟佛果禪師語録》卷第八而字詞略有改變。

逍遥翁云：『五鼓夢回，緣念未起，靈響清徹，聞和達聽，爲三妙音：一曰幽泉漱玉，二曰清磬摇空，三曰秋蟬曳緒。凝聽静專，頗資禪悦。安住妙境，何勝如之。要會麽，病覺四肢如鶴瘦，虚聞兩耳似蟬鳴。』〔一〕非微塵是名微塵者，一念悟來，轉爲妙用，前念無諸妄想，湛然清净，即非微塵；後念不住清净，是名微塵。非世界是名世界者，若無妄念，即佛世界；有妄念，即衆生世界。前念清净，即非世界；後念不住清净，是名世界。

【箋注】

〔一〕此處引文略見《法藏碎金録》卷第二『五鼓夢回，緣念未起，靈響清徹，聞和達聽，凝聽静專，頗資禪悦，安住妙境，何勝如之』，而明錢謙益《楞嚴經疏解蒙鈔》卷第十則全引逍遥翁之語，并有按語曰：『逍遥翁即晁太傅也。』

謝靈運曰：散則爲微塵，合則成世界，無性則非微塵世界，假名則是名微塵世界。㊀

【校記】

㊀戚本無此條注文。

川禪師云：南贍部洲，北鬱單越。頌曰：『頭指天，脚踏地，飢則飡，睏則睡㊀。此土西天，西天此土。到處元正是大年㊁，南北東西祇者是。』㊂

【校記】

㊀睡：川禪師《金剛經注》作『眠』，亦可。

㊁是大年：川禪師《金剛經注》作『便是年』。

㊂戚本無此條注文。

須菩提！於意云何？可以三十二相見如來不？』『不也，世尊！不可以三十二相得見如來。何以故？如來説三十二相，即是非相，是名三十二相。』

王日休曰：三千大千世界微塵，可謂極多矣。然見雨則爲泥，遇火則爲磚瓦，是無微塵之定體，所以爲虚妄也。是故説爲非微塵，謂非有真實微塵也，但虚名爲微塵而已，此謂極細而極多者也。若極大者則世界，世界亦非真實，蓋劫數盡時則壞，是亦虚妄，非爲真實，但名爲世界而已。佛雖現色身而爲三十二相，至涅槃時，則皆無矣，不可以此得見真佛，故云不可以三十二相得見如來，此如來謂真性佛也。下文言如來説三十二相，彼如來則謂色身佛耳，乃佛謂我説三十二相者，即是非相，謂非真實相也，但名爲三十二相而已。此分大意，謂細而微塵，大而世界，妙而佛之色身，皆爲虚妄，但有名而已。唯真性爲真實，是以自古及今，無變無壞，彼三者則有變壞故也。

陳雄曰：三十二相，勝妙殊絶，形體映徹，猶如琉璃，此相非是欲愛所生，《楞嚴經》有是言矣〔二〕。謂其非是欲愛所生，則是從三十二行上得之。世人徒著三十二相，而不修三十二行，將焉自而得見法身如來。又曰：如來有是行，必有是相故也。説相者，其意在於三十二行，即非相也。曰非相者，其法身之謂歟。《華嚴經》曰：『諸佛法身不思議，無色無形無影像。』名三十二相，亦以是耳，豈它求哉，故如來有是名之説。《般若經》云：『如來足下，有平滿相，是爲第一；如來足下，千輻輪文，無不圓滿，是爲第二；如來手足，并皆柔軟，如兜羅綿，是爲第三；如來兩足，一一指間，猶如雁王，文同綺畫，是爲第四；如來手足，諸指圓滿，纖長可愛，是爲第五〔一〕；如來足跟，廣長圓滿，與趺相稱，是爲第六；如來足趺，修高光滿，與跟相稱，是爲第七；如來雙腨，漸次纖圓，如鹿王腨，是爲第八；如來雙臂，平立摩膝，如象王鼻，是爲第九；如來陰相藏密，是爲第十；如來毛孔，各一毛生，紺青宛轉，是爲第十一；如來髮毛，右旋宛轉，是爲第十二；如來身皮，細薄潤滑，垢水不住，是爲第十三；如來身皮，金色晃耀，諸寶莊嚴，是爲第十四；如來兩足、兩掌、中頸、雙肩，七處充滿，是第十五；如來肩項，圓滿殊妙，是第十六；如來膊腋，悉皆充實，是第十七；如來容儀，洪滿端直，是第十八；如來身相，修廣端嚴，是第十九；如來體相，量等圓滿，是第二十；如來頷臆，并身上半，威容廣大，如師子王，是二十一；如來常光，面各一尋，是二十二；如來齒相，四十齊平，净密根深，白逾珂雪，是二十三；如來四牙，鮮白鋒利，是二十四；如來常得味中上味，是二十五；如來舌相，薄净廣長，能覆面輪，至耳髮際，是二十六；如來梵音，詞韻和雅，隨衆多少，無不等聞，是二十七；如來眼睫，猶若牛王，紺青齊整，是二十八；如來眼睛，紺青鮮白紅環，是二十九；如來面輪，其猶滿月，眉相皎净，如天帝弓，是第三十；如來眉間，有白毫相，柔軟如綿，白逾珂雪，是三十一；如來頂上，烏瑟膩沙，高顯周圓，猶如天蓋，是三十二。』

【校記】

㊀依《大般若波羅蜜多經》卷五百七十三《第六分二行品第十五》所載，第四和第五之内容應該互换。

【箋注】

〔一〕《大佛頂如來密因修證了義諸菩薩萬行首楞嚴經》卷第一：『阿難白佛：「我見如來三十二相，勝妙殊絶，形體映徹，猶如琉璃。常自思惟：此相非是欲愛所生。何以故？欲氣粗濁，腥臊交遘，膿血雜亂，不能發生勝净妙明，紫金光聚。是以渴仰，從佛剃落。」』

顏丙曰：注：三十二相與前《般若經》同，更不重述。以上乃三十二相也。若據如來妙相，本性湛然空寂，一相尚不可得，豈可以三十二相而求見也。佛在忉利天，目連令匠人雕佛三十二相，衹雕得三十一相，唯有梵音相雕不得。院主問南泉：『如何是梵音相？』泉云：『賺殺人。』〔一〕

【箋注】

〔一〕《五燈會元》卷第三『池州南泉普願禪師』條載：『師曰：「佛九十日在忉利天爲母説法，時優填王思佛，請目連運神通三轉，攝匠人往彼雕佛像，衹雕得三十一相。爲甚麽梵音相雕不得？」主問：「如何是梵音相？」師曰：「賺殺人。」』賺殺人，即矇騙人的意思。賺，矇騙；殺，同煞，甚、極之意。

李文會曰：三十二相者，謂眼耳鼻舌身，五根中具修六波羅蜜，謂布施，持戒，忍辱，精進，禪定，智慧是也。於意根中修無住無爲，是三十二相清净行也。如來説三十二相，即是非相，是名三十二相者，此謂法身有名無相，故云非相，既悟非相，即見如來。

逍遥翁云：須知諸佛法身，本性無身，而以相好莊嚴爲身。故臨濟云：『真佛無形，真道無體，真法無相也。』

川禪師云：借婆衫子拜婆年〔一〕。頌曰：『你有我亦有，君無我亦無。有無俱不立，相對觜盧都〔二〕。』

【箋注】

〔一〕借婆衫子拜婆年：比喻自身是佛，却向外求佛。《禪宗頌古聯珠通集》卷第三十七『祖師機緣・金陵報恩院玄則禪師』載：『初問青峰：「如何是學人自己？」峰曰：「丙丁童子來求火。」後謁法眼。眼問：「甚處來？」師曰青峰。眼曰：「青峰有何言句？」師舉前話。眼曰：「上座作麼生會？」師曰：「丙丁屬火，而更求火，如將自己求自己？」眼曰：「與麼會又争得。」師曰：「某甲袛與麼，未審和尚如何？」眼曰：「你問我，我與你道。」師問：「如何是學人自己？」眼曰：「丙丁童子來求火。」師於言下頓悟。』下録皖山凝禪師頌古：『一回醉倒玉樓前，鬢亂釵横語笑顛。最是惱人腸斷處，借婆衫子拜婆年。』

〔二〕觜盧都：閉口不言之意。觜，同嘴；盧都，下垂貌。《五燈會元》卷第十一載延沼禪師有語曰：『羯鼓掉鞭牛豹跳，遠村梅樹觜盧都。』

『須菩提！若有善男子、善女人，以恒河沙等身命布施；

李文會曰：譬如有人捨身命布施，求無上菩提，此謂住相布施也。《禪要經》〔一〕云：『若於外相求之，雖經萬劫，終不能得。』又教中經云：若見有身可捨，即是不了蘊空。昔日罽賓國王，仗劍詣獅子尊者所，問曰：『師得蘊空不？』尊者曰：『已得之矣。』王曰：『可施我頭？』尊者曰：『身非我有，何況於頭。』王遂斬之，白乳高丈餘，王臂自落。〔二〕是知人法俱空，不應住色布施，所以尊者不畏於死也。

【箋注】

〔一〕《禪要經》：現存有兩個版本。一是東漢時譯本，全一卷，譯者佚名；二是鳩摩羅什譯本，凡二卷，又稱《禪法要解》。此處所引之内容并非出自以上兩個版本。

【箋注】

〔二〕此典故出自《景德傳燈録》卷第二十七。獅子尊者，即師子比丘，被禪宗尊爲西天二十四祖。

傅大士云：『法性無前後，無中非故新。蘊空非實體，憑何見有人。』故捨身命布施，即與菩提轉不相應，蓋爲不見佛性，縱捨身命如恒河沙數，何益於事。㊀

【校記】

㊀戚本無此條注文，應爲李文會注中所引之内容，宜并入李文會注中。

傅大士曰㊀：施命如沙數，人天業轉深。既掩菩提相，能障涅槃心。猿猴探水月，《證道歌》云：『水中捉月争拈得。』**藺蒚拾花針。**《玉篇》：『藺，力盎切；蒚，蔡盎切。』《本草》作藺若子，亦名浪蕩，生食令人發狂，眼生花針，即以手拾之，其實無花針。**愛河浮更没，苦海出還沉。**

【校記】

㊀底本原作『又曰』，因前有『傅大士云』故，但前之『傅大士云』宜并入李文會注中，故此處爲單獨一注文，所以另起一段用『傅大士曰』開頭。戚本作『傳頌曰』。

若復有人於此經中，乃至受持四句偈等，爲他人說，其福甚多！』

顏丙曰：若人以恒河沙等身命布施，等者，比也。雖受頑福，畢竟不明本性，如生豪貴之家，驕奢縱恣，不容不作業，反受業報，爭如受持四句，爲他人說，自利利他，其福甚多。

傅大士頌曰：經中稱㊀四句，應當不離身。愚人看似夢，智者見唯真。法性無前後，法性者，真佛性也，歷劫長存，故無前後。無中非故新。真性如虛空，本無形相，故云無中也。此性常住不滅，不以前生而故，不以今生而新，故云非故新也。蘊空無實相，憑何見有人。《心經》曰：『照見五蘊皆空。』

【校記】

㊀稱：《傅大士夾頌》作『持』，亦通。

川禪師曰：兩彩一賽〔一〕。頌曰：『伏手〔二〕滑槌不換劍，善使之人皆總便。不用安排本現成，個中須是英靈漢。囉囉哩〔三〕，哩囉囉，山花笑，野鳥歌，此時如得意，隨處薩婆訶。』

【箋注】

〔一〕兩彩一賽：指本質相同，沒有區別。《鎮州臨濟慧照禪師語録》云：『師在堂中睡，黄蘗下來見，以拄杖打板頭一下。師舉頭見是黄蘗，却睡。黄蘗又打板頭一下，却往上間，見首座坐禪，乃云：「下間後生却坐禪，汝這裏妄想作什麽？」首座云：「這老漢作什麽？」黄蘗打板頭一下，便出去。後潙山問仰山：「黄蘗入僧堂意作麽生？」仰山云：「兩彩一賽。」』無著道忠引鐵崖《臨濟録撮要》卷五曰：『坐禪行睡，雖是二用，元是一段義也。』對其得名之由，無著云：『博陸戲曰彩戲。彩是骰子所點數目也。賽即骰子也。兩彩一賽者，兩個骰子彩數齊則雖有兩彩同但一賽也。依此義，則一彩兩賽亦歸同義。謂雖有兩賽，同但一彩也。』

〔二〕伏手：順手。

〔三〕囉囉哩：其前身爲梵文四流音『魯、流、盧、樓』，此四流音隨悉曇學傳入中國後，被進一步神秘化和誤讀。隨著唐密的興起，四流音更被披上一層神秘的面紗，被僧衆當作咒語使用，視其蘊含著趨吉避凶、祈福禳災的神力。唐宋時期的禪宗語録，將其改頭換面地以『囉囉哩、囉哩囉、哩哩囉、囉囉哩哩、哩哩囉囉、囉唻哩』等形式出現，用來表達禪悟後的愉悦體驗。《圓悟佛果禪師語録》卷第八：『粥足飯足飽柴飽水，盧陵米價高，山前麥熟走，盡乾坤刹海，都盧是個自己。撮向眉毛眼睫間，直得放光動地，不是如來禪，亦非第一義，更説甚衲僧巴鼻。争如撒手懸崖去却藥忌，且唱個囉囉哩哩。』

離相寂滅分第十四

爾時，須菩提聞說是經，深解義趣，涕泪悲泣，而白佛言：『希有，世尊！佛說如是甚深經典，我從昔來，所得慧眼，未曾得聞如是之經。

陳雄曰：深解義趣者，須菩提心悟真空無相義趣也。涕泪悲泣者，傷我值遇之晚，不獲早覺悟也。

顏丙曰：深解者，大徹大悟也。

李文會曰：須菩提聞說是經，了悟人法二空，即得中道之理，嘆其希有，感極涕零也。

傅大士頌曰：聞經深解義，心中喜且悲。昔除煩惱障，今能離所知。遍計於先了，圓成證此時。宿乘無礙慧，方便勸人持。

李文會曰：未嘗得聞者，昔得慧眼，於有見空，今聞是經，於空亦遣，是了中道，將欲起教以示未來也。

川禪師云：好笑當面諱了。頌曰：『自小來來慣遠方，幾回衡岳渡瀟湘。一朝踏著家鄉路，始覺途中日月長。』

世尊！若復有人得聞是經，信心清浄，即生實相。當知是人，成就第一希有功德。

李文會曰：信心清浄者，信本來心，無法可得，不起妄念，心常空寂，湛然清浄。傅大士云：未有無心境，曾無無境心。境亡㊀心自滅，心滅境無侵。經中稱實相，語妙理能深。證知唯有佛，小聖〔一〕詎能任。㊁

【校記】

㊀亡：《傅大士頌》和戚本皆作『忘』，亦可。

㊁此條注疑爲李文會注所引之内容。戚本此頌置於下條經文之後。

【箋注】

〔一〕小聖：指聖者中證悟之淺者。相對於大乘而言，小乘之四果爲小聖；相對於佛而言，大乘之諸菩薩亦爲小聖。唐曇曠撰《金剛般若經旨贊》卷上曰：『假喻金剛，以彰妙智，既前佛後佛，由如是住，大聖小聖，應如是修。』

陳雄曰：性中具如來法身，夫是之謂生實相。《圓覺經》曰『一切實相性清浄』，故悟理而至於證實相，吾知夫成就法身功德，莫能出乎其右者。謂之第一希有，信乎經以福兼德言者屢矣。而此獨言功德不及福者，是功成果滿之時，則其福爲不足道，所以《壇經》有『功德在法身中，非在於福』之句。

顔丙曰： 即生實相者，即是悟自性也。

李文會曰： 即生實相者，豁然了悟萬法，由此净心建立，是名實相。成就第一希有功德者，迷即佛是衆生，悟即衆生是佛，佛佛道齊，無法等比。

世尊！是實相者，即是非相，是故如來説名實相。

顔丙曰： 佛云實相無相，所謂是實相者，即是非相，如太虚空，無一形相，若悟實相，不可執著實相，當如大士云『彼岸更求離』。但説假名，實相本無可得。

李文會曰： 即是非相者，實相無相，故言爲非，不是無實相，如龜毛兔角〔二〕，衹説龜無毛，兔無角，不説無龜毛兔角，衹説實相無相，不説無實相也。達磨曰：『若解實相，即見非相，若了非相，其色亦然。當於色中不生色體，於非相中不礙有也。』正猶水中鹽味，色裏膠青，决定是有，不見其形〔三〕，此之謂也。傅大士云：『衆生與壽者，藴上立虚名。如龜毛不實，似兔角無形。』〔一〕

【校記】

㈠戚本無傅大士頌，此頌應爲李文會注所引。後文有詳引此頌之完整八句。

【箋注】

〔一〕龜毛兔角：佛典譬喻之一，見于《大般涅槃經》卷第十三、《大方等大集經》卷第七等。龜本無毛，兔本無角，故龜毛兔角指虚有其名而并無實物。禪林常用來説明萬事萬物虚幻不實，因此不應區分對立。《景德傳燈録》卷第十四即載漳州三平義忠禪師以『龜毛拂子，兔角拄杖』來回答學人『如何是祖師西來意』之問。

〔二〕《景德傳燈録》卷第三十《傅大士心王銘》：『水中鹽味，色裏膠清（青），决定是有，不見其形。』

川禪師云：山河大地，甚處得來。頌曰：『遠觀山有色，近聽水無聲。春去花猶在，人來鳥不驚。〔一〕頭頭皆顯露，物物體元平。如何言不會，衹爲太分明。』

【箋注】

〔一〕戚本、衆善堂本於此處有小字夾注爲『古人畫屏詩』。對其作者，衆説紛紜，有的認爲是唐人王維，還有的題爲元代王冕、明唐伯虎或清高鼎。陳才智認爲這實際上是一首偈頌的節選，作者就是道川禪師（參《〈畫〉的作者是王維嗎？》，載《王維研究》第七輯）。但筆者認爲，從道川禪師偈頌大多出自前人之禪宗語録的這一特點來看，這首偈頌應該淵源有自。釋祖慶重編《佛鑒佛果正覺佛海拈八方珠玉集》卷上曰佛鑒拈云：『忽有人問老僧相似句。但云：「遠觀山有色，近聽水無聲。」僧云：「不會。」師云：「春去花猶在，人來鳥不驚，且道是同是别？」』

世尊！我今得聞如是經典，信解受持，不足爲難。㊀

【校記】

㊀咸本從此處經文起至『故離一切諸相，即名諸佛』止，不分段。

王日休曰：信解者，謂信其義而曉解也。受持者，謂能受其義而持守之也。

陳雄曰：無狐疑心曰信，曉了意義曰解，欽承不忽曰受，佩服不厭曰持。

李文會曰：但止了悟人法二空，心無取捨，常令空寂，是名信解受持。如來慈悲方便，化導迷人，迷即佛是衆生，悟即衆生是佛。若能了悟萬事皆空，以藥對病，以悟對迷，以善對惡，以静對動，以慧對愚，種種修行，衹是對治。莫作諸惡，勉力爲善，依此修行，縱横自在，又且何難。

傅大士頌曰：空生聞妙理，如蓬植在麻〔一〕。凡流信此法，同火出蓮花〔二〕。恐人生斷見，大聖預開遮〔三〕。如能離諸相，定入法王家〔四〕。

【箋注】

〔一〕蓬植在麻：典出《荀子・勸學》：『蓬生麻中，不扶而直；白沙在涅，與之俱黑。』

〔二〕火出蓮花：比喻從世間的煩惱中獲得清净解脱。《維摩詰經・佛道品》卷中曰：『火中生蓮華，是可謂希有，在欲而行禪，希有亦如是。』火，比喻世間的種種煩惱。

〔三〕開遮：開與遮。開，許可之意；遮，禁止之意。又作開制、遮開。爲戒律用語。

〔四〕法王家：指諸佛之國土。法王爲佛之尊稱，佛於法得自在，能教化衆生，故稱佛之國土爲法王家。《圓悟佛果禪師語録》卷第六曰：『一心無住著，遍界法王家。』

川禪師曰：若不得後語，前話也難圓。〔一〕頌曰：『難難，難如平地上青天。易易，易似和衣一覺睡。行船盡在把梢人，誰道波濤從地起。』

【箋注】

〔一〕《五燈會元》卷第五《大顛通禪師法嗣・漳州三平義忠禪師》：『初參石鞏。鞏常張弓架箭接機。師詣法席，鞏曰：「看箭。」師乃撥開胸曰：「此是殺人箭，活人箭又作麼生？」鞏彈弓弦三下，師乃禮拜。鞏曰：「三十年張弓架箭，祇射得半個聖人。」遂拗折弓箭。後參大顛，舉前話。顛曰：「既是活人箭，爲甚麼向弓弦上辨？」平無對。顛曰：「三十年後，要人舉此話也難得。」師問大顛：「不用指東劃西，便請直指。」顛曰：「幽州江口石人蹲。」師曰：「猶是指東劃西。」顛曰：「若是鳳凰兒，不向那邊討。」師作禮。顛曰：「若不得後句，前話也難圓。」』

若當來世，後五百歲，其有衆生，得聞是經，信解受持，是人即爲第一希有。

李文會曰：若人心常空寂，湛然清净，不著諸相，悟住無所住心，了得無所得法，是爲第一希有。

川禪師云：行住坐卧，著衣喫飯，更有什麼事。頌曰：『冰不熱，火不寒，土不濕，水不乾。金剛脚踏地，旛竿頭指天，若人信得及，北斗面南看〔一〕。』

【校記】

㈠衆善堂本此後有小字夾注：『無所不可。』

何以故？此人無我相、無人相、無衆生相、無壽者相。所以者何？我相即是非相、人相、衆生相、壽者相，即是非相。何以故？離一切諸相，即名諸佛。

李文會曰：即是非相者，前言無相，即是滅色以明空義，復言非相，即是了悟我人衆生壽者四相，本來不生，故名實相，離一切相。即名諸佛者，此謂悟實相者，更無等比，當知是人不著二邊，不處中道，一切無住，即名爲佛。又云：離相清浄，解悟三空，契合實相，究竟涅槃。三空之義，初即人空，次即法空，後即空空，三世如來同證此理，故名爲佛。傅大士云：『空生聞妙理，如蓬植在麻。凡流信此法，同火出蓮花。恐人生斷見，大聖預開遮。如能離諸相，定入法王家。』㈠

【校記】

㈠此頌上處經文後已有輯入，戚本、衆善堂本於此處無此頌。此頌應爲李文會注中所引。

川禪師云：心不負人，面無慚色。〔一〕頌曰：『舊竹生新笋，新花長舊枝。〔二〕雨催行客到㈠，風送片帆歸。竹密不妨流水過，山高豈礙白雲飛。』〔三〕善静禪師云：『竹密不妨流水過，山高那阻野雲飛。』〔四〕

【校記】

㈠到：道川《金剛經注》和戚本皆作『路』，亦可。

【箋注】

〔一〕《雲門匡真禪師廣録》卷上：『問：「如何是教意？」師云：「爾看什麽經？」僧云：「《般若經》。」師云：「一切智智清浄，還夢見未？」僧云：「一切智智清浄且置，如何是教意？」師云：「心不負人，面無慚色。」』

〔二〕《聯燈會要》卷第十三『法遠禪師傳』：『問：「如何是諸佛不斷命處？」師云：「嫩竹抽新笋，枯松長老枝。」』

〔三〕《圓悟佛果禪師語録》卷第六：『僧問：「遠辭帝闕，已届南徐，不涉程途，請師垂示。」師云：「到此已六日。」進云：「竹密不妨流水過，山高豈礙白雲飛。」』

〔四〕此七言句，係唐京兆永安院善静禪師所説，見《景德傳燈録》卷第二十。

佛告須菩提：『如是！如是！

李文會曰：如是如是者，佛以須菩提所解空義，善契如來之法意也。

陳雄曰：《華嚴經》云：『離諸和合相，是名無上覺。』佛以覺言，外覺離一切有相，內覺離一切空相，於相而離相，於空而離空，得夫真空無相之妙，所以名其爲佛。

若復有人，得聞是經，不驚、不怖、不畏，當知是人甚爲希有。

肇法師曰：得大乘聞慧解，一往聞經，身無懼相，故名不驚；得大乘思慧解，深信不疑，故名不怖；得大乘修慧解，順教修行，終不有謗，故名不畏。

陳雄曰：不驚則無疑心，不怖則無懼心，不畏則無退心。

李文會曰：不驚不怖不畏者，心若空寂，湛然清净，等於虛空，有何驚怖！甚爲希有者，諸上根器，得聞是經，諦聽受持，永不退轉，當知是人，甚爲希有。

傅大士頌曰：如能發心者，應當了二邊。涅槃無有相，菩提離所緣。子榮曰：如修行初發心修菩薩行，須求大乘正知見人，悟達上乘，先了有無二邊之執，方證涅槃無相之理，故離所緣之心境也。無乘及乘者，人法兩俱捐。欲達真如理，應當識本源。

川禪師云：衹是自家底〔一〕。頌曰：『毛吞巨海水，芥子納須彌。碧漢一輪滿，清光六合輝。踏得故鄉田地〔二〕穩，更無南北與東西。』

【箋注】

〔一〕自家底：指本心之佛性。《大慧普覺禪師語録》卷第十：『青州七斤衫，盡力提不起。打破趙州關，總是自家底。』

〔二〕故鄉田地：喻指自身本性，即人人具有的佛性。《五燈會元》卷第三十九《楚州勝因戲魚咸静禪師》：『游遍天下，當知寸步不曾移。歷盡門庭，家家竈底，少烟不得。所以肩笻捎屨，乘興而行，掣釣沉絲，任性而住。不爲故鄉田地好，因緣熟處便爲家。』

何以故？須菩提！如來説第一波羅蜜，即非第一波羅蜜，是名第一波羅蜜。

《疏鈔》云：何以故者，顯因中最勝。明標第一波羅蜜者有十種：一布施，二持戒，三忍辱，四精進，五禪定，六智慧，七慈，八悲，九方便，十不退。今言第一波羅蜜者，即布施波羅蜜，何故獨言布施爲第一？曰布施者，通攝萬行，直至菩提，尚行法施，因布施資生衆善，言非者，恐有能所之名，先拂去假名，行無住相施，故曰是名第一波羅蜜。

李文會曰：如來説第一波羅蜜者，若悟非相，即達彼岸，實相無二，故名第一。非第一波羅蜜者，了悟人法俱空，即無生死可度，亦無彼岸可到，何處更有第一，故云非第一也。是名第一波羅蜜者，悟一切法，即知諸法皆是假名。《法華經》云：『但以假名字，引導於衆生。』於斯了悟，能入見性之門，是名第一波羅蜜也。故知假名，如將黄葉作金，止小兒啼〔一〕。二乘之人聞説假名，將謂是實，執著修行，欲離生死，不知即無生死可離。

【箋注】

〔一〕黄葉作金，止小兒啼：用楊樹的黄葉哄小孩，小孩誤以爲是黄金而停止啼哭。又作『黄葉止啼』。乃譬喻如來爲度衆生所作之方便行。禪宗强調此乃權宜之教，方便法門，都是虚幻不實的假象。《佛果圜悟禪師碧巖録》卷第十：『所以假設方便，奪汝粗識，如將黄葉止小兒啼，如將蜜果换苦葫蘆相似。古人權設方便爲人，及其啼止，黄葉非金。世尊説一代時教，也祇是止啼之説。』

傅大士頌曰：波羅稱彼岸，於中十種名。《華嚴》六十六卷，善財童子見寶髻長者，言願爲我説諸菩薩道，答言：檀波羅蜜，尸波羅蜜，忍辱波羅蜜，精進波羅蜜，禪波羅蜜，般若波羅蜜，方便波羅蜜，願波羅蜜，力波羅蜜，智波羅蜜。又《合論》〔一〕九十六卷云：『如是一百一十八大總持門，不出十波羅蜜〔二〕中行。』高卑緣妄識，次第爲迷情。焰裏尋求水，空中覓響聲。真如何得失，今始號圓成。子榮曰：『真如之理，上至諸佛，下至含生，本自具足。流轉六道，亦未曾失。縱悟成佛，亦未曾得。今始號圓成者，言下頓覺即佛。』

【箋注】

〔一〕《合論》：指李通玄《華嚴經合論》。

〔二〕十波羅蜜：梵語 dasa-pāramitā。指菩薩到達大涅槃所必備之十種勝行。全稱十波羅蜜多。又作十勝行，或譯爲十度、十到彼岸。包括施波羅蜜、戒波羅蜜、忍波羅蜜、精進波羅蜜、禪波羅蜜、般若波羅蜜、方便波羅蜜、願波羅蜜、力波羅蜜、智波羅蜜。

川禪師云：八字打開〔一〕，兩手分付〔二〕。頌曰：『是名第一波羅蜜，萬別千差從此出。鬼面神頭對面來，此時莫道不相識。』

【箋注】

〔一〕八字打開：指禪師極其明白地直示玄機，毫無遮蔽。《圓悟佛果禪師語録》卷第三：『若能知雲月是同，溪山各异，便見但知作佛，愁什麽衆生？如此則三玄三要，八字打開，五位君臣，一筆句下。諸人還見麽？出頭天外看，須是個中人。』

〔二〕兩手分付：指師家接人，直付玄旨，毫無遮掩。分付：交付。《圓悟佛果禪師語録》卷第十三：『纔跨門來，已是兩手分付，更無纖毫遺漏。須知向上一路，不立文字語言。既不立文字語言，如何明得？所以道，路逢達道人，不將語默對。』

須菩提！忍辱波羅蜜，如來説非忍辱波羅蜜，是名忍辱波羅蜜。

《疏鈔》云：忍辱波羅蜜者，即十波羅中第三是也。

王日休曰：佛呼須菩提而謂能忍辱，方不起嗔心以昏亂真性，乃能到諸佛菩薩之彼岸，故云忍辱波羅蜜也。佛雖有時自稱如來，自稱佛，然亦有時稱我，其稱我則特謂我身爾，若稱如來與佛，則謂己與諸佛如來皆然也。盡此一經皆如是，此佛謂我與諸佛説忍辱波羅蜜，真性中亦豈有此忍辱哉，故亦非真實，但爲虚名而已，故云是名忍辱波羅蜜。

李文會曰：忍辱波羅蜜者，若有能忍之心，即是見有身相，不達我人衆生壽者諸非相也。

大陽㊀禪師舉火〔一〕問僧云：『會麽？』僧云：『不會。』師云：『起則遍周沙界，滅則了無所得。』又龐居士問馬祖云：『不與萬法爲侶者是什麽人？』祖云：『回光自照看，待你一口吸盡西江水，然後向你道。』〔二〕

【校記】

㊀大陽：底本原作『大傷』，『傷』形近而誤，今據衆善堂本改。

【箋注】

〔一〕舉火：佛教中的下火儀式，即火葬。此處用來喻指生滅關係。

〔二〕出自《龐居士語録》卷上。

圓悟禪師曰：『參得此語透者，目前萬法平沉，無始妄想蕩盡。』〔一〕又云：『大空㊀無外，大象無形，盡世界撮來如粟米粒，總虛空似掌中珠㊁，可以拽新羅國與波斯國鬥額，直得東勝身洲射箭，西瞿耶尼中垜。所以道：髑髏當千世界，鼻孔摩出家風㊂。若是未出陰界，尚涉見知聞。恁麽説話，一似鴨聽雷鳴，隔靴抓癢〔二〕，直饒脱却根塵，去却機境，尚餘一綫路在。且二途不涉，一句作麽生道，還委悉麽。佛殿階前石獅子，大洋海裏鐵昆侖。』〔三〕如來説非忍辱波羅蜜者，了悟人法二空，即無忍辱之相，是達我人衆生壽者非相，故云非忍辱也。

【校記】

㊀大空：《圓悟佛果禪師語録》卷第七作『大方』，亦可。

㊁掌中珠：《圓悟佛果禪師語録》卷第七作『掌中葉』。

㊂《圓悟佛果禪師語録》卷第六作『鼻孔摩觸家風，髑髏常千世界』。《圓悟佛果禪師語録》卷第七作『髑髏常干世界，鼻孔摩觸家風』。（按：『干』當爲『千』之形似而誤）

【箋注】

〔一〕出自《佛果克勤禪師心要》卷上。

〔二〕隔靴抓癢：隔著靴子搔癢，比喻徒勞妄爲，没有抓住要害。又作『隔靴爬癢』。

〔三〕出自《圓悟佛果禪師語録》卷第七。

何以故？須菩提！如我昔爲歌利王割截身體，我於爾時，無我相，無人相，無衆生相，無壽者相。何以故？我於往昔節節支解時，若有我相、人相、衆生相、壽者相，應生嗔恨。須菩提！又念過去於五百世作忍辱仙人，於爾所世，無我相，無人相，無衆生相，

無壽者相。

肇法師曰：歌利王，即如來因緣中事也。爾時菩薩得無我解，故所以能忍也。

六祖曰：歌利王是梵語，此云無道極惡君也。世者，生也。如來因中，五百生修行忍辱波羅蜜，以得四相不生。

李文會曰：如我昔爲歌利王割截身體者，如來設教，方便門多，若作教相言之，祇是依文設教，爲歌利王割截身體，節節支解，曾無一念嗔恨之心。肇法師曰：『五蘊身非有，四大本來空。將頭臨白刃，一似斬春風。』〔一〕若以諸大宗師言之，即是先説有爲權教，後顯無爲實理。若表法言之，歌者，即是慧之別名；利者，刀也，非謂世間之刀。王者，心也。是用慧刀割截無明煩惱之身體也。應生嗔恨者，謂色身與法身即不同也。當知割截之時，即不見有身相，亦不見有我人衆生壽者四相，何處更有嗔恨也。《華嚴經》云：『譬如虛空，於十方中，求不可得，然非無虛空。』菩薩之心，亦復如是。

【箋注】

〔一〕此偈傳説爲僧肇之《臨刑偈》，但其實乃是唐人托名之作。

川禪師云：智不責愚。頌曰：『如刀斷水，似火吹光。明來暗去，那事無妨。〔一〕歌利王，歌利王，誰知遠煙浪，別有好商㊀量〔二〕。』

【校記】

㊀商：道川禪師《金剛經注》作『思』，語義亦通。

【箋注】

〔一〕《楞嚴經》：『然彼諸魔雖有大怒，彼塵勞内，汝妙覺中，如風吹光，如刀斷水，了不相觸。……陰銷入明則彼群邪咸受幽氣，明能破暗，迷自銷殞，如何敢留擾亂禪定？』

〔二〕唐朝詩僧齊己《看水》詩有『誰知遠煙浪，別有好思量』之句。《白雲守端禪師廣録》卷第一：『次日上堂。云雪竇和尚道：「偶續靈峰照夜燈，遽泛鐵舡下滄海。承天此者，也隨例泛一隻鐵舡。文殊普賢，爲承天招頭把柂；觀音摩詰，爲承天打篙摇櫓。承天衹管坐地看楊州。既然如是，且道將什麽報答諸人？」良久云：「誰知遠煙浪，別有好思量。」』

李文會曰：忍辱仙人者，如來五百世中修忍辱波羅蜜行，欲令一切衆生成就忍辱波羅蜜法，不著諸相，見一切人迷悟賢愚貧富貴賤，平等恭敬，不生輕慢，以至惡駡捶打，皆悉能忍，反生歡喜，不生嗔恨之心。

圓悟禪師云：『大凡爲善知識，應當慈悲柔和善順接物，以平等無諍自處。彼以惡聲色來加我，非理相干，訕謗毀辱，但退步自照，於己無嫌。一切勿與較量，亦不嗔恨，祇與直下坐斷，如初不聞見，久之魔孽自消耳。若與之較，即惡聲相反，豈有了期。又不表顯自己力量，與常流何以异！切在力行之，自然無思不服。』〔一〕且夫見性之人，聞人毁謗，如飲甘露，心自清凉，不生煩惱，則能成就定慧之力，不被六賊盗竊家寶，功德法財，遂從此增長也。

【箋注】

〔一〕出自《圓悟佛果禪師語録》卷第十五。

傅大士頌曰：暴虐唯無道，時稱歌利王。逢君出游獵，仙人横被傷。子榮曰：『逢君出游獵，仙人横被傷者，謂如來因地修行，證初地菩薩，修忍辱仙行，在山中宴坐，遇歌利王出游獵。王乃憩息，睡醒不見左右彩女，遂親入山，尋見衆妃宫女，圍繞禮拜仙人，王乃大怒，問曰：「云何恣情觀我女色？」仙人曰：「於諸女色，實無貪著。」王曰：「云何見色不貪？」仙人曰：「持戒。」王曰：「何名持戒？」仙人曰：「忍辱即是持戒。」王乃持刀割仙人身。問曰：「還可痛否？」仙人曰：「實不痛。」王即節節支解，問曰：「還可痛否？」仙人曰：「實不痛。」其時輔相大臣諫曰：「彼之大士，逢斯患苦，顔色忻然，無所揺動，奈何大王如斯刑害。」王乃止。爾時王者即憍陳如，是時仙人者，即釋迦如來也。』頻經五百世，前後極時長。承仙忍辱力，今乃證真常。

川禪師云：目前無法，從教柳緑花紅。耳畔無聞，一任鶯啼燕語。頌曰：『四大元無我，五蘊悉皆空。廓落虚無理，乾坤萬古同。妙峰嶷嶷〔一〕常如故，誰管顛號颩地風。』

【箋注】

〔一〕嶷嶷（nì nì）：唐慧琳《一切經音義》卷第八十一釋曰：『山峰高峻貌。』

是故須菩提！菩薩應離一切相，發阿耨多羅三藐三菩提心，

陳雄曰：夫離一切相，即名諸佛，而菩薩受如來無相教法者也。欲成佛道，必發菩提無上道心。蓋菩提無上道心，即清浄無相心也。菩薩應當離一切相以發是心，然後可以成佛。

李文會曰：應離一切相者，心常空寂，不生起滅，湛然清浄，是離一切相也。㊀

【校記】

㊀衆善堂本無此注條。

川禪師曰：是，即此用，離此用。百丈參馬祖，祖見師來，取禪床角頭拂子竪起。師云：『即此用，離此用。』祖掛拂子於舊處。頌曰：『得之於心，應之於手。〔一〕雪月風花，天長地久。朝朝鷄向五更啼，春來處處山花秀。〔二〕』

【箋注】

〔一〕得之於心，應之於手：心裏怎麽想，手上便怎麽做，比喻做事很順利，典出《莊子·天道》：『不徐不疾，得之於手，而應於心。』禪林中常用來喻指參禪須自悟始得。《大慧普覺禪師語録》卷第十七：『所謂從門入者不是家珍，信知宗師家無實法與人，且如世間工巧技藝，有樣子便做得。若是這一解，須是自悟始得。得之於心，應之於手，若未得個安樂處，一向求知見覓解會，這般雜毒纔入心，如油入麵，永取不出，縱取得出，亦費料理。此事如青天白日，元無障礙，却被這些雜毒障却，所以於法不得自在。』

〔二〕《開福道寧禪師語録》卷下：『日日日從東畔出，朝朝鷄向五更啼。雖然不是桃源洞，春至桃花亦滿蹊。』

不應住色生心，不應住聲香味觸法生心，應生無所住心。若心有住，即爲非住。

晁太傅㈠曰：『自定純修之法，但於一切時中，隨其辦及，止習無住之住，足矣。』又下文曰：『《金剛經》云「應生無所住心是也。」』又僧肇《五論》有云：『聖人之心，住無所住。』〔一〕内解注云：『安住無爲，名之爲住，住無方所，故名無住。』〔二〕又六祖《壇經》云：『我此法門，無住爲本。』又司馬子微《坐忘論·樞㈡翼》云：『不依一物而心常住。』又云：『出世之法，以無著爲本。《華嚴》云：一切境界，不生染着。浄身口意，住無礙行，滅一切障。世間受生，皆由着我，若離此着，則無生處。〔三〕《涅槃經》云：「凡夫着色，乃至着識。以着識故，則生貪染心，故爲色縛。乃至爲識之所繫縛，以繫縛故，則不得免生老病死憂悲大苦一切煩惱。」』着，著同㈢。

【校記】

㈠晁太傅：戚本作『晁文元迥』。此條注文内容，出自晁迥《法藏碎金録》卷七和《道院集要》卷二（但文字略有不同，如『内解住』，《法藏碎金録》作『其住解』）。此乃戚本中唯一一條晁太傅注文，亦是底本單獨於李文會注之外的唯一一條晁太傅注文。故疑此段爲楊圭所作之注語，因爲楊圭《十七家解注金剛經姓號目録》未列有晁迥一家，且楊圭本凡是所引注家開頭皆用簡稱，如『王曰』『川曰』。又，戚本的小字夾注從『又下文曰』開始，可能是刊刻時出現錯誤。

㊁樞：底本無。今據司馬承禎（唐代道士，字子微）《坐忘論》和晁迥《法藏碎金録》補。

㊂着，著同：戚本無，應是底本所加。

【箋注】

〔一〕此句出自僧肇《肇論·宗本義》。此處《五論》指《肇論》，因《肇論》由《物不遷論》《不真空論》《般若無知論》《涅槃無名論》及《宗本義》五篇文章組成。

〔二〕此句，出自唐釋元康《肇論疏》卷上，但『方所』，後者作『所住』。

〔三〕此段引文，乃是意引《八十華嚴經》卷第三十的相關經文。

王日休曰：應，當也。不應住色生心者，謂不當住著於凡有形色而生心也。若愛廣大居宇，美好器用之類是也。不應住聲香味觸生心者，謂不當住著於聲音馨香滋味及所觸而生心也。若愛聲樂謳唱，愛龍檀腦麝，愛飲食异味，愛嬌嬈婦女，皆是住著於聲香味觸而生心也。不應住法生心者，謂佛法本爲因衆生根器而設化。若住著之，則是泥於法而無由見真性，故不當住著於此而生心也。應生無所住心者，謂凡有住著處，皆不得起心念也。若心有住即爲非住者，謂心若有所住著，則其住著之非也。蓋當使一念寂然，如虛空然，則可以見真性矣。此與第十分大略同，然此再言之者，乃詳言之也。亦恐弟子有聽之不審者，亦恐有續來聽者，所以再言之，凡此經中重疊言者，義皆如此。

李文會曰：不應住色聲香味觸法生心者，心住六塵，即著諸相，取捨憎愛，無有休期。應生無所住心者，心無所住，隨處解脱，内外根塵，悉皆銷殞，若一切無心，即無所住也。趙州云：『我見千百億個，盡是覓作佛漢子，於中覓個無心底〔一〕，難得。』〔二〕

【箋注】

〔一〕無心底：又作『無心道人』，指對於一切無想、無念、無所求之修行者。《傳心法要》即説：『供養十方諸佛，不如供養一个無心道人。何故？無心者，無一切心也。』

〔二〕『趙州』句，出《圓悟佛果禪師語録》卷第十四。

僧若訥云：『心本無形，因塵有相，塵滅心滅，真心湛然。』㊀

【校記】

㊀若訥此注，戚本無，應爲李文會注中之引文。

察禪師《心印頌》曰：『問君心印作何顔，心印何人敢授傳。歷劫坦然無异色，呼爲心印早虚言。須知體似虚空性，意似紅爐火裏蓮。莫謂無心云是道，無心猶隔一重關。』㊀

【校記】

㊀此頌《景德傳燈録》卷第二十九《同安察禪師十玄談・心印》有載。其中『須知體似虚空性，意似紅爐火裏蓮』句，後者作『須知本自虚空性，將喻紅爐火裏蓮』。衆善堂本作『須知體自虚空性，將喻紅爐火裏蓮』。

圓悟禪師云：『在家菩薩修出家行，如火中生蓮。蓋名位權勢意氣，卒難調伏，而況火宅〔一〕煩擾煎熬百端千緒，除非自己直下明悟本性妙圓，到大寂大定休歇之場，方能放下，廓爾平常，徹證無心。觀一切法，如夢幻泡，空豁豁〔二〕地，隨時應節，消遣將去。隨自己力量，轉

化未悟，同入無爲無事法性海中，則出來南閻浮提打一遭，必不爲折本也。』〔三〕

【箋注】

〔一〕火宅：梵語 adīptāgāra。比喻迷界衆生所居住之三界。火喻五濁等，宅喻三界。語出《法華經》卷二《譬喻品》七喻中之火宅喻。衆生生存於三界中，受各種迷惑之苦，然猶不自知其置身苦中，譬如屋宅燃燒，而宅中稚兒仍不知置身火宅，依然嬉樂自得。

〔二〕空豁豁：空蕩蕩。龐居士有詩曰：『家中空豁豁，屋倒亦何憂。』

〔三〕出自《圓悟佛果禪師語録》卷第十四，文字有所删改。

黄蘗禪師云：『供養十方諸佛，不如供養一個無心道人。何故爲無心也？無心者，如如之體，内如木石，不動不摇，外如虚空，不塞不礙，是名佛也。』又云：『夫恒沙者，佛説是沙，諸佛菩薩，釋梵諸天，步履而過，沙亦不喜，牛羊蟲蟻，踐踏而行，沙亦不怒，珍寶馨香，沙亦不貪，糞溺臭穢，沙亦不惡，此即無心之心，離一切相。衆生諸佛，更無差別，但能無心，即便是究竟也。』〔一〕若心有住即爲非住者，真如之心，本無所住，若不住諸法相，即與道相應也。若住於法，即違正教。既違正教，即爲非住也。

【箋注】

〔一〕出自《黄蘗山斷際禪師傳心法要》。

是故佛説菩薩心，不應住色布施。

謝靈運曰：不住色㊀，無財物也。

【校記】

㊀不住色：僧肇《金剛經注》作『施不住色』。

陳雄曰：菩薩心，何心也？無所住之心也。菩薩六根清净，生無所住心，豈應布施以求其諸欲之滿意哉。然衆苦所本，眼根不净爲先。佛故斷之曰：『不應住色而爲之布施也。』

李文會曰：不應住色布施者，菩薩不見有身相可捨，於諸宅舍道路，逢見一切愚痴貧賤之人，毀罵捶打，須索財物，若能隨順其意，令生歡喜，不生阻隔嗔恨之心，即是布施之義。若祇分辯是非，顧惜物寶，阻逆其意，令生嗔恨，即不名布施也。黄蘗禪師云：『凡夫不肯空心，恐落於空，不知自心本空。愚人除事不除心，智者除心不除事。菩薩心如虛空，一切俱捨，所作福德皆不貪著。然捨有三等，内外身心一切俱捨，猶如虚空無所貪著，然後隨方㊀應物，能所皆忘，是爲大捨；若一邊㊁行道布德，一邊旋捨，無希望心，是爲中捨；若廣修衆善，有所希望，聞法知空，遂乃不著，是爲小捨。大捨如火燭在前，更無迷悟；中捨如火燭在傍，或明或暗；小捨如火燭在後，不見坑穽也。』〔一〕

【校記】

㊀方：底本作『力』，據《黄蘗山斷際禪師傳心法要》改。

㊁邊：底本作『爲』，衆善堂本和《黄蘗山斷際禪師傳心法要》皆作『邊』，今據此兩本改。

【箋注】

〔一〕出自《黄蘗山斷際禪師傳心法要》。

傅大士頌曰：菩薩懷深智，何時不帶悲。投身憂虎餓，《金光明經》云：如來因地爲薩埵王子時，一虎生七子，經七日無食，將欲死，時王子見，遂捨身以飼此虎也〔二〕。**割肉恐鷹飢。**《殑伽經》云，如來因地時，在山中修忍辱仙。時梵王帝釋遂化身，一化爲鷹，一化爲鴿，來試仙人。鷹趁其鴿，鴿投仙人，仙人遂以衣藏其鴿，鷹切就仙人覓其鴿，仙人遂將自身肉割一片以代鴿還鷹〔三〕。殑，其矜切。精勤三大劫，曾無一念疲。如能同此行，皆得作天師〔三〕。㈠

【校記】

㈠此條注文，戚本置於下條經文之後。

【箋注】

〔一〕捨身飼虎，事見《金光明經·捨身品第十七》、《菩薩本生鬘論》卷第一、《菩薩投身飴餓虎起塔因緣經》等。

〔二〕割股喂鷹，典故見《六度集經》卷一、《菩薩本生鬘論》卷一等。

〔三〕天師：佛陀十號之一。《長阿含經》卷第二有偈曰：『阿難請天師，地動何因緣？』

須菩提！菩薩爲利益一切衆生故，應如是布施。

六祖曰：菩薩不爲求望自身五欲㈠快樂而行布施，但爲内破慳心、外利益一切衆生而行布施。

【校記】

㊀五欲：六祖《金剛經解義》中無此二字。

陳雄曰：七寶雖滿大千界，等須彌山，亦有時而盡，布施以此，焉得人人而給諸菩薩也。無諸欲之求，無能施之心，亦無所施之物，凡可以利益一切衆生者，無不爲已，則含靈抱識，均被其澤，布施之心，但應如是。《華嚴經》云：『不爲自身求快樂，但爲救護諸衆生。』

李文會曰：應如是布施者，儉於自己，奢于他人，是名利益一切衆生。若人心口相應，行解一般，是名利益於自己也。所學佛法，自然廣大，雖具見聞覺知，萬境不能染著，即是解脱了悟之人，豈無利益。傅大士云：『所作依他性，修成功德林。終無趣寂意，惟有濟群心。行悲悲廣大，用智智能深。利他兼自利，小聖詎能任。』㊀

【校記】

㊀此條注文與後面『須菩提！在在處處，若有此經……以諸華香而散其處』之經文後的傅大士注重複，且後者注文中又有小字夾注。戚本僅有後文之注條，又《傅大士頌》中此頌亦置於後處經文下。故此處之注條，應爲李文會注中所引。

川禪師云：有佛處不得住，無佛處急走過，三十年後，莫言不道。〔一〕頌曰：『朝游南岳，暮往天台。追之不及，忽然自來。獨行獨坐無拘繫，得寬懷處且寬懷。』

【箋注】

〔一〕《大慧普覺禪師語録》卷第四：『僧問：「有佛處不得住時如何？」師云：「住則拶根。」進云：「無佛處急走過時如何？」師云：「起動闍梨。」進云：「教學人向甚麽處行履？」師云：「脱却籠頭，卸却角馱。」進云：「三千里外逢人不得錯舉時如何？」師云：「錯！錯！」問：「一百二十日夏已滿出門，或有人問如何是徑山道底，且作麽生答他？」師云：「徑山曾道甚麽來？」進云：「争奈唤作竹篦則觸，不唤作竹篦則背？」師云：「爾作麽生會？」僧喝一喝云：「三十年後，大有人笑在。」師云：「何必三十年後，即今大有人笑爾。」乃云：「尋常向爾諸人道，唤作竹篦則觸，不唤作竹篦則背。不得向舉起處承當，不得向意根下卜度，不得下語，不得良久。或有人問：畢竟如何？向他道：也無畢竟，也無如何。正當恁麽時，四楞塌地，掇在諸人面前，眼辦手親底一逴逴得，便能羅籠三界，提拔四生。其或未然，自是爾諸人根性遲鈍，且莫錯怪徑山好。」』

如來説一切諸相，即是非相。又説一切衆生，即非衆生。

六祖曰： 如來説我人等相，畢竟可破壞，非真實體也。一切衆生盡是假名，若離妄心，即無衆生可得，故言即非衆生。

陳雄曰： 經云：『凡所有相，皆是虚妄。』人皆謂如來無所説，豈説一切虚妄之相哉，殊不知如來有所謂真説。而其所説者，乃真空無相之相，繼之以即是非相者此耳。《涅槃經》云：『見佛性者，不名衆生；不見佛性者，是名衆生。』如來説一切諸相者，憫之也。苟能悟真空無相之理，則見自性佛，繼之以即非衆生者此耳。

顔丙曰： 本性虚明，實無可得，豈更有一切諸相，一切衆生之類。

李文會曰： 謂能秉持律儀，修行善法，而用布施，饒益衆生。不住諸相，諸相本空，故云即是非相。夫衆生者，五陰和合，假名衆生。

川禪師云： 別有長處，不妨拈出。〔二〕頌曰：『不是衆生不是相，春暖黃鶯啼柳上。〔三〕説盡山河〔一〕海月情，依前不會空惆悵。休惆悵，萬里無雲天一樣。』

【校記】

〔一〕河：道川《金剛經注》和咸本皆作『雲』，可。

【箋注】

〔一〕《五燈會元》卷第三『浮杯和尚』條載：『凌行婆來禮拜，師與坐喫茶。婆乃問：「盡力道不得底句分付阿誰？」師曰：「浮杯無剩語。」婆曰：「未到浮杯，不妨疑著。」師曰：「別有長處，不妨拈出。」婆斂手哭曰：「蒼天中更添冤苦。」師無語。婆曰：「語不知偏正，理不識倒邪，爲人即禍生。」』

〔二〕《五燈會元》卷第六『本嵩律師傳』載有僧偈曰：『諸法從本來，常自寂滅相。春至百花開，黃鶯啼柳上。』

須菩提！如來是真語者、實語者、如語者、不誑語者、不异語者。

謝靈運曰：真不僞，實無虚，如必當理，不誑則非妄語，不异則始終恒一。聖言不謬，故宜修行也。

陳雄曰：是語真實，無妄無虚，是語如如，契真如理，非欺誑之語，非怪异之語，所以破衆生狐疑之心故也。

顔丙曰：真而非假，謂之真語；實而不虚，謂之實語；如如不動，謂之如語；至於不誑語者，佛不誑惑於人；不异語者，佛語不爲怪异。此五語者，欲人生信心，不必生疑心。

李文會曰： 迷即種種皆妄，故不真不實不如有誑有异也。悟即一切真，一切實，一切如，不誑不异也。又云：真語者，一切含生皆有佛性也。實語者，一切法空本無所有也。如語者，一切萬法本來不動也。不誑語者，聞如是法皆得解脱也。不异語者，一切萬法本自空寂，將何爲异也。

傅大士云： 衆生與蘊界，名别體非殊。了知心是㊀幻，迷情見有餘。真言言不妄，實語語非虛。始終無變异，性相本來如。

【校記】

㊀是：《傅大士頌》和戚本皆作『似』，亦可。

川禪師云： 知恩者少，負恩者多。〔一〕頌曰：『兩個伍佰是一貫，阿爺元是丈夫漢。分明對面向㊀渠〔二〕言，争奈好心無好報。真語者，實語者，呵呵呵，喏喏喏。』

【校記】

㊀向：《傅大士頌》和戚本皆作『報』，亦可。

【箋注】

〔一〕《景德傳燈録》卷第十載趙州從諗禪師問菜頭：『今日喫生菜熟菜？』『菜頭拈起菜呈之。師云：「知恩者少，負恩者多。」』

〔二〕渠：他。第三人稱代詞。

須菩提！如來所得法，此法無實無虛。

六祖曰：無實者，以法體空寂，無相可得，然中有恒沙性德，用之不匱，故言無虛。

王日休曰：此法但爲衆生而設，非真性中所有，故非爲真實也。然不可不藉此以悟明真性，又非徒然者，故非爲虛妄也。

陳雄曰：法即以心傳心，何法不因心之所立。如來以無所得心，而得夫真空無相之法，此法即此心，真體常存，一以爲實耶？然實而若虛，莫知其所以爲實，妙用無方以爲虛耶？然虛而若實，莫知其所以爲虛，實而無實，虛而無虛，其亦真空之妙歟？

李文會曰：此法無實者，心體空寂，無相可得也；無虛者，內有河沙功德，用而不竭也。欲言其實，無形可觀，無相可得；欲言其虛，見能作用，是故不可言有，不可言無。有而不有，無而不無，言辭不及，其惟聖人乎！若不離相修行，無由達此法也。

傅大士云：『證空便爲實，執我乃成虚。非空亦非有，誰有復誰無。對病應施藥，無病藥還袪。須依二空理，穎脱入無餘。』㊀

【校記】

㊀此條注文與後面『須菩提！當來之世，若有善男子、善女人……皆得成就無量無邊功德』經文後的傅大士注條重複，且後面之注文有小字夾注。戚本僅有後文之注條。故疑此處之注條應爲李文會注中所引。

川禪師云：水中鹽味，色裏膠青。頌曰：『硬似鐵，軟如酥〔一〕，看時有，覓還無，雖然步步常相守，要且無人識得渠〔二〕。咦！』

【箋注】

〔一〕《汾陽無德禪師語録》卷下：『寶光影裏，願作明燈。玉軸函中，長爲擊發。軟如綿，硬似鐵，一片真心常皎潔。縱横不礙往來風，運用豈更有時節。』

〔二〕渠：此指本來面目，真如法身。

須菩提！若菩薩心住於法而行布施，如人入暗，即無所見。若菩薩心不住法而行布施，如人有目，日光明照，見種種色。

王日休曰：布施，謂法施，乃教化衆生也。若菩薩住於法而行布施，即是教化衆生，著於法無由而見真性，故如人入暗，則無所見；若不著於法以教化衆生，則衆生由此開悟而見真性，故如人有目，又得日光明以照之，乃見種種形色也。

僧若訥曰：無相布施，心不住法，則見真如，如人有目，日光明照，了一切境。

陳雄曰：菩薩云者，修行人通稱也。設若菩薩心與法俱勝，故有所住而行其希求布施，此則無明暗障，貪愛自蔽，不悟真空無相妙理者也，如人處暗室之中，昏昏冥冥而一無所見矣。設若菩薩心與法俱泯，故無所住而行其無希求布施，此則豁金剛眼，然般若燈，圓悟如來無上知見者也。如有目者，處於皎日之中，黑白自分，而毫髮無隱矣。

一注本不顯名〔一〕曰：有所著，則爲無明所障，不悟真如妙理，猶昏昏而不能使人昭昭；無所著，則洞達無礙，圓悟如來無上知見，自覺已圓，又能覺他。㊀

【校記】

㊀此條注文，不知出自何處。衆善堂本無此條注文，僅將『自覺已圓，又能覺他』幾字替

換陳雄注之『如有目者，處於皎日之中，黑白自分，而毫髮無隱矣』一句。

【箋注】

〔一〕一注本不顯名：楊圭《十七家解注金剛經姓號目録》將其作爲一單獨注家，列於『武當山居士劉蚪（虬）』和『梁朝傅大士頌』之間，可能爲魏晉南北朝時期的注本。底本所輯此注本之注文僅兩條。

李文會曰：如人入暗即無所見者，衆生之心，本自無住，無住之心，即見諸法實相，名爲菩薩；二乘之人，心住於法，不見諸法實相，背菩提路，何异凡夫，如人背明而入暗室。如人有目，日光明照，見種種色者，二乘之人，不見色而住色，譬如不見坑穽而墜坑穽，菩薩見色而不住色，譬如見坑穽不墜坑穽。一切諸法但有假名，二乘之人，爲無慧眼，不辨真假，菩薩即有慧眼，見種種色，悉皆無相故。達磨云：『不見色，即是見色耳。』逍遥翁云：『所見有是有不是，此世間妄眼；無是無不是，此世間之真眼。所知有可有不可，此世間妄心；無可無不可，此出世之真心也。』

須菩提！當來之世，若有善男子、善女人，能於此經受持讀誦，即爲如來以佛智慧，悉知是人，悉見是人，皆得成就無量無邊功德。

陳雄曰： 當來世者，如來滅後，像法末法之世也。此經者，載真空無相法之經也。此經當此世，非種善根者難可得值，設若能受持讀誦，不獨爲口耳之學，抑亦究心學之妙，兹其所以爲能也。能爾，則如來豈庸釋於我，必以無上知見而昭鑒之，則無量無邊功德，舉皆成就矣。非特利於一身，且將普施於群生，非特利於一時，且將遍及於千萬億劫，所謂無量無邊功德者，此也。

顏丙曰： 如來所得見性之法，不屬有無二境，所以道無實無虛。若菩薩心著於法布施，是爲著相，既曰著相，則無智慧，故如人入暗室中，全無所見；若心不著法布施，是人洞達明了，不受人瞞，故如人本有眼目，加以日光明照，見種種形色，曉然無隱。若當來之世，有善男善女，能於此經受持讀誦，直下頓悟謂之受，行不暫捨謂之持，即爲自性如來。以者，用也，能用佛之智慧。所謂智慧者，見性通徹，又非外道聰明也。悉知是人，悉見是人，皆得成就無量無邊見性功德。

李文會曰： 當來之世者，即是如來滅後後五百歲中濁惡之時也。即爲如來以佛智慧者，若人心常精進，讀誦是經，即覺慧性漸開，應當了悟實相，人法二空，不被一切善惡凡聖諸境惑亂，即同如來智慧性也。悉知悉見是人成就功德者，三世諸佛無不知見了悟之人，故能成就無量無邊功德。

傅大士頌曰：證空便爲實，執我乃成虚。子榮曰：『修行人悟得真空之理，乃達實相，如執有我人之見，便爲妄想成虚也。』非空亦非有，誰有復誰無。子榮曰：『空有俱忘，更何可執也。』對病應施藥，無病藥還祛。須依一作觀二空理，穎脱入無餘。

川禪師曰：因地而倒，因地而起，地向你道甚麽。〔一〕頌曰：『世間萬事不如常，又不驚人又久長。如常恰似秋風至，無意涼人人自涼。』

【箋注】

〔一〕《大慧普覺禪師語録》卷第二十載妙喜自云：『因地而倒，因地而起。起倒在人，畢竟不干這一片田地事。』

持經功德分第十五

須菩提！若有善男子、善女人，初日分以恒河沙等身布施，中日分復以恒河沙等身布施，後日分亦以恒河沙等身布施，如是無量百千萬億劫以身布施。若復有人，聞此經典，信心不逆，其福勝彼，何況書寫、受持、讀誦、爲人解説。

王日休曰：初日分，謂早晨。中日分，謂日午。後日分，謂晚間。蓋西土之言如此，佛生其中，而從其方言也。然於此經，一起信心，得福尚多，於此一日三時，以恒河沙等身命布施，百千萬億劫無量無數者，以彼雖受無量福報，乃世間福耳。受世間福者，乃染煩惱之因，又因以作惡也。聞此經典，信心不逆，則自此種善根矣。善根既種，則日見增長，愈久而愈盛，此則爲出世間福，故彼不可以此㊀而勝於彼無量無數也。且人一日三時，烏得有恒河沙等身命布施哉，蓋假喻耳，乃極言其不可以比也。

【校記】

㊀此：底本爲『比』，形近而誤，今據戚本改。

陳㈠雄曰：佛恐世人執著如來忍辱之説，徒以身布施，而於自己性與他人性，無纖毫利益，故於十三分言之，至此復言，屢救其失。

【校記】

㈠陳：底本爲『昧』，形近而誤，今據戚本、衆善堂本改。

肇法師云：從旦至辰，名初日分；從辰至未，名中日分；從未至戌，名後日分。於此三時，乃至無量百千萬億劫捨身布施，亦不及受持是經見自性耳。見自性者，謂深明實相，人法二空，乃是大悟人也。㈠

【校記】

㈠此注條戚本無。

傅大士頌曰：衆生及壽者，蘊上假虚名。如龜毛不實，似兔角無形。寒山詩曰：『身著空花衣，足躡龜毛履。手把兔角弓，擬射無明鬼。』龜本無毛，而謂之龜毛；兔本無角，而謂之兔角，皆假虚名耳。今衆生壽者，五蘊之上，豈有是哉，亦假虚名而謂之衆生，謂之壽者，亦猶龜毛之不實，兔角之無形也。捨身由妄識，施命爲迷情〔一〕。詳論福與㊀智，不及受持經。

【校記】

㊀與：《傅大士頌》與戚本、曾儀鳳《金剛經宗通》卷第四，皆作「比」，但不如「與」妥帖。

【箋注】

〔一〕迷情：指迷惑之心。即執著客觀界之事物而妄念不覺的凡夫之心。《六祖大師法寶壇經》有傳法偈曰：「吾本來茲土，傳法救迷情。一華開五葉，結果自然成。」

李文會曰： 信心不逆者，信順於理，故云不逆。《法華經》云「瞻仰尊顏，目不暫捨」〔一〕，心常精進，無有間斷也。受持讀誦者，行解相應謂之受，勇猛精進謂之持，心不散亂謂之讀，見性不逆謂之誦。爲人解説者，謂已悟人，能見自性，方便爲人解説此經，令悟實相，成無上道。此人所施㊀，無所住相，功德無有邊際，勝前百千萬億劫以身布施功德百千萬倍。

【校記】

㊀此人所施：衆善堂本作『此爲法施』。

【箋注】

〔一〕語出《法華經》卷第三《授記品第六》。

川禪師云：人天福報即不無，佛法未夢見在。頌曰：『初心㊀後發施心同，功德無邊算莫窮。爭似信心〔一〕心不立，一拳打破㊁太虛空。』

【校記】

㊀心：道川《金剛經注》、戚本、衆善堂本皆作『中』，亦可。

㊁破：道川《金剛經注》、戚本皆作『透』，亦可。

【箋注】

〔一〕信心：信受所聞所解之法而無疑心，亦即遠離懷疑之清净心。信心乃入道之初步，故置於『信、進、念、定、慧』五根之首。

須菩提！以要言之，是經有不可思議、不可稱量、無邊功德。

肇法師曰： 明此法門，所有功德，過心境界，故不可以心思也，過言境界，故不可以口議也。

王日休曰： 所謂不可思議者，不可以心思，不可以言議也。不可稱量者，既言不可議，則此所謂稱者，非稱説之稱，乃稱量之稱，古者稱與秤字通用，謂不可以秤秤也。不可量者，謂不可以器物量之也。

顔丙曰： 每日三次以恒河沙比身布施，沙者，言其多也。如是積至無量不可數劫布施，不如於此經典信心不逆。不逆，乃順行也。其福尚能勝彼有爲之福，何況更能發心書寫受持讀誦，爲他人開解講説。佛以簡要言之，是經有不可思議稱量者，蓋諸佛贊嘆，不及此功德至大無有邊際也。

李文會曰： 無邊功德者，若人於此經典，了悟人法二空，深明實相，功德廣大，即同佛心無有邊際，不可稱量也。

如來爲發大乘者説，爲發最上乘者説。

王日休曰：乘乃車乘之乘。大乘，謂菩薩乘也。阿羅漢獨了生死，不度衆生，故云小乘，蓋如車乘之小者，唯能自載而已。緣覺之人，半爲人，半爲己，故爲中乘，蓋如車乘之適中者也。菩薩爲大乘者，謂如車乘之大者，普能載度一切衆生也。此經欲普度一切衆生，故爲發菩薩大乘者説也。發乃起發之發，發大乘，謂起發此以濟度衆生也。最上乘者，謂佛乘也。佛又能兼菩薩而載度之，則在大乘之上，故爲最上乘。以此乘之上，不復有乘，故爲最上也。此經又爲起發佛乘者説，謂佛之化度菩薩，亦以此經之理也。

李文會曰：爲發大乘者説者，智慧廣大，能見自性，色空俱遣，不著二邊，二邊既無，即無中道可立，不染萬境，即是大乘菩薩所行之道也。又曰：爲發最上乘者説者，不見垢穢可厭，不見清净可求。無遣可遣，亦不言無遣；無住可住，亦不言無住。心量廣大，廓若太虚，無有邊際，即是最上乘諸佛地位也。

黄蘗禪師云：『如來現世，欲説一乘真法，則衆生不信興謗，没於苦海；若都不説，則墮慳貪，不爲衆生普捨妙道。遂設方便，説有三乘，乘有大小，得有淺深，皆非定法，故云「唯有一乘〔一〕道，餘二〔二〕則非真」也。』〔三〕

【箋注】

〔一〕一乘：梵語 eka-yāna。指佛乘，乃唯一成佛之教法。《法華經·方便品》：『如來但以一佛乘故，爲衆生説法，無有餘乘，若二、若三。』佛本欲用一乘法爲衆生説法，但因衆生根機不等，於是先説三乘之法，後三乘之小行，歸廣大之一乘。《法華經·譬喻品》：『舍利弗！以是因緣，當知諸佛方便力故，於一佛乘分別説三。』

〔二〕《法華經·化城喻品》：『諸佛方便力，分別説三乘。唯有一佛乘，息處故説二。』

〔三〕出自《黄蘗山斷際禪師傳心法要》

川禪師云： 如斬一握絲，一斬一切斷。〔一〕頌曰：『一拳打倒化城關，一脚趯翻玄妙寨。南北東西信步行，休覓大悲觀自在。大乘説，最上説，一棒一條痕，一掌一握血〔二〕。』

【箋注】

〔一〕《圓悟佛果禪師語録》卷第十四：『古人以牧牛爲喻，誠哉所謂要久長人爾。直截省要，最是先忘我見，使虚静恬和、任運騰騰。騰騰任運，於一切法皆無取捨。向根根塵塵應時脱然自處……如斬一綟絲，一斬一切斷。便自會作活計去也。』

〔二〕一棒一條痕，一掌一握血：打一棒留下一道傷痕，打一巴掌留下一手的血迹。《密庵和尚語録·偈頌·送璘首座住定水》：『一棒一條痕，一摑一掌血。不是向上機關，亦非單傳妙訣。佛祖見之攢眉，魔外聞之膽折。建立此綱宗，當陽貴直截。』

若有人能受持讀誦，廣爲人説，如來悉知是人，悉見是人，皆得成就不可量、不可稱、無有邊、不可思議功德。如是人等，即爲荷擔如來阿耨多羅三藐三菩提。

謝靈運曰：千載不墜，由於人弘，任持運行，荷擔義也。

李文會曰：廣爲人説，知見是人皆得成就不可思議功德者，此謂上根器人，深明此經，了悟佛意，持此大乘經典爲人解説，令諸學者，各見自性無相之理，得見本源自心是佛，當知此人功德無有邊際，不可稱量也。馬祖曰：『汝等諸人，須信自心是佛，此心即是佛心。』又云：『心外無別佛，佛外無別心。』〔一〕佛國白禪師云：『心心即佛佛心心，佛佛心心即佛心。心佛悟來無一物，將軍止渴望梅林。』〔二〕《華嚴經》云：若不信自心是佛，無有是處。圓悟禪師云：『即心即佛，已是八字打開；非佛非心，重問㊀當陽〔三〕點破。不尋其言，一直便透，方見古人赤心片片〔四〕。若也躊躕，則當面蹉過了也。』

【校記】

㊀問：《圓悟佛果禪師語録》卷第十五、《佛果克勤禪師心要》卷下皆作『向』，亦通。

【箋注】

〔一〕此處所引馬祖之文，《景德傳燈録》卷第六《南岳懷讓禪師法嗣第一世・江西道一禪師》《馬祖道一禪師廣録》等皆有載录。馬祖（七〇九—七八八），即道一禪師，又稱江西道一、洪州道一，漢州什方縣（今四川什邡）人。唐代洪州宗祖師，南岳懷讓禪師法嗣。謚號『大寂禪師』。

〔二〕此頌，《禪宗頌古聯珠通集》卷第九有載。

〔三〕當陽：當面、當場之意。

〔四〕赤心片片：多用來赞譽禪家接人至誠至切，施以本分手段，直示本來面目。語出《圓悟佛果禪師語録》卷第十五、《佛果克勤禪師心要》卷下。

《心佛頌》云：『佛即心兮心即佛，心佛從來皆妄物。若知無佛復無心，始是真如法身佛。佛佛㊀佛，没模樣，一顆圓光含萬象。無體之體即真體，無相之相即實相。非色非空非不空，不動不静不來往。無异無同無有無，難取難捨難指㊁望。内外圓明到處通，一佛國在一沙中。一粒沙含大千界，一個身心萬個同。知之須會無心法，不染不净爲净業。善惡千端無有無㊂，便是南無大㊃迦葉。』〔一〕

【校記】

㈠佛佛：宋翁葆光述《紫陽真人悟真篇拾遺·即心是佛頌》作『法身』。

㈡指：宋翁葆光述《紫陽真人悟真篇拾遺·即心是佛頌》作『聽』。

㈢有無：宋翁葆光述《紫陽真人悟真篇拾遺·即心是佛頌》作『所爲』。

㈣大：宋翁葆光述《紫陽真人悟真篇拾遺·即心是佛頌》作『及』。

【箋注】

〔一〕此頌即北宋道士張伯端之《即心是佛頌》。引文文字之异，可能源自李文會的改動。

黄蘗禪師云：『汝但除却凡情聖境，心外更别無佛。祖師西來，直指一切人全體是佛，汝今不識，執凡執聖，向外馳騁，返㈠自迷心，所以向汝道即心是佛。一念情生，即墮㈡异趣，無始以來，不异今日，無有异法，故名成等正覺。』〔二〕即爲荷擔如來阿耨多羅三藐三菩提者，聞經解義，如説修行，廣爲人説無相之法，令諸學者悟明心地，能行無相無著之行，開發心中智慧光明，離諸塵勞妄念，共成無上菩提，當知此人負荷自性如來，阿耨多羅三藐三菩提在於身內也。傅大士云：『遍計於先了，圓成證此時。宿乘無礙慧，方便勸人持。』㈢

【校記】

㊀返：《黃蘗山斷際禪師傳心法要》作『還』，亦可。

㊁墮：底本作『隨』，據《黃蘗山斷際禪師傳心法要》和衆善堂本改。

㊂傅大士此頌僅有後兩句，而全頌前『爾時，須菩提聞説是經……所得慧眼，未曾得聞如是之經』經文下已有輯入，此處應爲李文會注中所引。

【箋注】

〔一〕出自《黃蘗山斷際禪師傳心法要》。

川禪師云：擘開太華手，須是巨靈神。〔一〕頌曰：『堆山積岳來，一一盡塵埃。〔二〕眼裏瞳人〔三〕碧，胸中氣若雷。出邊沙塞静，入國貫英才。一片寸心如海大，波清㊀幾見去還來。』㊁

【校記】

㊀清：道川《金剛經注》作『濤』，亦可。

㊁此頌戚本無。

【箋注】

〔一〕巨靈神：河神。據《文選》張衡《西京賦》所載，古代華山與首陽山本爲一山，後巨靈神擘開，讓黄河水得以流通。《佛果圓悟禪師碧巖録》卷第四：『巨靈抬手無多子，破華山千萬重。巨靈神有大神力，手擘開太華，水流入黄河。定上座疑情，山堆岳積，臨濟一掌，得瓦解冰消。』

〔二〕出自鼎州普安道禪師《三句頌·截斷衆流》：『堆山積岳來，一一盡塵埃。更擬論玄妙，冰消瓦解摧。』

〔三〕《五燈會元》卷第九載越州清化全怤禪師事曰：『問：「道人不將語默對，未審將什麽對？」師曰：「眼裏瞳人吹叫子。」問：「和尚年多少？」師曰：「始見去年九月九，如今又見秋葉黄。」』

何以故？須菩提！若樂小法者，著我見、人見、衆生見、壽者見，則於此經不能聽受讀誦、爲人解説。

王日休曰：樂，去聲，好也。小法，謂外道法也。外道之法，正爲著於有我人衆生壽者，故爲種種之説，如此，則於此經不相合矣，故不能聽受讀誦爲人解説也。

陳雄曰：小法者，小乘法也。《法華經》云『鈍根樂小法』，言其志意下劣，不發大乘心者也。是人墮於邪見，不知所謂大乘最上乘法盡在此經，且不聽誦，況能爲人解説乎？著我人見，墮邪見也。《圓覺經》云：『求大乘者，不墮邪見是也。』

李文會曰：若樂小法者，凡夫愚鈍之量，不能聽信，廣學無上菩提，祇修福慧、六道輪迴因果之法，縱能强學，執著多聞，爲人解説，被明眼人覷著，手忙脚亂，一場敗闕。

保寧勇禪師云：『顏色規模恰似真，人前拈弄越光新。及乎入火重烹試，到了終㊀歸是假銀。』〔一〕

【校記】

㊀終：《保寧仁勇禪師語録》作『須』，可。

【箋注】

〔一〕出自《保寧仁勇禪師語録》。

黄蘗禪師云：『古人心利，纔聞一言，便乃絶學，所以唤作絶學無爲閑道人〔二〕也。今時人祇欲多知多解，廣求文義，唤作修行，不知多知多解，翻成壅塞，皆爲毒藥。盡向生滅中取，真如之中，都無此事。從前所有一切解處，盡須并却令空，即是空如來藏。如來藏者，更無纖塵可有，即是破有法王〔二〕出現世間，亦云「我於然燈佛所，無有少法可得」，此語祇爲空你情解知量，但消融表裏，情盡都無依執，是無事人。三乘教綱，祇是應機之藥，隨宜所説，臨時施設，各各不同，但能了知，即不被惑。第一不得於心境上守文作解，何以如此，實無有定法如來可説，我此宗門不論此事，但止息念亡慮即休，更不用思前慮後。』又云：『學般若人，不見有一法可得，絶意三乘，唯一真實，不可證得，謂我能證能得者，皆增上慢〔三〕人，法華會〔四〕上拂衣而去者，皆斯徒也。是故佛言「我於阿耨多羅三藐三菩提實無所得」，默契而已。』〔五〕學者思之，但止依正法修行，放下我人衆生壽者四相，即不被一切諸境惑亂修行。

【箋注】

〔一〕絶學無爲閑道人：絶學，即絶止參學。無爲，指無爲超脱，任運隨緣。道人，即出家求學佛道的僧人。自心具足，不須向外求學便可通曉大法，即是絶學無爲閑道人。永嘉大師《證道歌》曰：『君不見，絶學無爲閑道人，不除妄想不求真。無明實性即佛性，幻化空身即法身。』

〔二〕破有法王：佛以無礙智之善巧方便，破有情萬有實有之執著，令諸衆生出離三界，了脱生死，故稱破有法王。《法華經·藥草喻品》：『破有法王，出現世間，隨衆生欲，種種説法。』

〔三〕增上慢：梵語 abhi-māna。即對於教理或修行境地尚未有所得、有所悟，却起高傲自大之心。將他人與自己比較而産生自負高傲之心，亦稱爲增上慢。

〔四〕法華會：頌赞《法華經》的法會。

〔五〕出自《黄蘗山斷際禪師傳心法要》。

《正法眼藏》云：若欲修行，當依正法，心體離念，相等虚空，不落聖凡，身心平等，如是修者，是爲正法也。〔一〕

【箋注】

〔一〕此引文并非出自《正法眼藏》。但『心體離念，相等虚空』八字，似是依據《釋摩訶衍論》卷第三『所言覺義者，謂心體離念相。離念相者，等虚空界無所不遍法界一相，即是如來平等法身』而來。

川禪師云：仁者見之謂之仁，智者見之謂之智。〔一〕頌曰：『不學英雄不讀書，波波役役〔二〕走長途。娘生寶藏〔三〕無心用，甘作無知餓死夫。争怪得別人㊀？』

【校記】

㈠争怪得别人：道川《金剛經注》中無。

【箋注】

〔一〕出自《周易·繫辭上》，指對於同一件事情或事物，所持的角度和立場不同，看法見解也就不同。

〔二〕波波役役：指奔波勞碌的樣子。波波，奔波忙碌；役役，勞苦不息的樣子。《樂邦文類》卷第五《勸世念佛頌》：『波波役役營家計，不如隨分念彌陀。』

〔三〕娘生寶藏：喻指自心、本性、佛性。

須菩提！在在處處，若有此經，一切世間、天、人、阿修羅，所應供養。當知此處即爲是塔㈠，皆應恭敬，作禮圍繞，以諸華香而散其處。

【校記】

㈠塔：底本原作『是』，誤，今據曇應《金剛經采微》所引經文而改。

陳雄曰：在在處處，言所在之處不一也。若有此真經，譬如摩尼寶珠，瑞光輝煥，則凡在天道、人道、阿修羅道者，所應供養，即此處便是如來真身舍利寶塔，其誰不恭敬禮拜圍繞，以諸華香而散其處。諸華香，與《法華經》所謂須曼那華香、闍提華香、末利華香、瞻蔔華香、赤蓮華香、青蓮白蓮華香〔一〕是也。

【箋注】

〔一〕此處所述諸花香，俱見《法華經》卷第六《法師功德品》。

顏丙曰：大乘者，乃大根大器之人，一撥便轉，不樂小法。最上乘者，不居佛位，不重己靈，高超十地，《大藏一覽集》云：『菩薩十地者：歡喜地，證聖位故；離垢地，身心清淨；發光地，智已生明；焰慧地，妙解廓照；現前地，通達真俗；難勝地，功行超越；遠行地，隨方應化；不動地，忍智自如；善慧地，通力自在；法雲地，大智圓明。』明了大法，此謂百尺竿頭，更進一步底人。長沙〔二〕云：『百尺竿頭不動人，雖然得入未爲真。百尺竿頭須進步，十方世界現全身。』僧問：『果如百尺竿頭，如何進步？』南泉云：『朗州山，澧州水。』僧云：『請師道。』答云：『四海五湖皇化裏。』此二等人，即爲負荷自性如來阿耨菩提，若愛樂小法者，小法即世間有爲法，則著四相，既著四相，宜其不能聽受解說。此經在在處處，若有悟此經，即如佛塔、天人、阿修羅，皆恭敬作禮，常持花香而散持經之處，供養此人，是謂『一人辦心，諸天辦供』〔二〕也。

【箋注】

〔一〕長沙：長沙景岑禪師，晚唐五代時禪僧，湖南長沙人，法號招賢，南泉普願禪師法嗣。長沙此偈，《祖堂集》卷第十七、《五燈會元》卷第四等皆有記載。

〔二〕語出《投子和尚語録》：『問：「一人辦心，諸天辦供，未審辦什麼心？」師云：「今日請供養主了也。」』投子和尚，晚唐時期禪僧，翠微禪師法嗣。

傅大士頌曰：所作依他性，修成功德林。子榮曰：『所作依他性者，凡日用施爲，皆是真如妙用，故云依他性；修成功德林者，修習成就菩提道果也。』終無趨寂意，唯有濟群心。子榮曰：『終無趨寂意，唯有濟群心者，即不效小乘人且期自利，沉空趨寂，唯有大乘利衆生心也。』《護法論》云：『傅大士，齊建武四年丁丑五月八日生時，有天竺僧嵩頭陀來謂曰：「我昔與汝毗婆尸佛所，同發誓願，今兜率天宫衣鉢見在，何日當還？」大士曰：「度生爲急，何思彼樂乎！」』蓋謂度生爲急者，即唯有濟群心；何思彼樂者，即終無趨寂意也。行悲悲廣大，用智智能深。利他兼自利，小聖詎能任。小聖，乃小乘人也。

李文會曰：在在處處若有此經者，一切衆生六根運用，種種施爲，常在法性三昧之中，若悟此理，即在在處處有此經也。一切世間者，謂有爲之心也。天人阿修羅者，天者逸樂心，人者善惡心，阿修羅者嗔恨心，但存此心，不得解脱。所應供養者，若無天人阿修羅心，是名供養。即爲是塔者，解脱之性，巍巍高顯，故云是塔也。以諸花香而散其處者，當於解脱性中，開敷知見，薰植萬行，即法界性自然顯現。

川禪師曰：鎮州蘿蔔，雲門糊餅。僧問趙州：『親見南泉是否？』州云：『鎮州出大蘿蔔頭。』僧問雲門：『如何是超佛越祖之談？』門云：『糊餅。』又云：『作麽生是聞聲悟道，見色明心？』乃云：『觀音菩薩將錢來買糊餅，放下手云：「元來祇是饅頭。」』頌曰：『與君同步又同鄉，起坐相從歲月長。渴飲飢餐常對面，不須回首更思量。』

能净業障分第十六

復次，須菩提！若善男子、善女人，受持讀誦此經，若爲人輕賤，是人先世罪業，應墮惡道，以今世人輕賤故，先世罪業即爲消滅，當得阿耨多羅三藐三菩提。

僧若訥曰：上明生善，今明滅惡，造作定業，不可逃避，行般若故，易重爲輕。《大論》〔一〕云：『先世重罪，應入地獄，以行般若故，現世輕受，譬如重囚應死，有勢力護，則受鞭杖而已。』

【箋注】

〔一〕《大論》：即龍樹《大智度論》。

陳雄曰：持此真經，有彌天功德，爲天人所恭敬供養宜矣。今且爲人所輕賤，何也？蓋是人前生罪業深重，當墮地獄、餓鬼、畜生、阿修羅道，永無出期。以今生持經之功，止爲人輕賤罵辱而已，則前生罪業爲之銷除，當來世佛果菩提，可得成就矣。世人喜於爲惡，嫉於爲善者多矣。一見是人爲人輕賤，便謂㊀讀經爲無益，福報爲虚語，甚者有雲門之罵、藥山之戒，使人人起退轉心。佛之言此，所以長善而救失云。

【校記】

㊀謂：底本作『爲』，涉後而誤，據戚本、衆善堂本改。

顔丙曰：若人前世曾作罪業，故今世被人輕賤，應墮落惡道，若能受持讀誦此經，直下見性，如大虚空，方知罪性本空，故云先世罪業即爲消滅，又得無上正等正覺。昔有二比丘，一犯淫罪，一犯殺罪，中心不安，求波羅尊者懺悔，波羅即以小乘法爲彼雪懺，二比丘愈生疑懼。後遇維摩大士，却爲解説云，罪性本空，不在中間内外。二比丘聞之頓悟，直下寂然空闊，無罪可得。〔一〕所以永嘉云：『維摩大士頓除疑，猶如赫日消霜雪。』〔二〕

【箋注】

〔一〕二比丘典故，出自《維摩詰所説經·弟子品》。

〔二〕出自《永嘉證道歌》。

傅大士頌曰：先身有報障，今日受持經。暫被人輕賤，轉重復還輕。若了依他起，能除遍計情。常依般若觀去聲，何慮不圓成。

李文會曰：此謂若人受持讀誦此經，應合得人恭敬，今復有疾患貧窮諸衰㊀，反爲人所憎惡，世人不達先業，將謂誦經爲善即無應驗，遂生疑惑，殊不知若非經力，應墮惡道，以今世人輕賤，故折三塗之報，速得無上菩提。

【校記】

㊀衰：衆善堂本作『苦』，亦通。

張無盡云：『四序炎凉去復還，聖凡衹在刹那間。前人罪業今人賤，倒却前人罪業山。』

川禪師云：不因一事，不長一智。〔一〕頌曰：『賛不及，毁不及，若了一，萬事畢〔二〕。無欠無餘若太虛，爲君題作波羅蜜。』

【箋注】

〔一〕不因一事，不長一智：《聯燈會要》卷第十八：『老趙州十八上，便解破家散宅，徒爲戲論。雖然如是，不因一事，不長一智。』

〔二〕《莊子·天地篇》曰：『通於一而萬事畢。』

須菩提！我念過去無量阿僧祇劫，於然燈佛前，得值八百四千萬億那由他諸佛，悉皆供養承事，無空過者。若復有人，於後末世，能受持讀誦此經，所得功德，於我所供養諸佛功德，百分不及一，千萬億分、乃至算數譬喻，所不能及。

《疏鈔》云：佛言我之供佛功德，千萬億倍，不及持經功德一分，故云算數譬喻所不能及。

王日休曰：梵語阿僧祇，此云無央數。梵語那由他，此云一萬萬。於無量無央數劫，在然燈佛先，則釋迦佛説此經時，去然燈佛已無量無數矣。又於其先，遇八百四千萬億那由他諸佛出世，則其劫數固不勝其多，佛眼皆能見之，以慧性爲無窮，故無始以來事皆知之，此所以爲佛也。人皆有此慧性，但蔽之耳。供養如是諸佛，其功德終不可及此經功德，以彼則爲財施，受財施之報者日漸少，而終至於有盡。此則爲善根，善根則日滋長，而終至於成佛，故無窮也。以有盡比無窮，所以不可及也。

陳雄曰：阿僧祇，那由他，梵語皆無數之謂。歷無數劫，供無數佛，求福而已，不若持此真經，見自本性，永離輪迴。五祖云：『終日供養，祇求福田，不求出離生死苦海，自性若迷，福何可救。』〔一〕是故供佛功德，雖百分百千萬億分，乃至算數之多，譬如微塵恒沙，皆不及持經功德之一分也。末世人徒知事佛，而不知佛究竟處，盡在此經，捨經何從而得，是以作如是説，而第其優劣。梁武帝造寺布施，供佛設齋，問達磨祖師有何功德？答曰：『實無功德。』後人不了此意，韶州韋使君因問六祖，六祖大師開示之曰：『造寺布施，供養設齋，名爲修福，不可將福以爲功德，功德在法身中，非在修福。』又曰：『功德在自性，不是布施供養之所求。』〔二〕此所以福不及功德，供佛不及持經也。

【箋注】

〔一〕出自《壇經·行由第一》。

〔二〕韋使君問六祖事，出自《壇經·疑問第三》。

李文會曰：阿僧祇劫者，梵語也，唐言無數。時供養阿僧祇恒河沙佛，施寶滿三千大千世界，捨身數如微塵，所得功德，不如有人於此經典得悟真性，勝前所得功德百千萬億。達磨對梁武帝云：『造寺寫經供養布施功德，祇獲人天小果，實非功德也。』

川禪師云：功不浪〔一〕施。頌曰：『億千供佛福無邊，争似常將古教看。白紙上頭書黑字，請君開眼目前觀。風寂寂，水漣漣，謝家人祇㊀在漁船〔二〕。』

【校記】

㊀祇：底本原作『祗』，形近而誤，據道川《金剛經注》和戚本改。

【箋注】

〔一〕浪：白白地，徒然。

〔二〕玄沙師備，俗姓謝，閩縣人，幼好垂釣。後上堂云：『我與釋迦同參。』有僧問：『承和尚有言，我與釋迦同參，未審參見什麽人？』師云：『釣魚船上謝三郎。』（《玄沙師備禪師廣録》）

須菩提！若善男子、善女人，於後末世，有受持讀誦此經，所得功德，我若具説者，或有人聞，心即狂亂，狐疑不信。

僧若訥曰：狐疑者，狐是獸，一名野干，其性多疑，每渡河冰，且聽且渡。上雖較量顯福德之多，猶是略説，若更具説，聞者狐疑，心必狂亂。

李文會曰：所得功德我若具説者，謂説悟後净妙境界也。前爲樂小法者，爲説降住小乘之法，欲令悟入，尚兹不信，若便爲説見性大乘之法，解通人曠，得必無涯，狂亂不信，徒使其狐疑也。

須菩提！當知是經義不可思議，果報亦不可思議。』

王日休曰：具，盡也。我若盡説其功德，人聞之，心則狂亂，狐疑不信，以其極大，人則驚怪，故甚者心則狂亂，其次則疑惑不信也。當知是經義不可思議，果報亦不可思議者，謂此經之義，不可以心思，亦不可以言議。若人依此修行，及得果報，亦豈可以心思言議哉？佛數數言此經功德，至此又極稱之者，豈虛言哉？以其悟明真性，脱離輪迴之本，是豈有窮盡耶？

顔丙曰：梵語阿僧祇劫，此云不可數劫。佛於然燈佛前，得值無數諸佛，一一供養承事，未曾空過。若後世有人受持讀誦此經，所得見性功德，比我前供養功德，百分不及他一分，見性功德，有百千萬億分，算數譬喻所不能及。佛言，我若説持經功德，或人聞之，心生狂亂，疑惑不信，當知此經義不可思議，果報亦不可思議。不信佛言，反生誹謗，惡果既熟，必受惡報。

李文會曰：義者，般若之義，般若者，智慧也。果報者，所得功德也。由智慧而悟真性，三世諸佛，理應不异，不可思議。㊀

【校記】

㊀衆善堂本無此條注文。

謝靈運曰：萬行淵深，義且難測，菩提妙果，豈有心之所議。㊀

【校記】

㊀戚本無此條注文。

川禪師云：各各眉毛眼上橫。頌曰：『良藥多苦口，忠言多逆耳㊀〔一〕，冷暖自知，如魚飲水。何須他日待龍華〔二〕，今朝先授菩提記。』

【校記】

㊀良藥多苦口，忠言多逆耳：道川《金剛經注》、戚本、衆善堂本皆作『良藥多苦，忠言逆耳』。亦可。

【箋注】

〔一〕《孔子家語·六本》孔子曰：『良藥苦於口而利於病，忠言逆於耳而利於行。』

〔二〕龍華：龍華樹。指彌勒成道時之菩提樹。

究竟無我分第十七

爾時，須菩提白佛言：『世尊！善男子、善女人，發阿耨多羅三藐三菩提心，云何應住？云何降伏其心？』佛告須菩提：『善男子、善女人，發阿耨多羅三藐三菩提心者，當生如是心，我應滅度一切衆生。滅度一切衆生已，而無有一衆生實滅度者。

《疏鈔》曰：言滅度一切衆生已者，時中妄想，取捨人我，貪嗔嫉妒，一切不善心，即是一切衆生，以無我心，將忍辱以降伏，令邪惡不生，即是滅度一切衆生已。已，即盡也。言而無有一衆生實滅度者，即煩惱妄念，取捨貪嗔，一切不善心，本自不有，因貪財色，恩愛情重，方有此心。今既知覺，以正智而滅之，亦不可見實有滅者。本自不生，今亦不滅，故云而無有一衆生實滅度者。

陳雄曰：《大涅槃經》曰：『自未得度先度他。』〔一〕《懺法》曰：『先度衆生，然後作佛。』故度一切衆生者，我佛之所應爲也。不然，則絶物矣。又何以作佛耶？佛了真空無相，則能所俱寂，雖衆生已滅度，且不起能度之一念，亦不見所度之衆生，故曰無一衆生實滅度者。

【箋注】

〔一〕語見北本《大般涅槃經》卷第三十八。

李文會曰：云何應住，云何降伏其心者，注見善現起請分中。當生如是心者，謂二乘之人執著諸相，起諸妄念，如來指示，令其心常空寂，湛然清凈。馬祖云：『常教心如迷人，不辨方所。』〔一〕文殊師利云：『心如虛空故，敬禮無所觀。』〔二〕百丈禪師云：『心如虛空相似，學始有成也。』〔三〕㊀

【校記】

㊀『馬祖』至『百丈禪師』等文字，衆善堂本無。

【箋注】

〔一〕《天聖廣燈録》卷第九載洪州大雄山百丈懷海禪師曰：『先師云：「如迷人不辨方所。」』百丈，乃馬祖法嗣。

〔二〕出自《大聖文殊師利菩薩贊佛法身禮》，『心如虛空故』原文作『心同虛空故』。

〔三〕百丈禪師此語，《古尊宿語録》卷第二、《指月録》卷第八皆有記載。

黃蘗禪師云：『心净其心，更無别法，此即真佛。佛與衆生，一心無异，猶如虚空，無雜無染；如大日輪，照四天下，日升之時，明遍天下，虚空不曾明；日没之時，暗遍天下，虚空不曾暗。明暗之境，自相凌奪，虚空之性，廓然不變。佛與衆生，心亦如是。』〔一〕我應滅度一切衆生者，佛言我今欲令一切衆生除滅妄念，令見真性。

【箋注】

〔一〕語出《黄蘗山斷際禪師傳心法要》，文字略有删改。

白樂天云：『澹然無他念，虚静是吾師。』㊀〔一〕

【校記】

㊀衆善堂本無此條注文。

【箋注】

〔一〕出自白居易詩作《夏日獨值寄蕭侍御》。

圭峰禪師云：『覺諸相空，心自無念，念起即覺，覺之即無，修行妙門，唯在此也。』〔一〕

【箋注】

〔一〕出自唐圭峰宗密《禪源諸詮集都序》卷上之二。底本所輯圭峰宗密引文僅此一條。

慈受禪師云：『有利根者，一撥便轉；性頑鈍者，祇在夢中。山僧有個醒磕睡底道理，不免傾心吐膽，而爲諸人説破。良久云，且勤照管鼻孔〔二〕。』㊀愚者若見此，一如路逢客，智者見點頭，恰如飢得食。滅度一切衆生已，而無有一衆生實滅度者，此謂不可見有衆生是自己度者，若有此念，即著我人衆生壽者四相，即非菩薩清净心也。

【校記】

㊀《慈受深和尚廣録》卷第一曰：『今朝資福説夢，説此一夢，三年零七個月。其間有利根者，輕輕唤著，便乃回頭；有根性暗鈍者，至今猶在夢中。山僧有個驚瞌睡底句，臨行不免傾腸倒腹，盡爲諸人道却。照顧鼻孔乍遠，伏惟珍重。』

【箋注】

〔一〕鼻孔：比喻人人自有的本來面目，即本性、佛性。

川禪師云： 有時因好月，不覺過滄洲。〔一〕頌曰：『若問云何住，非中及有無。頭無纖草蓋，足不履閻浮。細似隣㊀虚析，輕如蝶舞初。衆生滅盡知無滅，此是隨流大丈夫。』

【校記】

㊀隣：底本作『麟』，形近而誤，據道川《金剛經注》改。隣虚，指極細微的、近於虚無的物質。元魏菩提流支譯《金剛般若波羅蜜經》：『須菩提！若善男子、善女人，以三千大千世界地大微塵，燒成灰末，合爲墨丸，如微塵聚。須菩提！汝意云何？是隣虚聚寧爲多不？』

【箋注】

〔一〕《白雲守端禪師廣録》中有『有時乘好月，不覺過滄州』句。

何以故？須菩提！若菩薩有我相、人相、衆生相、壽者相，即非菩薩。所以者何？須菩提！實無有法發阿耨多羅三藐三菩提心者。

六祖曰： 須菩提問佛，如來滅後，後五百歲，若有人發阿耨多羅三藐三菩提心者，依何法而住，如何降伏其心？佛言，當發度脱一切衆生心，度脱一切衆生，盡得成佛已，不得見有一衆生是我滅度者。何以故？爲除能所心也，除有衆生心也，亦除我見心也。

王日休曰： 此分大概如第三分所言，須菩提於此再問者，豈非爲續來聽者問乎？佛再言之，唯增實無有法，發阿耨多羅三藐三菩提心者一句。且上既言發阿耨多羅三藐三菩提心者，當生如是心，生如是心，則是法矣。若無法，烏能得見真性而成佛乎？然此乃言實無有法發阿耨多羅三藐三菩提心，何也？蓋上言當生如是心者，是心亦非真性中所有，亦爲妄爾。故此言實無有法，其意乃在於實字，謂究其實，則真性中無此也。佛恐弟子誤認所謂當生如是心者爲真實，故此又説破以爲非實也。然則非徒本無一切衆生，而發此求真性之心者，亦本無法，蓋真性中本來蕩然空空，所謂一法不立，一塵不染者是也。

顔丙曰： 當生如是心者，當發這個心。佛度衆生已盡，性本空故，無一衆生可滅度者，若生四相望報心，即非菩薩。實無有法發阿耨多羅三藐三菩提心者，蓋實際不受一塵，何有於法？

李文會曰： 即非菩薩者，謂二乘之人，執著我人衆生壽者四相，解注已見前。實無有法者，謂初悟人，尚有微細四相也。但少有悟心是我相，見有智慧能降伏煩惱是人相，見降伏煩惱意是衆生相，見清浄心可得是壽者相。不除此念，皆是有法，故云實無有法發阿耨多羅三藐三菩提心者。㊀

【校記】

㊀衆善堂本無此條注文。

傅大士云：空生重請問，無心爲自身。欲發菩提者，當了現前因。行悲疑似妄，用智最言真。度生權立我，證理即無人。

川禪師云：少他一分又爭得。頌曰：『獨坐翛然〔一〕一室空，更無南北與西東。雖然不借陽和〔二〕力，爭奈桃花一樣紅。』

【箋注】

〔一〕翛然：無拘無束、自由自在的樣子。唐呂從慶《釣魚》：『我意殊自得，翛然眠緑坡。』

〔二〕陽和：指春天。唐崔道融《古樹》曰：『古樹春風入，陽和力太遲。』

須菩提！於意云何？如來於然燈佛所，有法得阿耨多羅三藐三菩提不？』

王日休曰：如來，佛自謂也。然燈佛，乃釋迦牟尼佛本師也。佛呼須菩提問云：我始於本師然燈佛處，有法所得，名之爲無上正等正覺之真性否？

『不也，世尊！如我解佛所説義，佛於然燈佛所，無有法得阿耨多羅三藐三菩提。』

六祖曰：佛告須菩提：我於師處，不除四相，得授記不？須菩提深解無相之理，故言不也。

李文會曰：佛言如來於然燈佛所，有法得三菩提不者，須菩提謂若有般若了悟心在，即是有法，尚有所得之心，故云無有法得三菩提也。

佛言：『如是，如是。

李文會曰：佛言如是如是者，善契如來之法意也。

川禪師云：若不同床卧〔一〕，争知紙被〔二〕穿。頌曰：『打鼓弄琵琶，相逢兩會家。〔三〕君行楊柳岸，我宿渡頭沙。江上晚來初雨過，數峰蒼翠接天霞。」

【校記】

㊀卧：道川《金剛經注》、戚本、衆善堂本皆作『睡』，亦可。

【箋注】

〔一〕紙被：古時用藤纖維紙製成的一種被子。蘇軾《物類相感志》載：『紙被舊而毛起者，將破，用黄屬葵梗五七根搥碎，水浸涎刷之，則如新。或用木槿針葉擣水刷之，亦妙。』劉子翬《吕居仁惠建昌紙被》『嘗聞盱江藤，蒼崖走虬屈。斬之霜露秋，漚以滄浪色。粉身從澼絖，蜕骨齊麗密』數句，叙紙被原料來源及製作過程。《五燈會元》卷第十八載慶元府蓬萊圓禪師有偈曰：『新縫紙被烘來暖，一覺安眠到五更。』

〔二〕打鼓弄琵琶，相逢兩會家：禪林用來喻指對話的雙方或多方都是行家有同道唱和之意。會家，即行家。《碧巖録》卷第三曰：『祇如雪峰道南山有一條鼈鼻蛇，諸人還知落處麽？到這裏須是具通方眼始得。不見真净有頌云：「打鼓弄琵琶，相逢兩會家。雲門能唱和，長慶解隨邪。古曲無音韻，南山鼈鼻蛇。何人知此意，端的是玄沙。」』

須菩提！實無有法，如來得阿耨多羅三藐三菩提。

王日休曰：佛深以須菩提之言爲當，故再稱如是，復呼須菩提而隨其言，以爲實無有法如來所得，名爲無上正等正覺之真性者，深然之之意也。

須菩提！若有法如來得阿耨多羅三藐三菩提者，然燈佛即不與我授記：汝於來世，當得作佛，號釋迦牟尼。

王日休曰：若有法可得，則然燈佛即傳之矣，何待授記當來世，方得作佛耶？釋迦之義，此云能仁；牟尼之義，此云寂默。能仁者，即心性無邊，含容一切；寂默者，即心體本寂，動静不干㊀也。釋迦於周昭王二十四年，歲在甲寅，四月八日，化從母右脇而生，自行七步，舉其右手，作師子吼：天上天下，惟我獨尊！九龍空中吐清浄水，濯太子身。名悉達多，此言頓吉。至穆王五十三年，歲次壬申，二月十五日，於俱尸羅國大城娑羅樹間，示般涅槃，世尊住世七十九年也。

【校記】

㊀千：底本原作『千』，據戚本、衆善堂本改。

一注本不顯名㊀**曰**：萬法本空，若於法有得，是爲執相，心即有礙；若於覺有證，是爲㊁有我，能所未除，佛豈即證哉。授記者，謂能了悟真性，必得成佛也。

【校記】

㊀一注本不顯名：衆善堂本作『無名氏』。

㊁爲：底本作『於』，據戚本、衆善堂本改。

李文會曰：若有一切法，是有一切心，故云即非佛法。若無一切法，是無一切心，云何不是佛。故龍牙和尚〔二〕云：『深念門前樹，能令鳥泊棲。來者無心喚，去者不慕歸。若人心似樹，與道不相違。』與我授記當得作佛，號釋迦牟尼者，始因智慧而得見性，若有能所之心，即是有法可得，性同凡夫，如何得授記耶？然無記可記，是名授記，若於心上無纖粟停留，即是無法可得，自性清净，故云來世當得作佛。慈受禪師云：『一顆靈丹大似拳，服來平地便升仙。塵緣若有絲毫在，蹉過蓬萊路八千。』傅大士云：『人與法相待，二相本來如。法空人是妄，人

空法亦祛。人法兩俱實，授記可非虛。一切皆如幻，誰言得有無。』㊀

【校記】

㊀傅大士此頌與下文『須菩提！若菩薩通達無我法者，如來説名真是菩薩』後之傅大士注條重複。戚本、衆善堂本此處無此注條。應爲李文會注中所引。

【箋注】

〔一〕龍牙和尚：唐僧居遁，俗姓郭，撫州南城人，洞山良介法嗣。此條偈頌，見於宋子升、如祐所録《禪門諸祖師偈頌》，然文字有别，後者作：『唯念門前樹，能容鳥泊栖。來者無心唤，騰身不慕歸。若人心似樹，與道不相違。』

川禪師云：貧似范丹，氣如項羽〔一〕。頌曰：『上無片瓦，下無卓錐。〔二〕日往月來，不知是誰。噫！』

【箋注】

〔一〕范丹：東漢名士，中國古代廉吏典範。又，此二句《無門關》復見。

〔二〕上無片瓦，下無卓錐：本義指極端貧困，無安身之處。禪林常用來喻指悟道者滌盡凡慮俗念、知識情解。《潭州潙山靈祐禪師語録》曰：『潙山喆云：「香嚴可謂上無片瓦，下無卓錐。露躶躶，赤灑灑，没可把。若不是仰山，幾乎放過這漢。何故？不得雪霜力，焉知松柏操？」』

以實無有法得阿耨多羅三藐三菩提，是故然燈佛與我授記，作是言：汝於來世，當得作佛，號釋迦牟尼。何以故？如來者，即諸法如義。

王日休曰：且此所謂如來者，本謂真性佛。蓋如者，謂真性遍虚空世界而常自如，若欲現而爲一切，無不可者，故謂之如。又隨所感而來現，故名如來。是如來者，真性之名也。故詳言之，則爲阿耨多羅三藐三菩提；略言之，則爲如來；又略言之，則爲佛。然則佛與如來者，有時指色身而言，若如來有肉眼不？如來以其佛智，悉知是人是也。此則謂真性耳，真性又名真如者，謂外物皆妄，唯性爲真，其言如者，乃上文所謂真性自如，而無所不可現之意也。故以真實之性爲真如，而又謂之如來也。

僧若訥曰：如來者，即真如也。真如不離諸法，故云即諸法如義。

陳雄曰：佛辯論如來膺釋迦尊號者何故？蓋以了諸法空，得如如之義也。如者，真如也。

《楞伽經》云『離不實妄想，是名如如』『住如如者，得無所有境界』〔一〕，故《維摩經》云『如者不二不异』『一切法亦如也，衆聖賢亦如也，至於彌勒亦如也』〔二〕。

【箋注】

〔一〕此處經文，摘自劉宋求那跋陀羅譯本卷第四。

〔二〕此處經文，摘自什譯本《菩薩品第四》。

李文會曰：一切諸法，本來清净，蓋由取捨分别諸法，所以濁亂，不得自如。心若清净，即自然如中天杲日，歷歷分明，於諸法上都無取捨分别，即是諸法如義。又云：若不修因，即無證果，須無因果法之可得，諸法皆如，如理即佛。傅大士云：『法性非因果，如理不從因。謂得然燈記，寧知是舊身。』㊀

【校記】

㊀傅大士此頌與前文重複，應爲李文會注所引之内容。戚本無此頌。

川禪師云：且住且住，文殊與净名對談不二。如何是不二？不得動著，動著則三十棒〔一〕。㊀頌曰：『上是天兮下是地，男是男兮女是女。牧童撞著看㊁牛兒〔二〕，大家齊唱囉囉哩。是何曲調？《萬年歡》。』

【校記】

㊀不得動著，動著則三十棒：道川《金剛經注》和戚本皆作『住住，動著則三十棒』。

㊁看：道川《金剛經注》和戚本皆作『放』，亦可。

【箋注】

〔一〕三十棒：禪家接引學人的方法之一，棒打之目的在於警策開悟。有所謂『德山棒』『臨濟喝』。《鎮州臨濟慧照禪師語録》曰：『師聞第二代德山垂示云：「道得也三十棒，道不得也三十棒。」』

〔二〕丹霞淳有頌曰：『牧童却解忘功業，懶放牛兒不把鞭。』（《禪宗頌古聯珠通集》卷第三十四）

若有人言，如來得阿耨多羅三藐三菩提。須菩提！實無有法，佛得阿耨多羅三藐三菩提。

王日休曰：佛謂若有人言，佛得無上正等正覺之真性，是人則爲妄語。何則？真性者，佛本來自有之，止爲除盡外妄，乃見真性耳。凡言得者，皆自外而得，此真性豈有自外而得哉。故言得者，則爲不實語也。佛乃呼須菩提而自答云：非有法如來得之，名其法爲無上正等正覺之真性也。蓋性則吾之本有，法則自外而來，惟假法以去除外妄而明真性，豈謂於法有所得而名爲真性哉。

陳雄曰：如來於菩提無上道，得之心傳，於法實無所得。不善言如來者，言如來有所得，是不明如來心傳之語。佛故呼須菩提而告之曰：實無有法可得。蓋沮人言之謬妄也。

須菩提！如來所得阿耨多羅三藐三菩提，於是中無實無虛。

王日休曰：如來所得正覺之法者，謂佛所得以明真性之法也。此非真性中所有，故曰非實，謂亦爲妄也。然必賴於此以明真性，故云非虛。

陳雄曰：如來了無所得，而其所得者，菩提無上道耳。蓋菩提無上道，有真空妙理存乎其間，實而無實，虛而無虛，與十四分如來所得法同。

僧微師〔一〕**曰**：無實者，以菩提無色相故。無虛者，色相空處即是菩提。故知如來所證菩提之法，不空不有，故曰無實無虛。

【箋注】

〔一〕微師：楊圭《十七家解注金剛經姓號目録》列爲『茨庵僧微師』。其人事迹不詳。底本所輯『微師』注文，僅四條。

李文會曰：於是中者，清净心也。無實者，真空無分别。故《境界經》〔一〕云：『諸欲不染故，敬禮無所觀。』無虚者，妙用也，具河沙德用也。

【箋注】

〔一〕《境界經》：即北魏曇摩流支譯《如來莊嚴智慧光明入一切佛境界經》。引文出自卷下。

川禪師云：富嫌千口少，貧恨一身多。〔一〕頌曰：『生涯如夢若浮雲，活計都無絶六親。留得一雙青白眼〔二〕，笑看無限往來人。』㊀

【校記】

㊀戚本無此條注文。

【箋注】

〔一〕《續傳燈録》卷第二十載蘄州五祖法演禪師：『崇寧三年六月二十五日上堂辭衆曰：「趙州和尚有末後句，爾作麽生會，試出來道看。若會得去，不妨自在快活，如或未然，這好事作麽説？」良久曰：「説即説了也，祇是諸人不知。要會麽？富嫌千口少，貧恨一身多。珍重！」』

〔二〕青白眼：眼球青黑色，其旁白色，以重視或欣賞的眼光看人爲青眼，以輕視或厭惡的眼光看人爲白眼，典故出自阮籍。禪林用來喻指直面本性。《黄龍慧南禪師語録》曰：『趙州驗人端的處，等閑開口便知音。覿面若無青白眼，宗風争得到如今。』

是故如來説一切法皆是佛法。

王日休曰：因是之故，佛説諸法，皆是用之以修行，而成佛之法也。然則法又豈可以無哉。今禪家絶不用法，大背經義矣。佛所以隨説而又掃去者，蓋謂不可泥於法耳，豈可絶無法哉。傅大士之頌曰：『渡河須用筏，到岸不須船。』今禪家不用法，乃未到岸而不須船者，豈不自溺於苦海，且誤人於苦海哉。

陳雄曰：佛即心也，心即法也。有是佛心，則必有佛法，如來説一切法，無一切外道邪説厕於其間，故斷之曰：皆是佛法。

李文會曰：一切世法，皆是佛法。《涅槃經》云：佛即是法，法即是佛。〔一〕㊀馬祖云：一切衆生從無量劫來，不出法性三昧，長在法性中。著衣喫飯，言譚㊁祇對，六根運用，一切施爲，盡是法性。不解返源，所以隨名逐相，迷情妄起，造種種業，若能一念回光返照，全體聖心，何處不是佛法。

【校記】

㊀衆善堂本無此條注文。

㊁譚：同『談』。

【箋注】

〔一〕此處經文，實出自《天地八陽神咒經》。

川禪師曰：明明百草頭，明明祖師意。〔一〕頌曰：『會造逡巡酒，能開頃刻花。琴彈碧玉調，爐煉白硃沙。〔二〕幾般伎倆從何得，須信風流出當家〔三〕。』

【箋注】

〔一〕《釋氏稽古略》卷第三『龐居士』條曰：『有女名靈照，賣竹漉籬以供朝夕。士坐次問靈照：「古人道明明，百草頭明明，祖師意如何會？」女曰：「老老大大作這個語話。」士曰：「爾作麼生？」女曰：「明明百草頭，明明祖師意。」士乃笑。』

〔二〕『會造』諸句：摘自韓湘排律《言志》：『青山雲水窟，此地是吾家。傍夜流瓊液，凌晨咀絳霞。琴彈碧玉調，爐鍊白硃砂。寶鼎存金虎，元田養白鴉。一瓢藏世界，三尺斬妖邪。解造逡巡酒，能開頃刻花。有人能學我，同共看仙葩』。逡巡酒，傳説中神仙釀造的頃刻即成之酒。頃刻花，指能够忽然開放的神奇花朵。

〔三〕《圓悟佛果禪師語録》卷第二十：『當陽提起截千差，誰信風流出當家。』

須菩提！所言一切法者，即非一切法，是故名一切法。

王日休曰：佛又恐人泥於法，故又呼須菩提而言，所言一切法者，即非真實一切法，但假此以修行耳，非真性中所有，故虛名爲一切法而已。

顔丙曰：如來者，即諸法如義，乃如如不動之意，於是中無實無虛。無實者，向甚處摸索；無虛者，何處不分明，虛實乃斷見常見。大士云：『斷常俱不染。』所以道即非一切法。

李文會曰：謂於諸法心無所得，了諸法空，本無一切法也。《法華經》云『諸法從本來，常自寂滅相』，故古德云：用即知而常寂，不用即寂而常知，方契妙覺，是故名一切法也。㈠

【校記】

㈠衆善堂本無此注條。

川禪師云：上大人，丘乙己。〔一〕頌曰：『是法非法不是法，死水藏龍活潑潑。是心非心不是心，逼塞虚空古到今。衹者是，絶追尋，無限野雲風捲盡，一輪孤月照天心。』

【箋注】

〔一〕上大人，丘乙己：丘，也作孔。内容屬于唐代以來流傳於鄉間的一種兒童習字蒙書。禪宗語録中常見，如《雲門匡真禪師語録》卷上：『師云：「上大人，丘乙己。」進云：「學人不會。」師云：「化三千，七十士。」』

須菩提！譬如人身長大。」須菩提言：『世尊！如來説人身長大，即爲非大身，是名大身。』

王日休曰：須菩提以嘗聞佛説此語，故曉此理，乃呼世尊而答云：如來説人身長大，則非真實大身，是虚名爲大身而已。第十分所言是也。傅本㊀第十分，王本十二分。

【校記】

㊀傅本：戚本作「什本」，誤。「傅」指傅大士。

李文會曰：色身有相，爲非大身；法身無相，廣大無邊，是名大身。黄蘗禪師云：「虚空即法身，法身即虚空。」是名大身也。

川禪師曰：唤作一物即不中。南岳懷讓禪師見六祖，祖問：「什麽處來？」曰：「嵩山來。」祖曰：「是什麽物恁麽來？」曰：「説似一物即不中。」頌曰：「天産英靈六尺軀，能文能武善經書。一朝識破娘生面〔一〕，方信閑名滿五湖。」

【箋注】

〔一〕娘生面：指本來面目，亦即自心、本性、佛性。《景德傳燈録》卷第三十《南岳懶瓚和尚歌》：「莫謾求真佛，真佛不可見。妙性及靈臺，何曾受熏鍊？心是無事心，面是娘生面。劫石可移動，個中無改變。」

『須菩提！菩薩亦如是。若作是言，我當滅度無量衆生，即不名菩薩。』

王日休曰：梵語菩薩，此云覺衆生，佛又呼須菩提而言，菩薩亦如是者，此如是乃指上文，蓋謂覺衆生者，亦非爲真實，亦如大身之不爲真實，徒虚名而已。何則？真性中豈有覺衆生哉。惟有佛謂之覺，覺即真性也。若作是言者，此是言乃指下文，謂我當滅度無量衆生，即不名菩薩者，謂以衆生爲有，而我乃化之成佛，而得滅度，如此見識，則不可名之爲覺衆生，以一切衆生於真性中本無，惟從業緣中現，故不可以爲有也。

李文會曰：即不名菩薩者，二乘之人若有煩惱妄想，不能除滅，即同凡夫。滅色取空，不了色性，即非菩薩。《净名經》云『色性自空，非色滅空』，如病眼人見空中花，無有是處。傅大士云：『名因共業變，萬象即㊀微生。若悟真空色，翛然獨㊁有名。』㊂

【校記】

㊀即：《傅大士夾頌》作『積』，亦可。

㊁獨：《傅大士夾頌》作『去』，後者意義似更勝。

㊂此頌爲《依他頌》，乃智者五頌之一，咸本和衆善堂本皆無，應爲李文會注中所引。

何以故？須菩提！實無有法名爲菩薩。

王日休曰： 佛又自問，何故上文之意，謂一切衆生爲有者，不名爲覺衆生乎？乃呼須菩提而自答云：實無有法名爲覺衆生者。謂真性中實無法以名爲覺衆生也。且修行而至於菩薩者，誠賴佛所説之法，故知修行之理，而此言實無有法者，特謂真性中無此法耳。

李文會曰： 實無有法名爲菩薩者，一切空寂，本來不生，不見有生死，不見有涅槃，不見有善惡，不見有凡聖，不見一切法，是名見法。正見之時，了無可見，即是菩薩，故云實無有法名爲菩薩。

是故佛説一切法，無我、無人、無衆生、無壽者。

王日休曰： 是故者，謂上文所言之故也。乃謂實無有法名爲覺衆生之説也。佛説一切法，無我、無人、無衆生、無壽者，謂佛説諸法，皆謂我人衆生壽者本無有也。此四者統而言之，皆謂之衆生。此衆生既本無有，烏得有覺衆生乎？

陳雄曰： 上文言實無有法，尚何有法可説耶？然佛本無言説，其所説者，不過真空無相。《維摩經》云『法無衆生，離衆生垢故；法無有我，離我垢故；法無壽命，離生死故；法無有人，前後際斷故』，此真空無相法也。佛説一切法者此耳，外此則我佛無所説。

顔丙曰： 色身長大，争奈有生滅，有限量，即非大身。若造作此言，我當滅度無量衆生，即不名菩薩。迷則佛衆生，悟則衆生佛，實無有法名爲菩薩，是故佛説一切法，無四相可得。

川禪師曰： 唤牛即牛，呼馬即馬。頌曰：『借婆衫子拜婆門，禮數周旋已十分。竹影掃階塵不動，月輪穿海㊀水無痕。〔一〕』

【校記】

㊀月輪穿海：道川《金剛經注》作『月穿潭底』，亦可。

【箋注】

〔一〕《五燈會元》載雲峰志璿禪師上堂云：『聲色頭上睡眠，虎狼群裏安禪。荆棘林内翻身，雪刃叢中遊戲。竹影掃堦塵不動，月穿潭底水無聲。』

須菩提！若菩薩作是言：我當莊嚴佛土，是不名菩薩。

《疏鈔》云： 言佛土者，心土也。佛土無相，云何莊嚴，若有莊嚴，法即是增。

陳雄曰： 以定慧之寶，莊嚴心佛土者，菩薩也。不言其功，而人莫見其迹。以金珠之寶，莊嚴世間佛土者，凡夫也。自言其功，而常急於人知。《文殊般若經》云『爲一切衆生發大莊嚴，而心不見莊嚴之相』，菩薩如是，豈肯自言其功哉。若作是言，是四種相未除，即凡夫之見，其誰名爲菩薩耶？

李文會曰： 我當莊嚴佛土，是不名菩薩者，《妙定經》〔一〕云：若人造作白銀精舍滿三千大千世界，雖有無量布施福德，謂心有能所，即非菩薩。不如一念無能所心，所得功德，勝前功德百千萬倍。

【箋注】

〔一〕《妙定經》：即《最勝妙定經》，疑僞經，藏經中未收録，敦煌文獻中有遺存。

何以故？如來説莊嚴佛土者，即非莊嚴，是名莊嚴。

肇法師曰： 此明不達法空，取莊嚴浄土，故非菩薩，復明離相無爲，莊嚴佛土也。

王日休曰： 此與第十分之意同，傅本㊀第十分，王本十一分。於此再言者，爲續來聽者説，故兼説下文也。

【校記】

㊀傅本：底本作『溥本』，戚本作『什本』，據前文改。

陳雄曰：如來所説者，莊嚴心佛土也。心佛土本來清净無相，何假莊飾？故云即非莊嚴。常人以莊嚴爲莊嚴，而如來則以非莊嚴爲莊嚴，有妙莊嚴存焉，是則所以名其爲莊嚴。故《净土論》〔一〕云：『備諸珍寶性，具足妙莊嚴。』世人著世間佛土，而不知反。佛前言而此復言，救弊云爾。

【箋注】

〔一〕《净土論》：即《往生净土論》，又名《無量壽經優波提舍》。

顔丙曰：心常清净，不染世緣，是爲莊嚴佛土也。雖曰莊嚴，不可作莊嚴相，故曰即非莊嚴，但强名而已。

李文會曰：即非莊嚴是名莊嚴者，實無有法可得阿耨多羅三藐三菩提，實無有法名爲菩薩，豈復取莊嚴相如是？即逍遥自在，無纖毫罣礙。云何是莊嚴，云何不是莊嚴？故云即非莊嚴，是名莊嚴也。

須菩提！若菩薩通達無我法者，如來説名真是菩薩。

王日休曰：據《楞伽經》説二無我，謂人無我與法無我也。人無我者，謂人無本體，因業而生；法無我者，謂法無本體，因事而立。若作富貴之業，則生於富貴中；作貧賤之業，則生於貧賤中，是人無本體也。若因欲渡水，則爲舟楫之法，因欲行陸，則爲車輿之法，是法本無體也。一切法皆因事而立，即是假合，假合即爲虚妄，若信此理而悟解之，是真菩薩之見識，故云如來説名真是菩薩。

顏丙曰：通達無我法者，直下大悟，如漆桶底脱，四通八達，廓然無我，我身既無，何更有法，人法雙忘，衹這真是菩薩，更莫别求。

李文會曰：通達無我法者，於諸法相無所滯礙，是名通達。若作有所能解，是名我相。若作無所能解，湛然清浄，是名無我，故云真是菩薩。僧問馬祖：『作何見解，即得達道？』答云：『自性本來具足，但於善惡事上不滯，方唤作修道人㊀。取善捨惡，觀空入定，皆屬造作。更若向外馳求，轉疏轉遠，一念妄想，便是三界生死根本。但無一念，是除生死根本，即得法王無上珍寶。』〔一〕

【校記】

㊀方唤作修道人：底本作『方唤作道人的』，語意不暢，據《江西馬祖道一禪師語録》和衆善堂本改。

【箋注】

〔一〕此段對話，出自《江西馬祖道一禪師語録》。

傅大士頌曰：人與法相待，二相本來如。法空人是妄，人空法亦祛。人法兩俱實，授記可非虛。一切皆如幻，誰言得有無。

川禪師曰：寒即普天寒，熱即普天熱。〔一〕頌曰：『有我元無我，寒時燒軟火〔二〕。無心似有心，半夜拾金針〔三〕。無心無我分明道，不知道者是何人，呵呵。』

【箋注】

〔一〕《五燈會元》卷第十五德山緣密圓明禪師上堂：『俱胝和尚，凡有扣問，祇竪一指：「寒則普天寒，熱則普天熱。」』

〔二〕軟火：指文火。寒山有詩曰：『寒到燒軟火，飢來煮菜喫。不學田舍翁，廣置田莊宅。』

〔三〕金針：唐馮翊《桂苑叢談・史遺》中記載，傳説鄭侃女采娘七夕時乞巧於織女，織女遺以金針，謂當得奇巧，采女的刺繡技能果然巧奪天工。後用以比喻高明的技巧、秘訣。禪林常用來指接引學人的機鋒、禪機。《黄龍慧南禪師語録》：『示衆云：「江南之地，春寒秋熱。近日已來，滴水滴凍。」僧問：「滴水滴凍時如何？」師云：「未是衲僧分上事。」云：「如何是衲僧分上事？」師云：「滴水滴凍。」復云：「諸上座，且作麽生會？」良久云：「鴛鴦繡出從君看，莫把金針度與人。」』

一體同觀分第十八

須菩提！於意云何？如來有肉眼不？』『如是，世尊！如來有肉眼。』『須菩提！於意云何？如來有天眼不？』『如是，世尊！如來有天眼。』『須菩提！於意云何？如來有慧眼不？』『如是，世尊！如來有慧眼。』『須菩提！於意云何？如來有法眼不？』『如是，世尊！如來有法眼。』『須菩提！於意云何？如來有佛眼不？』『如是，世尊！如來有佛眼。』

日月殊光如來解曰： 言肉眼者，照見胎卵濕化，色身起滅因緣也。言天眼者，照見諸天宮殿，雲雨明暗，五星二曜，旋伏因緣也。言慧眼者，照見衆生慧性深淺，上品下生，輪迴托陰因緣也。言法眼者，照見法身遍充三界，無形無相，盡虛空，遍法界因緣也。言佛眼者，照見佛身世界無比，放光普照，破諸黑暗，無障無礙，圓滿十方，尋光見體，知有涅槃國土也。此五眼如來，其中若有上根上智之人，能識此五種因緣，即名爲大乘菩薩也。

陳雄曰：《華嚴經》云：『肉眼，見一切色故；天眼，見一切衆生心故；慧眼，見一切衆生諸根境界故；法眼，見一切法如實相故；佛眼，見如來十力故。』一是處非處如實力，二知三世報業力，三知諸禪解脱三昧力，四知衆生諸根上下力，五知衆生種種欲力，六知世間種種性力，七知一切道至力，八得夙命智力，九得天眼能觀一切力，十得漏盡智力。《大般若經》所謂清净五眼是也。世尊設五眼之問，須菩提皆答以有如是之理，可謂善問答矣。

顔丙曰： 化身觀見爲肉眼，普照大千爲天眼，智燭常明爲慧眼，了諸法空爲法眼，自性常覺爲佛眼。有僧問尊宿云：『觀音菩薩用許多手眼作麽？』尊宿云：『通身是手眼。』〔一〕若人於這裏薦得，一眼也無，豈更落三落四。然雖如是，須是個漢始得，能具足此五眼者，唯自性如來也。五眼，《度世品經》〔二〕云：『佛言隨世開化，入於五道而净五眼。一肉眼，處於世間，現四大身，因此開化，度脱衆生。二天眼，諸天在上，及在世間，未識至道，示以三乘。三慧眼，其不能解智度無極，皆開化之，使入大慧。四法眼，其在褊局，不能恢泰，悉開化之，解法身一無去來，令平等三世。五佛眼，其迷惑者，不識正真，陰蓋（蓋者，遮也。）所覆，譬如睡眠，示以四等四恩之行，布施持戒忍辱精進，一心智慧，善權方便，進退隨宜，不失一切，令發正真道意。』

【箋注】

〔一〕此乃唐代雲巖曇晟禪師與道吾圓智禪師之問答，尊宿即道吾。事見《五燈會元》卷第五。

〔二〕《度世品經》：西晋竺法護譯，即《華嚴經・離世間品》之异譯。

李文會曰：一切凡夫皆具五眼，而被迷心蓋覆，不能自見，若無迷心妄念，如得翳障退滅，五眼開明，見一切色也。内外空寂，名爲肉眼；見自真性，是法平等，名爲天眼；見自性中，般若之智，名爲慧眼；見諸色相，心不動摇，見一切法，無一切法，見一切相，無一切相，是名法眼；見前際無煩惱可斷，中際無自性可守，後際無佛可求，三際〔一〕清净，是名佛眼。又云若以無相爲法身者，名爲慧眼；而見如來指空論有，假立名相，名爲法眼；而見如來若了有無，即非有無，二邊寂滅，全體法身周遍法界者，具足佛眼，而見如來。

【箋注】

〔一〕三際：過去、現在、未來三世。

傅大士頌曰：天眼通非閡，肉眼閡㊀非通。法眼唯觀俗，慧眼直緣空。佛眼如千日，照异體還同。圓明法界内，無處不含㊁容。

【校記】

㊀此處兩個『閡』字，《傅大士夾頌》作『礙』，亦可。
㊁含：《傅大士夾頌》作『鑒』，亦可。

川禪師云：盡在眉毛下。頌曰：『如來有五眼，張三祇一雙。一般分皂白，的的別青黄。〔一〕其間些子爻訛處，六月炎天下雪霜。』

【箋注】

〔一〕分皂白、別青黄：指辨別是非曲折。《白雲端和尚語録》卷第二：『上堂云：「一法不明，翳汝眼睛。」拈起拄杖云：「者個豈不是眼睛。八萬四千法門，無一點影子；八萬四千法門，門門解脱，作麼生翳得伊。祇如每日見山見水，分別青黄赤白，不是伊又作麼生見。」乃卓拄杖一下云：「瞎。」』

『須菩提！於意云何？恒河中所有沙，佛説是沙不？』『如是，世尊！如來説是沙。』『須菩提！於意云何？如一恒河中所有沙，有如是沙等恒河，是諸恒河所有沙數，佛世界如是，寧爲多不？』『甚多，世尊！』

六祖曰：恒河者，西國祇洹精舍側近之河，如來說法，常指此河爲喻。佛說此河中沙，一沙況一佛世界以爲多不？須菩提言甚多，世尊。

王日休曰：恒河中所有沙，有如是沙等恒河者，謂一粒沙爲一恒河也。是諸恒河所有沙數佛世界如是者，是諸恒河謂一粒沙，爲一恒河，如此恒河中所有之沙，則不勝其多矣。佛世界如是者，謂世界如是之多也。此其爲多，不在所言矣。然而佛又以問須菩提者何也。亦以廣坐說法，欲人先明了於心，故不厭其詳復，而將爲下文之說也。佛世界者，謂凡一大世界，必有一佛設化，故凡大世界，皆謂之佛世界。

顏丙曰：以沙數世界，言其多也。有如是等恒河，是諸恒河所有沙者。等者，比也，將如此沙，比恒河之多，又將諸多恒河中之沙，而數佛世界，佛舉此以問，如是寧爲多不？須菩提答云：甚多。

僧若訥曰：明諸恒河中沙，一沙爲一世界，舉此爲問。

李文會曰：恒河沙數者，欲明衆生有種種妄念，故舉無窮之沙以爲喻耳。《楞嚴經》云：『琉璃光法王子，觀世間衆生，皆是妄緣風力所轉，觀世動時，觀身動止，觀心動念，諸動無二，等無差別。此群動性，來無所從，去無所至，十方微塵，顛倒衆生，盡同一虛妄也。』

佛告須菩提：『爾所國土中，所有衆生，若干種心，如來悉知。

王日休曰： 所有衆生，謂彼世界中凡有之衆生，乃一切衆生也。其衆生之心，如來所以悉知者，以此心爲妄想，乃自真性中現，既生此妄想心，自佛觀之，則有形相矣。有形相，故可得而知也。若寂然如虚空，則無得而知矣。且所謂他心通者，六通：天眼通，徹視大千；天耳通，洞視十方；他心通，悉知種類；宿命通，達三世事；神境通，形無窒礙；如意通，任運自在。謂彼既起心念，則此可得而知也。聞有人把棋子於手中，令他心通者觀之，則知其爲棋子，以己知爲棋子故也。然己則不知其數之多寡，使彼言之，則亦不知其數，以己不知其數故也。由是言之，若一起心念，則如有形相，故可得而知。如佛者，豈止他心通而已哉。故無量衆生，一起心念，皆悉知見，無足疑也。

顔丙曰： 若干，乃幾多之意，若幾多心，如來悉知，心鏡一明，無不遍知。㊀

【校記】

㊀戚本此條注文位於經文『所以者何？須菩提！過去心不可得，現在心不可得，未來心不可得』之下。

僧若訥曰： 若干者，若，如也。干，數也。顔師古云：設數之辭也。〔二〕若干有二種，一世間凡夫心，二出世間聖人心，如來盡能知之，故名正遍知也。

【箋注】

〔一〕《漢書·食貨志》：『又民用錢，郡縣不同：或用輕錢，百加若干；或用重錢，平稱不受。』顏師古注曰：『若干，且設數之言也。』

李文會曰：若干種心，如來悉知者，眼耳鼻舌身意，若起心動念處，皆是國土，於國土中，所有衆生，若干種種差別之心，心數雖多，總名妄心，既覺是妄，故云悉知。

川禪師云：曾爲浪子㊀偏憐客，慣愛貪杯識醉人。〔一〕頌曰：『眼觀東南，意在西北〔二〕。將謂猴白，更有猴黑。〔三〕一切衆生一切心，盡逐無窮聲與色。喝〔四〕！』

【校記】

㊀浪子：道川《金剛經注》作『蕩子』，亦可。

【箋注】

〔一〕曾爲浪子偏憐客，慣愛貪杯識醉人：指苦口婆心地指引衆生修行。《宗鑒法林》卷九載徑山琇禪師云：『盡道百丈口吞佛祖、眼蓋乾坤，未免拖泥帶水，殊不知曾爲浪子偏憐客，自愛貪杯惜醉人。』

〔二〕《圓悟佛果禪師語録》卷第十九曰：『眼觀東南，意在西北，撥轉天關，掀翻地軸。法身向上法身邊，間氣英靈五百年。膠漆相投箭相拄，南山起雲北山雨。』

〔三〕《圓悟佛果禪師語録》卷第十九曰：『將謂猴白，更有猴黑，互換投機，神出鬼没。烈焰亘天佛説法，亘天烈焰法説佛。風前剪斷葛藤窠，一言勘破維摩詰。』

〔四〕喝：禪家尤其是臨濟宗用來接引學人的言語施設。

何以故？如來説諸心皆爲非心，是名爲心。

六祖曰：爾所國土中所有衆生，一一衆生，皆有若干差別，心數雖多，總名妄心，識得妄心非心，是名爲心。

顔丙曰：如來説諸心，實無心可得，故曰非心，但强名曰心。㈠

【校記】

㈠戚本此條注文位於經文『所以者何？須菩提！過去心不可得，現在心不可得，未來心不可得』之下。

李文會曰：覺妄之心，即是非心。本無妄念，不起妄心，即是自性本心，故云是名爲心。即是菩薩心，亦名涅槃心，亦名大道心，亦名佛心。故臨濟禪師云：『若一念心能解縛，此是觀音三昧法。』〔一〕

【箋注】

〔一〕《鎮州臨濟慧照禪師語録》：『問：「如何是四種無相境？」師云：「爾一念心疑被地來礙，爾一念心愛被水來溺，爾一念心嗔被火來燒，爾一念心喜被風來飄……有一般學人，向五臺山裏求文殊，早錯了也。五臺山無文殊，爾欲識文殊麼？祇爾目前用處，始終不异，處處不疑，此個是活文殊。爾一念心無差別光，處處總是真普賢，儞一念心自能解縛，隨處解脱，此是觀音三昧法。」』

川禪師云：病多諳藥性。〔一〕頌曰：『一波纔動萬波隨〔二〕，似蟻循環豈了期〔三〕。咄〔四〕！今日爲君都割斷，出身方號丈夫兒。』

【箋注】

〔一〕《圓悟佛果禪師語録》卷第二：『上堂云：「雪竇道：義出豐年，儉生不孝，於衲僧門下是放行是把住？若人道得，老僧分半院與伊住。」師云：「雪竇病多諳藥性，經効始傳人。個中或有知豐知儉知放行知把住底，亦何必分半院與伊住……」』

〔二〕比喻謀一事物纔啓動就引起了連鎖反應，出自船子和尚《撥棹歌》。《五燈會元》卷第五載船子和尚偈曰：『千尺絲綸直下垂，一波纔動萬波隨。夜静水寒魚不食，滿船空載月明歸。』

〔三〕宋施護譯《佛説護國尊者所問大乘經》卷第四：『如是慈悲牟尼主，常愍輪迴六道中。如蟻循環無了期，引彼愚盲得正路。』

〔四〕咄：禪林行業語，乃呵斥性感嘆語氣，具有驚醒之意。

所以者何？須菩提！過去心不可得，現在心不可得，未來心不可得。

肇法師曰：聞説諸心，謂有實心，故須破遣，明三世皆空。故《論》云：『過去已滅，未來未起，現在虚妄。』〔一〕三世推求，了不可得。

【箋注】

〔一〕此句可能出自《大智度論》。《大智度論》卷第四十八曰：『此樂亦無住處，未來未有，過去已滅，現在不住，念念皆滅。』

《疏鈔》云：未覺不知，隨時流轉，故有三世。若悟真一之心，即無過去現在未來。若有過去心可滅，即是自滅；若有未來心可生，即是自生；既有生有滅，即非常住真心，即爲依他心，虚妄心，若一念有生滅心，即成六十二種邪見〔一〕，九百種煩惱。

【箋注】

〔一〕六十二種邪見：即六十二見，指古印度外道所執之六十二種錯誤見解。

王日休曰：常住真心，即真性也。是以自無量無數劫來，常一定而不變動，豈有過去未來現在哉。若有過去未來現在，則爲妄想，此三心是也。且若飽而未欲食，則飲食之心爲未來；飢而正欲食，則欲食之心爲現在；食畢而放匕箸，則欲食之心爲過去。是此心因事而起，事過而滅，故爲妄想也。不可得者，謂無也。言此三心本來無有，乃因事而有耳。《圓覺經》所以言『六塵緣影，爲自心相』者，謂衆生以六種塵緣之影，爲自己之心相也。

僧若訥曰：《本生心地觀經》云：『如佛所説，唯將心法爲三界主，心法本源㊀，不染塵穢，云何心法染貪嗔痴？於三世法，誰説爲心，過去心已滅，未來心未至，現在心不住。諸法之内性不可得，諸法之外相不可得，諸法中間都不可得。心法本來無有形相，心法本來無有住處。一切如來尚不可見心，何况餘人得見心法。』

【校記】

㊀源：《大乘本生心地觀經》卷第八作『無』，似亦可。

顔丙曰：謂思念前事者，爲過去心；思念今事者，爲現在心；思念後事者，爲未來心，三念總放下著，謂之不可得。《經》云『前念後念及今念，念念不被邪見染』〔一〕，此爲三心不可得。古云『一念不生全體現』〔二〕，亦謂三際俱斷，三念俱妄，了不可得。

【箋注】

〔一〕此經即《壇經》，其《懺悔第六》曰：『從前念今念及後念，念念不被愚迷染。』

〔二〕《五燈會元》卷第六《青原下五世·石霜諸禪師法嗣》載張拙秀才所作開悟頌曰：『光明寂照遍河沙，凡聖含靈共我家。一念不生全體現，六根纔動被雲遮。斷除煩惱重增病，趣向真如亦是邪。隨順世緣無罣礙，涅槃生死等空花。』

傅大士頌曰：依他一念起，俱爲妄所行。便分六十二，九百亂縱横。《法華經》二卷〔一〕，世尊偈言：『薄德少福人，衆苦所逼迫。入邪見稠林，若有若無等。依止此諸見，具足六十二。』《毗婆沙論》云：『六十二見者，五藴中各起四見，四五二十，三世各二十，通爲六十。斷常二見爲根本㊀，摠爲六十二見。且於色藴中，即色是我，離色非我，我中有色，色中有我，五藴中具有此四。』《疏鈔》解『三心』云：『若一念有生滅心，即成六十二種邪見，九百種煩惱。』過去滅無滅，一作不滅。當來生不生。常能作此觀去聲，真妄坦然平。晁文元公遇高士劉惟一，訪以生滅之事。劉曰：『人常不死。』公駭之。劉曰：『形死性不滅。』〔二〕是知此性歷劫長存。

【校記】

㊀斷常二見爲根本：咸本作『身即是神，身與神二見』。

【箋注】

〔一〕二卷：據其所引偈，實出《法華經》之《方便品第二》。

〔二〕晁迥遇劉惟一事，見《居士分燈録》卷上、《名公法喜志》卷第三等。

川禪師曰：低聲低聲，直得鼻孔裏出氣。頌曰：『三際求心心不見，兩眼依然對兩眼。不

須遺劍刻舟尋，雪月風花常見面〔一〕。』㊀

【校記】

㊀川禪師此頌，衆善堂本置於圓悟禪師頌之後。按照楊圭的編排體例，川禪師頌皆置於所有注家之後，有總結之意義。此處戚本之後還有『《未曾有經》云……』一段注文，疑爲小字夾注。

【箋注】

〔一〕《禪宗頌古聯珠通集》卷第二十一或庵體禪師頌曰：『之乎者也，雪月風花。頭面各別，事同一家。』

《未曾有經》云：妙吉祥菩薩因見一人，言：『我造殺業，決墮地獄，如何救度？』菩薩即化一人，亦曰：『我造殺業，決墮地獄。』前人聞已，言我亦然。化人告之，唯佛能救。相隨共詣。化人白佛，我造殺業，怖墮地獄，願佛救度。佛即告言：『如汝所説造殺業者，汝從何心而起業相，爲過去耶？未來耶？見在耶？若起過去心者，過去已滅，心不可得；若起未來心者，未來未至，心不可得；若起見在心者，見在不住，心不可得。三世俱不可得故，即無起作。無起作故，於其罪相何所見耶？善男子，心無所住，不在内外中間；心無色相，非青黄赤白；心無造作，無作者故；心非幻化，本真實故；心無邊際，非限量故；心無取捨，非善惡故；心無轉動，非生滅故；心等虚空，無障礙故；心非染浄，離一切數故。善男子，作是觀者，即於一切法中，求心不可得。何以故？心之自性，即諸法性，諸法性空，即真實性。由是義故，汝今不應妄生怖畏。』是時化人聞佛説法，即白佛言：『我今得悟罪業性空，不生怖畏。』爾時實造業者，亦白佛言：『我今得悟罪業性空，而不復生怖畏之想。』〔二〕

【箋注】

〔二〕出自宋法天譯《佛説未曾有正法經》卷第五。

李文會曰：謂三世心無性可得，故可從緣而生。肇法師云：『聞説諸心，謂有實心，故須破遣。明三世皆空，故云過去已滅，未來未起，現在虚妄，三世推求，了不可得。』㊀故云若悟無法無相無事平常真心，即法體空寂，不生不滅，湛然清浄，豈有前念今念後念可得也。

【校記】

㊀『肇法師云』此句，與前文重複，應爲李文會注中所引。

馬祖云：『道不用修，但莫汚染。何謂汚染，但有生死造作趣向，皆是汚染。若欲直會其道，平常心即是道。何謂平常心？無造作，無是非，無取捨，無憎愛，無凡聖。是故《經》云：「非凡夫行，非聖賢行，是菩薩行。」〔一〕』〔二〕趙州問南泉云：『如何是道？』泉云：『平常心是道。』圓悟禪師頌曰：『欲識平常道，天真任自然。行船宜舉棹，走馬即加鞭。若遇飢來飯，還應困即眠。盡從緣所得，所得亦非緣。』㈠

【校記】

㈠據《禪宗頌古聯珠通集》卷第十八所載，此頌應爲佛鑒慧懃之頌。

【箋注】

〔一〕出自《維摩詰所説經·文殊師利問疾品》，但『聖賢』，後者作『賢聖』。

〔二〕出自《江西馬祖道一禪師語録》。

法界通化分第十九

須菩提！於意云何？若有人滿三千大千世界七寶以用布施，是人以是因緣，得福多不？』『如是，世尊！此人以是因緣，得福甚多。』『須菩提！若福德有實，如來不説得福德多，以福德無故，如來説得福德多。

自在力王如來解曰：此雖如是布施，祇是有礙之寶，不是無爲清净功德，是故如來不説多也。若有菩薩，以盧舍那〔一〕身中七覺菩提〔二〕，持齋禮赞，從其心燈，化生功德，不生不滅，堅如金剛，乘香花雲，入無邊界，起光明臺，供養十方一切諸佛，此是無爲功德，見性之施，化爲菩薩。頌曰：『廣將七寶持爲施，如來不説福田多。若用心燈〔三〕充供養，威光遍照滿娑婆。』

【箋注】

〔一〕盧舍那：指盧舍那佛。梵語 Locanabuddha，即報身佛，表示證得了絕對真理，獲得佛果而顯示佛智的佛身。

〔二〕七覺菩提：又稱七覺支、七覺分、七覺意等，略稱七覺。乃三十七道品中第六品之行法。意謂七種能助菩提開展智慧的方法，分別爲念覺支、擇法覺支、精進覺支、喜覺支、輕安覺支、定覺支、捨覺支。

〔三〕心燈：喻指心靈。心靈能照見一切，静而不昧，故以燈比喻之。晋譯《華嚴》卷第五十六：『如來觀察彼王及諸眷屬白毫相中放大光明，名曰一切衆生心燈。』

《疏鈔》云：若據捨大千珍寶布施，其福極多，若執著希望福德，有餘則有盡。故云：若福德執實有，如來不説得福德多。此是反釋之義，言以福德無者，無希望心也。既無希望，即爲無住相施，是名無爲福，若依無住無爲而施者，故如來説得福德多。

僧若訥曰：福有者，取相也。福無者，離相也。離相故稱性，性如虚空，其福無量。

顔丙曰：假使盡世界七寶布施，此乃人天小果，有漏之因，終不免輪迴，畢竟有墮落，不足爲多。以福德無故，此其所以爲多也。所謂無之一字，趙州教人見性看話頭，自云狗子還有佛性無？應云無。〔一〕祇將這無字，貼向鼻頭上，崖來崖去，久久自然有個入頭處，是則是，切不得作無字會。

【箋注】

〔一〕禪宗公案。典出趙州從諗禪師。《宏智禪師廣録》卷第一：『又僧問：「狗子還有佛性也無？」州云：「無。」僧云：「一切衆生皆有佛性，爲甚狗子却無？」州云：「爲他有業識在。」師云：「趙州道有，趙州道無。狗子佛性，天下分疎。」』

僧微師曰： 世尊召云須菩提，若能施之人，以妄識爲本，修布施行，即取著能所者，以爲實有此福，即成顛倒。如來不説此福德多，以福德無故者。若能施之人，以佛智爲本，修布施行，悉皆離相，不見福爲實有，即非顛倒，如來説此人福德甚多。

智者禪師頌曰： 三千大世界，七寶滿其中。有人持布施，得福也如風。猶勝慳貪者，未得達真宗。終須四句偈，知覺證全空。㊀

【校記】

㊀此頌，《傅大士夾頌》中有，《傅大士頌》中無。

李文會曰： 凡夫住相布施七寶，希求福利，此是妄心，所得福德，不足爲多，不如净妙無住之福，無得之德，同於虛空，無有邊際。

川禪師云： 猶勝別勞心。頌曰：『羅漢應供薄，象身七寶珍。〔一〕雖然多濁富，争似少清貧。〔二〕罔象〔三〕祇因無意得，離婁〔四〕失在有心親。』

【箋注】

〔一〕羅漢應供薄，象身七寶珍：典出《雜譬喻經》：『昔迦葉佛時有兄弟二人，出家俱爲沙門，兄好持戒坐禪，一心求道而不好布施；弟好布施修福而喜破戒。釋迦文出世，其兄值佛出家修道即得羅漢，而獨薄福，常患衣食不充，與諸伴等游行乞食，常獨不飽而還。其弟生象中，爲象多力能却怨敵，爲國王所愛，以好金銀珍寶瓔珞，其身封數百户邑，供給此象隨其所須。』《龍舒增廣净土文》卷九《福慧説》云：『修福不修慧，象身掛瓔珞。修慧不修福，羅漢應供薄。』

〔二〕《五燈會元》卷第八『泉州招慶院道匡禪師』：『問：「如何是招慶家風？」師曰：「寧可清貧自樂，不作濁富多憂。」』

〔三〕罔象：中國古代傳説中的一種水怪。

〔四〕離婁：謂刻意修飾。

離色離相分第二十

須菩提！於意云何？佛可以具足色身見不？』『不也，世尊！如來不應以具足色身見。

陳雄曰：色身者，三十二相也。具足者，無一而虧欠也，備三十二行而具足是相。三十二行，法身中有之，欲見法身如來，識自本心，見自本性足矣，豈應見於具足色身也哉。

何以故？如來説具足色身，即非具足色身，是名具足色身。』

陳雄曰：《壇經》云『皮肉是色身』，《華嚴經》云『色身非是佛』，觀此則知肉身無如來，殊不知有生如來存焉；知色身非法身，殊不知有妙色身存焉。《華嚴經》又云『清净妙色身，神力故顯現』，曰妙色身，則現一切色身三昧，便是法身如來，即非具足色身可知，以非具足色身，而名爲具足色身者，蓋得其所以具足色身故也。

『須菩提！於意云何？如來可以具足㊀諸相見不？』『不也，世尊！如來不應以具足諸相見。何以故？如來説諸相具足，即非具足，是名諸相具足。』

【校記】

㊀足：底本作『之』，誤。

陳雄曰：《楞伽經》云：『相者，若處所形相，色像等現，是名爲相。』此言諸相者，種種變現，神通之相也。又不止於三十二相而已。如來離色離相，以净行則具足三十二，以智慧則具足八萬四千，具足三明、六神通、八解脱，〔一〕《法華經》三卷云：佛於天人大衆之中，説是法時，六百萬億那由他人，皆得三明六通，具八解脱。此之具足，即非諸相之所謂具足也。然此之具足，乃其實也。而諸相具足，特其華耳，充其實則其華必副之，是以有諸相具足之名。

【箋注】

〔一〕三明、六神通、八解脱：皆是阿羅漢所具之德。《撰集百緣經》卷第三：『鬚髮自落，法服著身，便成沙門，精勤修習，得阿羅漢果，三明六通，具八解脱，諸天世人，所見敬仰。』三明，指宿命、天眼和漏盡明；六（神）通，指天眼通、天耳通、他心通、宿命通、神足通和漏盡通；八解脱，又名八背舍，即八種背棄舍除三界煩惱的繫縛的禪定。其名目繁雜，不詳述。

顔丙曰：佛，覺也。覺性如虛空，不應以具足色身見，唯見性人，方知即非色身。如夫子毋我〔一〕，顔子坐忘〔二〕是也。自性如來，不應以具足諸相見，性尚不可得，又何有諸相，故以即非之説爲掃除之。

【箋注】

〔一〕典出《論語・子罕》。

〔二〕典出《莊子・大宗師》。

王日休曰：此分與第五分、第十三分之意同〔一〕，於此再言者，爲續來聽者説也。傅本㊀十三分，王本十六分。

【校記】

㊀傅本：戚本作『什本』，誤。

【箋注】

〔一〕按三十二分目所劃分，『如理實見分第五』『如法受持分第十三』分目下之經文内容與此處經文意思相同。

李文會曰：心既空寂，湛然清浄，豈有色身諸相可得。凡夫既不著有，即著於空，有此斷常二見。謂觀空莫非見色，觀色莫不皆空，即是具足色身，具足諸相，非具足也。空色一如，有無不异，方可能觀。無身而見一切身，無相而見一切相，是名色身具足，諸相具足也。

僧問趙州：『狗子有佛性麽？』州云：『狗子無佛性。』進云：『蠢動含靈，皆有佛性，爲什麽狗子無佛性？』州云：『爲他有業識在。』夫有業識之人，種種著於有，起諸妄想者，此名顛倒知見；種種落於空，都無所悟者，此名斷滅知見。宿有善根之人，無此顛倒斷滅二病，而能洞曉空趣，此名正真知見。若悟此理，乃可隨時著衣喫飯，長養聖胎，任運過時，更有何事？四祖謂牛頭融禪師〔一〕云：『百千妙門，同歸方寸。恒沙功德，總在心源。一切空門，一切慧門，一切行門，悉皆具足。神通妙用，衹在你心〔一〇〕。』業障煩惱，本來空寂。一切果報，性相平等。大道虚曠，絶思絶慮。如是之法，無欠無餘。與佛無殊，更無别法。但衹令心自在，莫懷妄想，亦莫歡欣，莫起貪嗔，莫生憂慮，蕩蕩無礙，任意縱横，不作諸善，不作諸惡，行住坐卧，觸目遇緣，皆是佛之妙用。

【校記】

㊀祇在你心：《宗鏡録》作『并在汝心』。

【箋注】

〔一〕牛頭融禪師：牛頭宗開祖法融（五九四—六五七）。

祖印明禪師云：『養就家欄水牯牛〔一〕，自歸自去有來由。如㊀今穩坐深雲裏，秦不管兮漢不收。』

【校記】

㊀如：《禪宗頌古聯珠通集》作『而』，亦可。

【箋注】

〔一〕水牯牛：禪宗公案，用以比喻自心自性。《景德傳燈録》卷第九：『師上堂示衆云：「老僧百年後向山下作一頭水牯牛，左脅書五字云『潙山僧某甲』，此時喚作潙山僧，又是水牯牛；喚作水牯牛，又云潙山僧。」』

傅大士頌曰：八十隨形好，相分三十二。《般若經》第十卷言八十種好，文繁不録。應物萬般形，理中非一异。人法兩俱遣，色心齊一棄。所以證菩提，實由諸相離去聲。

川禪師云：官不容針，私通車馬。〔一〕頌曰：『請君仰面看虛空，廓落無邊不見蹤。若解轉身些子力，頭頭物物總相逢。〔二〕』

【箋注】

〔一〕官不容針，私通車馬：本意指法律森嚴，不容一絲含糊，却可私下通融。禪林多用來喻指接引學人時可隨機應物，靈活采用多種方便法門。《鎮州臨濟慧照禪師語録》：『潙山問仰山：「石火莫及，電光罔通。從上諸聖將什麽爲人？」仰山云：「和尚意作麽生？」潙山云：「但有言説，都無實義。」仰山云：「不然。」潙山云：「子又作麽生？」仰山云：「官不容針，私通車馬。」』

〔二〕轉身：指悟道。些子：指一點兒。《圓悟佛果禪師語録》卷第六云：『升座云：「正令已行十方同應，獻華借水全藉傍人，還有共相證明底麽？」僧問：「唱罷御樓一曲，高升浮玉孤峰，未過揚子江，如何道得接手句？」師云：「風不來樹不動。」進云：「祇這裏何异妙峰頂？」師云：「吹毛寶劍當頭截。」進云：「忽若德雲比丘出來道個隔，和尚如何轉身？」師云：「也則摸索不著。」進云：「争奈處處無回互，頭頭不讓機。」』

非説所説分第二十一

『須菩提！汝勿謂如來作是念，我當有所説法。莫作是念，何以故？若人言如來有所説法，即爲謗佛，不能解我所説故。

李文會曰： 心既清净，語默皆如，遇緣即施，緣散即寂。張無盡云：『非法無以談空，非人無以説法。』㊀此謂不同生滅之心有法可説也。若有生滅心在而説法者，是教一切人不能得見自性，謂之謗佛，但無生滅心，方可説法。

川禪師云： 是即是，大藏小藏從甚處得來〔一〕。頌曰：『有説皆爲㊀謗，無言亦不容。爲君通一綫，日出嶺東紅。』

【校記】

㊀此句出自張無盡《金剛經三十二分説》，原作『非法無以談空，非會無以説法』。

【校記】

㊀爲：川禪師《金剛經注》和戚本皆作『成』，亦可。

【箋注】

〔一〕《景德傳燈録》卷第十四：『石頭希遷大師，端州高要人也……稟遺命謁于廬陵青原山思禪師，乃攝衣從之。一日思問師曰：「有人道嶺南有消息？」師曰：「有人不云云。」曰：「若恁麼大藏小藏從何而來？」師曰：「盡從遮裏去，終不少他事。」思甚然之。』大藏小藏，指佛教經典。

須菩提！說法者，無法可說，是名說法。』

王日休曰：若人言如來有所說法，即爲謗佛者，謂佛本不說法，以真性無法可說，若以爲佛本說法，即爲志在於法耳，佛豈志在於法哉？此所以爲謗佛，所以爲不能解佛所說之故也。佛又呼須菩提而言說法者實無有法，謂本來無法，特爲衆生去除外妄而說耳，此法豈真實哉？衆生既悟，則不用此法矣，故但虛名爲說法而已。此分與第七分言無有少法如來所得之意大略同，亦與十三分所謂無有少法如來所說之意同。傅本㊀在十三分，王本在十五分。然此再舉者，後㊁

詳言之，亦爲續來聽者説也。

【校記】

㈠傳本：戚本作『什本』，誤。

㈡後：戚本作『欲』，衆善堂本作『復』，語義皆可通。

顔丙曰：終日喫飯，不曾咬著一粒米，終日著衣，不曾掛著一莖絲，所以我佛横説直説，四十九年未嘗道著一字，唯同道方知，若言如來有所説，即爲謗佛，不能解會我所説，直饒説得天花亂墜，也落在第二著。唯能坐斷十方，打成一片，非言語可到，是名真説法也。所以道：牆壁瓦礫，説禪浩浩。前輩頌云：也大奇，也大奇，無情説法不思議，若將耳聽終難會，眼處聞聲方得知。

謝靈運曰：教傳者，説法之意也。向言無説，非杜默而不語，但無存而説，則説滿天下，無乖法理之過。無存，謂不著諸相，心無所住也。㈠

【校記】

㈠戚本無此條注文。

傅大士云：相寂名亦遣，心融境亦亡。去來終莫見，語默永無妨。智入圓成理，身同法性常。證真還了俗，不廢是津梁。㊀

【校記】

㊀此頌爲《圓成頌》，咸本無此頌。

川禪師云：兔角杖，龜毛拂。〔一〕頌曰：『多年石馬放毫光，鐵牛哮吼入長江。虚空一喝無蹤迹，不覺潛身北斗藏〔二〕。且道是説法，不是説法。』

【箋注】

〔一〕兔角杖，龜毛拂：與『龜毛兔角』同義。後者前文已出注。

〔二〕潛身北斗藏：《雲門匡真禪師廣録》卷上：『問如何是透法身句？師云：「北斗裏藏身。」』指法身非身，法身又無處不在。此處指佛所説法即非法，又處處都是法。

爾時，慧命須菩提，

《疏鈔》云：爾時，當起問之時也。言慧命者，善現達佛智海，入深法門，悟慧無生，覺本源之命非去非來，故曰慧命須菩提。

陳雄曰：慧命須菩提，見於《法華經·信解品》。慧以德言，命以壽言，即長老之异名也。

顔丙曰：慧命者，具智慧性也。故曰天命之謂性。

白佛言：『世尊！頗有衆生，於未來世，聞説是法，生信心不？』佛言：『須菩提！彼非衆生，非不衆生。何以故？須菩提！衆生衆生者，如來説非衆生，是名衆生。』

《疏鈔》云：佛言彼非衆生者，皆具真一之性，與佛同源，故曰非衆生。言非不衆生者，背真逐妄，自喪己靈，故曰非不是衆生。

王日休解第二分云：命者壽之意，壽者老之意，其言慧命者，以須菩提既得慧眼，且年高矣。須菩提於此問：『頗有衆生，於未來世，聞説是法，生信心不？』佛言彼非衆生非不衆生者，恐聽法者誤認衆生以爲實有，故曰彼非衆生，謂自業緣中現，業盡則滅，豈有真實衆生也。然亦有衆生之身現在，此又不可謂之非衆生，故曰非不衆生，但非真實而爲虚幻耳。佛又自問云何以故者，謂何故非不衆生？乃呼須菩提而自答云：衆生衆生者，謂凡爲衆生者，則所謂一切衆生也。如來説非衆生，是名衆生者，謂一切衆生，佛皆以爲非真實衆生，但虚名爲衆生而已，此佛自言也。而又言如來説者，豈非諸佛亦如是説乎？

顔丙曰： 須菩提問佛：『衆生於未來世，聞説是法，生信心不？』佛答曰『彼非衆生非不衆生』者，蓋衆生屬有，不衆生屬無，彼衆生性，本同太虚，不落有無二見，如來説非衆生，但假名衆生。故佛嘗曰：『我不敢輕於汝等，汝等皆當作佛。』我佛未嘗輕衆生也如此。

智者禪師頌曰： 不言有所説，所説妙難窮。有説皆爲謗，至道處其中。多言無所解，默耳得三空。三空，即見第一分。又《疏鈔》云：『有無中道，亦曰三輪體空。』智覺刹那頃，無生無始終。《俱舍》等論，謂時之最少，名一刹那；一百二十刹那，名一怛刹那；六十怛刹那，名一羅婆；三十羅婆，名一牟呼栗多，亦云須臾；三十牟呼栗多，爲一晝夜。㊀

【校記】

㊀此頌《傅大士夾頌》中有，《傅大士頌》中無。

川禪師曰： 火熱風動，水濕地堅。〔一〕曰：『指鹿豈能成駿馬，言烏誰謂是翔鸞。〔二〕雖然不許纖毫异，馬字驢名幾百般。』靈幽法師加此『慧命須菩提』六十二字，是唐長慶二年，今在濠

州鐘離寺石碑上記，六祖解在前，故無解，今亦存之。〔三〕

【箋注】

〔一〕火熱風動，水濕地堅：萬物因緣而生，即物緣性。宋遵式《注肇論疏》卷第二曰：『遷者動也，即變易義。今俗諦門中略有三義，故萬物不能遷易，一明物性，二明物相，三明物時。火熱風動、水濕地堅等即緣性不可易，天尊地卑、山高水澄、聖凈凡染等即緣相不可易，古今朝暮、刹那前後蓋時不可易。』《南岳石頭和尚參同契》云：『四大性自復，如子得其母。火熱風動摇，水濕地堅固。眼色耳音聲，鼻香舌鹹醋。然依一一法，依根葉分布。』（見《景德傳燈録》卷第三十）

〔二〕指鹿成馬，指鳥爲鸞：指混淆是非、顛倒黑白。指鹿成馬，典出《史記·秦始皇本紀》，説趙高駕鹿而行，當着秦二世的面却説是馬，二世從之。指鳥爲鸞之典故，《資治通鑑》有記載：隋朝親衛校尉高德儒，在洛陽西苑看見孔雀，却稱其爲鸞鳥祥瑞。

〔三〕『靈幽法師』此句，出自六祖《金剛經解義》。此處所説『六十二字』，指從『爾時，慧命須菩提』至『是名衆生』這段經文，即世所傳之『冥世偈』。唐五代以前所傳之什譯本《金剛經》，無此六十二字，晚出本則有。《宋高僧傳·唐上都大温國寺靈幽傳》：『釋靈幽，不知何許人也。僻静淳直，誦習惟勤，偶疾暴終，杳歸冥府。引之見王，問：「修何業？」答曰：「貧道素持《金剛般若》已有年矣。」王合掌，屢稱善哉。俾令諷誦。幽吮脣播舌，章段分明。念畢，王曰：「未盡善矣。」「何耶？」「勘少一節文，何貫華之綫斷乎？師壽命雖盡，且放還人間十年，要勸一切人受持斯典。如其真本，即在濠州鍾離寺石碑上。」如是已經七日而蘇。幽遂奏，奉勅令寫此經真本，添其句讀，在「無法可説是名説法」之後是也。』江味農《金剛般若波羅蜜經講義》書後所附《金剛經校刊記》提出：『此六十二字，秦譯本無之，乃後人據魏譯增入者。故《肇注》乃至《纂要》，皆未釋及，惟《贊述》已引魏譯加入釋之。大約唐時或加或不加，至五代以後本，則無不加入耳。』

李文會曰：此則魏譯偈也。長慶中僧靈幽入冥所，指魏譯則存，秦譯則無也。謂言若敬信佛法，即著聖見，非衆生也。若不信佛法，即著凡夫見，非不衆生。若起此二見者，是不了中道也。須是令教凡聖皆盡，不住兩頭，方是正真見解，故云衆生衆生者，如來説非衆生是名衆生也。

無法可得分第二十二

須菩提白佛言：『世尊！佛得阿耨多羅三藐三菩提，爲無所得耶？』佛言：『如是，如是，須菩提！我於阿耨多羅三藐三菩提，乃至無有少法可得，是名阿耨多羅三藐三菩提。

王日休曰：此分與第七分大概同，於此再言者，爲續來聽者説也。佛言如是如是者，蓋深許其言之當也。阿耨多羅三藐三菩提無有少法可得者，謂性中無有少法可得，無有所得，則蕩然空空，是不可以形相求，不可以言説求也，但説名爲無上正等正覺而已。

陳雄曰：《壇經》云：『妙性本空，無有一法可得。』既無一法可得，寧須㊀有菩提可證耶？我佛無得無證，無名可名，是以强名曰阿耨菩提。

【校記】

㊀須：戚本和衆善堂本皆作『復』，亦可。

顏丙曰：有法可得，是名法縛，無法可得，方名解脱。須菩提以無所得之辭而告世尊，世尊即以如是如是而證據之。佛又云：我於無上正等正覺，乃至無少法可得，虛名而已。

智者禪師頌曰：諸佛智明覺，覺性本無涯。佛因有何得，所得爲無耶？妙性難量比，得理即㊀無差。執迷不悟者，路錯幾河沙。㊁

【校記】

㊀即：《傅大士夾頌》作『則』，亦可。

㊁此頌《傅大士夾頌》中有，《傅大士頌》中無。

李文會曰：若有少法可得，亦是著相。誌公〔一〕云：『但有纖毫即是塵，舉意便遭魔所擾。』《經》〔二〕云：『若人㊀欲識佛境界，當浄其意如虛空。』學道之人，但於一切諸法無取無捨，見如不見，聞如不聞，心如木石，刮削并當，令内外清浄，方是逍遥自在底人。《法句經》云：雖終日見，猶爲無見，雖終日聞，猶爲無聞。〔三〕草堂清和尚云：『擊石乃出火，火光終不然。碧潭深萬丈，直下見青天。』〔四〕逍遥翁云：内覺身心空，外覺萬事空，破諸相訖，自然無可執，無可爭，此謂禪悦。所謂大明了人，勿令有秋毫許障礙，微塵許染著，堅久不渝，便是無上士、不動尊〔五〕也。

【校記】

㈠人：唐實叉難陀譯《大方廣佛華嚴經》卷第五十作『有』。

【箋注】

〔一〕誌公：即梁朝高僧寶志。

〔二〕此經指《八十華嚴》。

〔三〕此經文不見傳世本《法句經》，出處俟考。

〔四〕草堂清和尚：指北宋黄龍派禪師靈源惟清。又，是頌《禪宗頌古聯珠通集》卷第三十六亦輯入。

〔五〕不動尊：泛指佛菩薩，不爲煩惱所動，被世人所尊，故有此稱。有時特指不動尊菩薩。

琪禪師云：『念念釋迦出世，步步彌勒下生。分別現文殊之心，運用動普賢之行。門門而皆出甘露，味味而盡是醍醐。不出旃檀之林，長處華藏之境。若如此也，行住坐卧，觸目遇緣，雖應用千差，且湛然清浄。』〔一〕

【箋注】

〔一〕出自宋彦琪《證道歌注》而有所删改。

川禪師云：求人不如求己。頌曰：『滴水生冰信有之，緑楊芳草色依依。春花秋月無窮事，不妨閑聽鷓鴣啼。』㊀

【校記】

㊀戚本無此條注文。

净心行善分第二十三

復次，須菩提！是法平等，無有高下，是名阿耨多羅三藐三菩提。

王日休曰： 六本皆作是法平等無有高下，然此所謂是法，乃真性也。真性豈可謂之法哉，强名曰法耳，上自諸佛，下至蠢動含靈，其真性一同，故云平等無有高下，謂色身則有高下，真性則無高下也。㊀

【校記】

㊀此條注文咸本置於下條經文後。

謝靈運曰： 結成菩提義也。人無貴賤，法無好醜，蕩然平等，菩提義也。

肇法師曰： 明此法身菩提，在六道中亦不減下，在諸佛心中亦不增高，是名平等無上菩提。《真武説報父母恩重經》〔一〕云：『物不能平物，惟水不動，則可以平物；物不能等物，惟權衡之公，則可以等物。平則無高無下，等則無重無輕。』

【箋注】

〔一〕《真武説報父母恩重經》：道教經典，即《玄天上帝説報父母恩重經》，撰人不詳，出自《正統道藏》洞神部本文類。但此處所引之文字并不出自該經。或是别有所據。此條應不是一單獨注條，疑爲小字夾注。

李文會曰：是法平等無有高下者，凡夫不見自性，妄識分别，自生高下，謂佛是高，衆生是下。菩薩了悟人法二空，上至諸佛，下至螻蟻，皆有佛性，無所分别，故一切法皆平等，豈有高下也。黄蘗禪師云：『若觀佛作清净光明解脱之相，觀衆生作垢濁暗昧生死之相，作此解者，歷恒河沙劫，終不能得阿耨菩提。』又云：『心若平等，不分高下。即㊀與衆生諸佛世界山河，有相無相遍十方界。一切平等，無彼我相，此本源清净心，常自圓滿，光明遍照也。』〔二〕傅大士云：『水陸同真際，飛行體一如。法中何彼此，理上豈㊁親疏。自他分别遣，高下執情除。了斯平等性，咸共入無餘。』㊂

【校記】

㊀『即』之前，《黄蘗山斷際禪師傳心法要》作『是法平等，無有高下，是名菩提。即此本源清净心』。

㊁豈：底本原作『起』，《傅大士夾頌》、衆善堂本及底本後文皆作『豈』，意似更勝，故據改。

㊂傅大士此頌與『須菩提！所言善法者，如來説即非善法，是名善法』經文後所引重複，戚本此處無。應爲李文會注所引之内容。

【箋注】

〔一〕皆出自《黄蘗山斷際禪師傳心法要》。

以無我、無人、無衆生、無壽者，

王日休曰：所以名爲無上正等正覺者，以真性中本無我人衆生壽者，此四者乃妄緣中現，而真性則平等，豈有四者之异哉，故名爲無上正等正覺也。

修一切善法，即得阿耨多羅三藐三菩提。

王日休曰：一切善法，乃佛接引衆生悟明真性之法也。依此法修行，即得無上正等正覺之真性。此真性我本有之，豈可謂之得哉。蓋凡言得者，皆謂自外而得，此則非自外而得，故不可謂之得，然此則言得者，蓋不得已而强名曰得耳。

李文會曰：修一切善法者，若不能離諸相而修善法，終不能得解脱，但離諸相而修善法，即得阿耨多羅三藐三菩提也。又云：若人於一切事無染無著，於一切境不動不摇，於一切法無取無捨，於一切時常行方便，隨順衆生，令皆歡喜，而爲説法，令悟菩提真性，此即名爲修善法也。

川禪師云：山高水㊀深，日生月落。頌曰：『僧是僧兮俗是俗，喜則笑兮悲則哭。若能於此善參詳，六六從來三十六〔一〕。』

【校記】

㊀水：道川《金剛經注》和戚本皆作『海』，亦可。

【箋注】

〔一〕《趙州和尚語録》卷下：『問：「僧什麽處來？」云：「雲居來。」師云：「雲居有什麽言句？」云：「僧問羚羊掛角時如何？」雲居云：「六六三十六。」師云：「雲居師兄由在。」僧却問：「未審和尚尊意如何？」師云：「九九八十一。」』

須菩提！所言善法者，如來說即非善法，是名善法。

王日休曰：佛又呼須菩提，而謂所言善法者即非善法，謂本來無此善法，乃假此以開悟衆生耳，故但虛名爲善法而已。

顔丙曰：兩頭話有三十六對，善與惡對，有與無對，生與死對，去與來對，動與靜對，語與默對，勝與負對，高與下對，不作兩頭見，是爲平等法。亦名無上正等正覺，以無四相心，修一切善法，即得阿耨多羅三藐三菩提。所謂即非善法者，蓋凡夫執惡，聲聞著善，若不離善法，又落兩頭機，豈爲平等。

傅大士頌曰：水陸同真際〔一〕，飛行體一如。子榮曰：水陸同真際者，總標四生有情之本，皆有一真之性，故云飛行體一如。今據經云『是法平等，無有高下』，故此頌亦總四生而言之也。水之所産，陸之所生，水陸雖不同，而一性之真際則未嘗不同也。有翼者能飛，有足者能行，飛行雖不一，而一性之本體則未嘗不一也。法中何彼此，理上豈親疏。性中所有之法，曾何彼此之間，性中所具之理，豈有親疏之殊。自他分別遣，自者，己也。他者，人也。自己他人妄生分別者，皆當遣去。《圓覺經》曰：『自他身心。』注云：『自之身心，即我相也。他之身心，即人相也。』〔二〕又曰：『自他㊀憎愛故。』注云：『於自則愛，於他則憎。』〔三〕高下執情除。妄分高下而生執著之情，亦當除之。了斯平等性，咸共入無餘。《經》曰『是法平等，無有高下』，有人若能了悟平等之性，則咸共入於無餘涅槃矣。寒山詩曰：『佛性元平等，總有真如性。但自審思量，不用閑争競。』。

【校記】

㊀他：底本作『性』，《圓覺經》、咸本、衆善堂本皆作『他』，今據改。

【箋注】

〔一〕真際：真如實際之略稱。指斷絶相對差別之相，呈現平等一如的真如法性之理體。《仁王護國般若波羅蜜多經・觀如來品》：『以諸法性即真實故，無來無去，無生無滅，同真際、等法性，無二無別，猶如虚空。』

〔二〕〔三〕語出宋孝宗皇帝《御注圓覺經》卷下。

李文會曰：不住相故，即非善法，無漏福故，是名善法。《法華經》云『初善中善後善』者，初謂發善心時，須是念念精進，不生疑惑懈怠之心；中謂常修一切善法，令悟真性，不著諸法相也；後謂即破善法，直教一切善惡凡聖，無取捨憎愛之心，平常無事，故云即非善法，是名善法也。古德云：『了取平常心是道，飢來喫飯困來眠。』[一]又云：常平等心，如此廣大，妙觀察智，如日光明，體用及此，是佛境界。

【箋注】

〔一〕出自《圓悟佛果禪師語録》卷第六。

川禪師云： 面上夾竹桃花，肚裏侵天荆棘。頌曰：『是惡非惡，從善非善。將逐符行，兵隨印轉。有時獨上㊀妙高峰，却來端坐閻王殿。見盡人間祇點頭，大悲手眼多方便。』㊁

【校記】

㊀上：道川《金剛經注》作『立』，亦可。

㊁戚本無此頌。

福智無比分第二十四

須菩提！若三千大千世界中，所有諸須彌山王，如是等七寶聚，有人持用布施。

《疏鈔》云：大千世界中，所有須彌山王，上至忉利天，下至昆侖際，若有將七寶如須彌山高，持用布施，獲福不可知數。問：還有過此福者不？下文答。

僧微師曰：佛召云：須菩提！且如一四天下，則有一須彌山，若據三千大千世界，所有百億須彌山，是衆山之最，故言山王。

若人以此《般若波羅蜜經》，乃至四句偈等，受持讀誦，爲他人說，於前福德百分不及一，百千萬億分乃至算數譬喻所不能及。

《疏鈔》云：若於無住般若，受持真四句偈，及書寫誦念，爲他人演說，如是等人，所得功德，不可稱計。何以故？悟性圓融，不斷有爲而證無爲，不除妄想而趣真常，達第一義，於一念之間，得無爲福，無爲福德，量等虛空，不可思議。故經云：於前捨須彌山珍寶布施福德，若比無爲福，百千萬億倍，不及一倍。

王日休曰：此言所有諸須彌山王，如是等七寶聚布施，而不可以比受持演説之功者，以彼則世間福，終有時而受盡，此則爲出世間福，愈增長而終無窮故也。

陳雄曰：佛以性上福德爲最上，以身中七寶爲希有，儻七寶滿三千大千世界之多，等須彌山之高大，有能持以布施，則其福德，想不下於須彌山。今有人焉，持誦真經并四句偈㊀，説與他人，是修自性上福德，是聚自身中七寶，回視多施七寶之福，萬萬不侔。五祖曰：『自性若迷，福何可救？』〔一〕六祖曰：乘船永世求珠，不知身是七寶。二佛之言，皆爲世人不修身修性，徒施寶以爲求福之道。

【校記】

㊀偈：底本原作『渴』，形近而誤，今據戚本和衆善堂本改。

【箋注】

〔一〕出自《六祖大師法寶壇經·行由第一》。

顏丙曰：此一分專較量福德輕重，若有人將七寶比於須彌山王布施，所得福德，比之持經之人，百分不及一分。况持經之人，又能悟四句偈等，受持讀誦，爲他人説，不特自利，又且利他，如此福德無量，有百千萬億分，乃至不可算數譬喻，正如寒山云：『無物堪比倫，教我如何説。』

李文會曰：聚七寶布施，如三千大千世界中須彌山王，所得無量無邊功德，此爲住相布施，終無解脱之期。不如受持讀誦此經，乃至四句偈等，所得無住相净妙功德，勝前功德百千萬倍。

傅大士頌曰：施寶如沙數，唯成有漏因。不如無我觀去聲，了妄乃名真。欲證無生忍，要假離貪嗔。人法知無我，逍遥出六塵。

川禪師曰：千錐劄〔一〕地，不如鈍鍬一捺。頌曰：麒麟鸞鳳不成群，尺璧寸珠〔二〕那入市。逐風之馬不并㈠馳，倚天長劍人難比。乾坤不覆載，劫火不能壞。凜凜威光混太虚，天上人間總不如㈡。噫！

【校記】

㈠并：道川《金剛經注》作『競』，亦可。

㈡如：道川《金剛經注》作『知』，亦可。

【箋注】

〔一〕劄（zhā）：同『扎』，鑽之意。

〔二〕尺璧寸珠：直徑一尺的大璧和直徑一寸的大珠，極其珍貴之意。宋李處權《謝徐獻送款識刻》：『煙塵翳没咸陽道，尺璧寸珠沉野草。』

化無所化分第二十五

須菩提！於意云何？汝等勿謂如來作是念：我當度衆生。須菩提！莫作是念。何以故？實無有衆生如來度者，

僧若訥曰：如來雖設法施，廣度衆生，而不作是念。故誡云：汝等勿謂也。莫作是念者，重誡也。度無度相，能所一如。故《論》偈云『平等真法界，佛不度衆生』。〔一〕

【箋注】

〔一〕論：此指天親菩薩所造《金剛般若波羅蜜經論》，偈見是論卷下。

李文會曰：實無有衆生如來度者，如來不見有衆生可度。又云：謂諸衆生起無量無邊煩惱妄想，於一切善惡凡聖等見，有取捨分别之心，迷情蓋覆菩提之性，佛出於世，教令覺悟，降六賊，斷三毒，除人我，若能了悟人法二空，無諸妄念，心常空寂，湛然清凈，更不停留纖毫滯礙，即是見性，實無衆生可化度也。石霜禪師云：『休去歇去，古廟香爐去，枯木寒灰去，一念萬年去，如大死人去。』若能如此用心，安有不成道乎？

若有衆生如來度者，如來即有我人衆生壽者。

王日休曰： 佛謂須菩提云，汝等勿謂如來作是念：我當度衆生。又呼須菩提而再言曰莫作是念。何以故者，以實無衆生如來所度。謂一切衆生，皆是妄緣中現，其實無有，若言有衆生如來所度，即是執著於有我人衆生壽者也。

僧若訥曰： 若見有可度者，即同凡夫有我執也。

李文會曰： 若有衆生如來度者，即有我人衆生壽者者，人人具足，個個圓成，本來是佛，與佛無异。〔一〕圓悟禪師云：『赤肉團上，人人古佛家風。毗盧頂門，處處祖師巴鼻。若也恁麽返照，凝然一段光明。非色非心，非内非外，行棒也打他不著，行喝也驚他不得，直得净裸裸，赤灑灑，是個無生法忍，不退轉輪，截斷兩頭，歸家穩坐。正當恁麽時，不須他處覓，衹此是西方。』〔二〕傅大士云：『夜夜抱佛眠，朝朝還共起。起坐鎮相隨，語默同居止。纖毫不相離，如身影相似。欲識佛去處，衹這語聲是。』〔三〕衆生但爲業障深重，與佛有殊，若能回光返照，一刀兩段，即便見自性也。若不因佛經教，一切衆生無因自悟，憑何修行，得至佛地。此是如來無所得心，故云若有衆生如來度者，即有我人衆生壽者相也。

【校記】

㊀此條注文，衆善堂本作『若有衆生如來度者，如來即有四相。佛之不度衆生者，以人人具足，個個圓成，本來是佛，與佛無异』，似更爲通暢。

㊁出自《圓悟佛果禪師語録》卷第六而文字有所删減。

㊂此頌并非出自《傅大士頌金剛經》。但《明覺禪師語録》卷第一、《古尊宿語録》卷第二十五等，皆記載爲『傅大士頌』，可能是附會之作。

川禪師云：春蘭秋菊，各自馨香。頌曰：『生下東西七步行，人人鼻直兩眉横。哆啝〔一〕悲喜皆相似，那時誰更問尊堂，還記得在麽。』

【箋注】

〔一〕哆啝：又作哆哆啝啝。指口中咿呀出聲。喻指口中頌經，心中却不解經意。《景德傳燈録》卷第十八載玄沙師備曰：『仁者莫祇是記言記語恰似念陀羅尼相似，蹋步向前來，口裏哆哆啝啝地，被人把住詰問，著没去處便嗔道，和尚不爲我答話。恁麽學事大苦！』

須菩提！如來說有我者，即非有我，而凡夫之人以爲有我。

僧若訥曰：如來既無我人等相，云何有時稱我，須知假名稱我，對所度衆生，隨時㊀說我。

【校記】

㊀時：戚本作『世』，亦通。

李文會曰：有我者即是凡夫，非我者隨處作主，應用無方。故云：凡是佛因，佛是凡果。《境界經》云：『三世諸佛，皆無所有，唯有自心。』既明因果無差，乃知心外無法。二乘之人執有我相，欲離生死而求涅槃，欲捨煩惱而求滅度，是捨一邊，不了中道，乃同凡夫行也。

須菩提！凡夫者，如來說即非凡夫，是名凡夫。

王日休曰：佛又呼須菩提而言凡夫者，謂非有真實凡夫，但虛名爲凡夫而已，此所謂隨舉隨掃也。上言凡夫，是之謂舉；下必言無真實凡夫，是之謂掃。與其掃之，曷若不舉？蓋不舉則無以明其理，譬如過渡而不用筏者也；不掃則恐人泥其說，譬如到岸而不登，乃住於筏上者也。此所以必舉之而又必掃之。

僧若訥曰：因上如來説我釋非凡夫，却見佛與凡夫有隔，於是止㊀泯，則聖凡平等，故云即非凡夫。

【校記】

㊀止：戚本和衆善堂本皆作『亡』，似亦可。

顔丙曰：當人自性自度，迷來悟度，邪來正度，從上諸佛言句，但爲指出路頭，須是自行自履，豈由他人。所以道：實無衆生如來度者。若有可度，是如來有四相。如來乃見性人也，所以無我。凡夫未見性人也，所以我相未忘。佛又恐人落分別界，故曰即非凡夫，所以見如來凡夫本同一性，不容分別。

智者禪師頌曰：衆生修因果，果熟自然圓。法船自然度，何必要人牽。恰似捕魚者，得魚忘却筌。若道如來度，從來度幾船。經上文曰：實無有衆生如來度者，一切衆生本來是佛，何生可度。㊀

【校記】

㊀此頌《傅大士夾頌》中有，《傅大士頌》中無。

李文會曰：即非凡夫者，一念清净，非凡非佛，故云即非凡夫，凡夫亦空，迷者妄執，但無執著，即一切清净耳。

川禪師云：前念衆生後念佛，佛與衆生是何物。頌曰：『不見三頭六臂，却能拈匙放箸。有時醉酒罵人，忽爾燒香作禮。手把破沙盆，身披羅錦綺。做模打樣百千般，驀鼻〔一〕牽來祇是你。嗄！』

【箋注】

〔一〕驀鼻：用繩子穿過牛鼻，乃牧牛之法，禪林用來喻指調伏心意之法。《大慧普覺禪師法語》卷第十九：『昔潙山問嬾安：「汝十二時中，當何所務？」安云：「牧牛。」山云：「汝作麽生牧？」安云：「一回入草去，驀鼻拽將回。」山云：「子真牧牛也！學道人制惡念，當如嬾安之牧牛，則久久自純熟矣。」』

法身非相分第二十六

須菩提！於意云何？可以三十二相觀如來不？』須菩提言：『如是！如是！以三十二相觀如來。』

王日休曰：如來，謂真佛也。第五分已言此意矣。於此再言者，爲續來聽者説，故兼及轉輪聖王之説也。

李文會曰：空生疑謂衆生是有，可化㈠成聖，法身不無，可以妙相而見妙也。

【校記】

㈠化：底本作『他』，形近而誤，今據衆善堂本、洪蓮《金剛經注解》本改。

川禪師云：錯。頌曰：『泥塑木雕縑彩畫，堆青抹緑更裝㈠金。若言此是如來相，笑殺南無觀世音。』

【校記】

㊀裝：道川《金剛經注》、戚本、衆善堂本作『粧』，通。

佛言：『須菩提！若以三十二相觀如來者，轉輪聖王即是如來。』須菩提白佛言：『世尊！如我解佛所説義，不應以三十二相觀如來。』

六祖曰：世尊大慈，恐須菩提執相之病未除，故作此問。須菩提未知佛意，乃言如是如是之言，早是迷心。更言以三十二相觀如來，又是一重迷心，離真轉遠。故如來爲説，除彼迷心。若以三十二相觀如來者，轉輪聖王〔一〕即是如來。轉輪聖王雖有三十二相，豈得同如來。世尊引此言者，以遣須菩提執相之病，令其所悟深徹。須菩提被問，迷心頓釋，故云：『如我解佛所説義，不應以三十二相觀如來。』須菩提是大阿羅漢，所悟甚深，得方便門，不生迷路，以冀世尊除遣細惑，令後世衆生所見不謬也。

【箋注】

〔一〕轉輪聖王：梵語 Cakravartirājan。古印度思想中的理想君王。印度神話中，當這位統一世界的君王出現時，天上會出現旋轉寶輪。轉輪聖王擁有七寶（輪、象、馬、珠、女、居士、主兵臣），具足四德（長壽、無疾病、容貌出色、寶藏豐富），具有和佛陀一樣的三十二相，統一須彌四洲，以正法御世，其國土豐饒，人民和樂。據説釋迦牟尼初生時，有仙人預言，他要麽成爲轉輪聖王，要麽出家修成佛果。

王日休曰： 佛又呼須菩提而言，若以三十二相觀如來者，轉輪聖王即是如來。且轉輪聖王是爲四天王，乃管四天下，正、五、九月照南閻浮提，二、六、十月照西瞿耶尼，三、七、十一月照北欝單越，四、八、十二月照東弗婆提，常如輪之轉，以照四天下，察人間善惡，故名轉輪聖王。以其福業之多，故色身亦具足三十二相，一如佛。佛故謂若以三十二相爲佛，則轉輪聖王亦當爲佛，是不可以三十二相見佛，故繼云『不應以三十二相觀如來』也。

李文會曰： 轉輪聖王即是如來者，佛以近事質之，令其自解。又云：未達我人衆生壽者四相，即是心有生滅，生滅即是轉輪義。王者，心也。雖修三十二净行，生滅心即轉多，終不契清净本來心㊀，故云不應以三十二相觀如來也。

【校記】

㊀生滅心即轉多，終不契清净本來心：衆善堂本作『生滅之心轉展愈多，終不得契本來清净真如之理』。

川禪師云：錯。頌曰：『有相身中無相身，金香爐下鐵昆侖〔一〕。頭頭盡是吾家物〔二〕，何必靈山〔三〕問世尊！如王秉劍㊀〔四〕。』

【校記】

㊀劍：底本原缺，今據道川《金剛經注》、戚本、衆善堂本補。

【箋注】

〔一〕《五燈會元》卷第十一『南岳下六世・灌谿閑禪師法嗣・池州魯祖山教禪師』條載：『問：「如何是雙林樹？」師曰：「有相身中無相身。」曰：「如何是有相身中無相身？」師曰：「金香爐下鐵昆侖。」』

〔二〕《五燈會元》卷第十七『南岳下十三世上・黃龍心禪師法嗣・隆興府雙嶺化禪師』條曰：『上堂。翠竹黃華非外境，白雲明月露全真。頭頭盡是吾家物，信手拈來不是塵。遂舉拂子曰：「會麼？認著依前還不是。」擊禪牀，下座。』

〔三〕靈山：靈鷲山。相傳佛陀曾在靈山建立法會，演説佛法，并向迦葉傳付『正法眼藏』。

〔四〕如王秉劍：一國之君，生殺予奪，隨其心意。禪林藉此説明悟道在於明本心，應當機立斷，不被外物所迷。據《古尊宿語録》卷第十記載，石門山慈照禪師（大鑒下九世嗣首山）曾示衆云：『問答須教起倒全，龍頭蛇尾自欺瞞。如王秉劍由王意，似鏡當臺要絶觀。開口早經千萬里，低頭思慮萬重關。指人若也無正眼，何啻前程作野犴。』

爾時，世尊而説偈言：『若以色見我，以音聲求我，是人行邪道，不能見如來。』

劉虬云：音聲色相，本自心生，分別之心，皆落邪道，若能見無所見，聞無所聞，知無所知，證無所證，體茲妙理，方見如來。《虛皇天尊經》『第四十四章』妙行曰：『妄爲㊀妙相七十二，頂負九色光，諸大仙人以是睹天尊也。天尊曰：「我以非色，汝妄爲色，我以非相，汝妄爲相，若以九色七十二相觀我，即是離無著有，不可與聞無上之義。」』〔二〕

【校記】

㊀『第四十四章』：底本作『章四十四』。此據《太上虛皇天尊四十九章經》『超色相章第四十四』之小標題改，如此語意才通順。另，『妄爲』，後者作『聖王』。

【箋注】

〔一〕語出道典《太上虛皇天尊四十九章經》『超色妙相章第四十四』。是經撰人不詳，似出於隋唐之際。妙行：指妙行真人。

《疏鈔》云：佛言：善現，汝不可以眼見我之法身，何故？法身無色相。云何見得，衆生妙性，亦復如是，不可以見之。又言以音聲求我者，佛之法身，還可耳音而聞，若以耳聞者，亦非法身，如衆生自性，還可以耳聞，若以耳聞者，即非佛性。所以佛言，若以見聞我法身者，是人行邪道，不能見如來。如來法身者，非色非聲，無形無狀，不可以心思，不可以識識，在凡不少，至聖不增，看時不見，悟則全彰。

王日休曰：我謂真我，乃性佛也，此如來亦謂真性之佛。若以色見我，以音聲求我，是人行邪道者，謂真性佛，無形無相，故不可以形色見，亦不可以音聲求，若以形色見，以音聲求，是人所行者乃邪道也。真性乃正，故非邪也。形色音聲則爲邪耳，故以形色音聲求佛，則是所行者邪道，豈可以見正覺常住之真性佛哉？故曰不能見如來。如來，即所謂真我，即所謂性佛也。

僧若訥曰：言我者，此是法身真常净我，隨流布而説，若以色見聲求，心游理外，皆名邪見，不能見法身。肇法師〔一〕所謂『諸相煥目而非形，八音盈耳而非聲』〔二〕。應化非真佛，亦非説法者，法體清净，猶若虚空，無有染礙，不落一切塵境，今且略舉聲色。〔三〕

【校記】

㈠肇法師：底本和戚本『肇法師』後有『云』字，衆善堂本無。從上下文推斷，此處之『云』字應删掉。

㈡此句出自僧肇《金剛經注》，其中『諸相焕目』，肇注作『金容焕眼』。

㈢肇法師此條注文，底本作單獨一注條，戚本和衆善堂本皆非。從上下文推斷，此段應爲若訥之注文。

陳雄曰：我者，我之性也。法身如來，即我性是，視之不見，以色相取不可也。聽之不聞，以音聲求不可也。《華嚴經》云『色身非是佛，音聲亦復然』，又云『不了彼真性，是人不見佛』〔一〕。惟内觀反照，即性而修，則如來得之於方寸之間矣。

顔丙曰：轉輪聖王，外貌端嚴，具足三十二相，然不明佛性，但享頑福，有時而盡。佛言若以三十二相觀如來者，轉輪聖王即是如來。須菩提後聞佛語，方始稱如我解佛義，不應以三十二相觀如來，所以世尊爲説偈言『若以色見我，以音聲求我』，我者，有我相也，不得大自在，欲以形色言音而求見我相者，是人乃行邪道，即非正見。不能見如來者，不能得見此如如之性也。

傅大士頌曰：涅槃含四德〔二〕，唯我契真常。《楞嚴》四卷：『非大涅槃，非常非樂，非我非净。』

注〔三〕云：『非所證法，涅槃四德是也。涅槃是總，四德是別。』齊名八自在〔四〕，獨我最靈長。《懺法》云：『身常覺諸佛涅槃，八自在觸。』非色非聲相，心識豈能量。看時不可見，悟理即形彰。

【箋注】

〔一〕此處經文，分别見《八十華嚴》卷第二十三、第十六。

〔二〕涅槃四德：即常、樂、我、净。達涅槃境界之覺悟爲永遠不變之覺悟，謂之常；其境界無苦而安樂，謂之樂；自由自在，毫無拘束，謂之我；無煩惱之染汙，謂之净。

〔三〕此注指宋釋思坦的《楞嚴經集注》。注文出卷第四。

〔四〕八自在：八大自在。（一）能示一身爲多身；（二）示一塵身滿大千界；（三）大身輕舉遠到；（四）現無量類常居；（五）諸根互用；（六）得一切法無得想；（七）説一偈義，經無量劫；（八）身遍諸處，猶如虚空。《大般涅槃經》卷第二十三即曰：『涅槃無我大自在故，名爲大我。云何名爲大自在耶？有八自在則名爲我。』僧亮注曰：『夫如來藏，我及佛性，體一而義异也。具八自在，爲我義。乘如實道，名爲如來。以不改故，謂佛性也。悉有者，常樂我净，是佛性也。』（見《大般涅槃經集解》卷第十八）

川禪師曰：直饒〔一〕不作聲求色見，亦未見如來在，且道如何得見，不審不審。頌曰：『見色聞聲世本常，一重雪上一重霜。君今要見黃頭老，黃頭老，乃釋迦佛也〔二〕。走入摩耶摩耶夫人，乃釋迦佛母。腹内藏。噫，此語三十年後，擲地金聲〔三〕在。』

【箋注】

〔一〕直饒：縱使，即使。《樂邦文類》卷第五佚名《勸世念佛頌》曰：『直饒唱得行雲墜，不如净口念彌陀。』

〔二〕黃頭老：指釋迦牟尼佛。又作『黃頭』『黃頭老子』。《祖庭事苑》卷第三：『梵云迦毗羅，此言黃頭，以佛生迦毗羅國，就生出而稱佛爲黃頭大士也。』《聯燈會要》卷第一載雪竇頌：『如今要見黃頭老，剎剎塵塵在半途。』

〔三〕擲地金聲：《晉書・孫綽傳》曰：『（孫綽）嘗作《天台山賦》，辭致甚工，初成，以示友人范榮期，云：「卿試擲地，當作金石聲也。」榮期曰：「恐此金石非中宮商。」然每至佳句，輒云：「應是我輩語。」』金石，鐘磬之類的樂器。後用以形容文章辭藻優美。此處指講演佛法精彩絕倫，影響深遠。《圓悟佛果禪師語録》卷第六：『判府延康度疏與師，師接了云：「斷盡現成公案，擲地金聲，發明古剎家風，耀天光彩；出自大手筆，顯示最上乘，正欲四海普聞。」便請僧正宣過。』

無斷無滅分第二十七

『須菩提！汝若作是念，如來不以具足相故，得阿耨多羅三藐三菩提。須菩提！莫作是念，如來不以具足相故，得阿耨多羅三藐三菩提。須菩提！汝若作是念，發阿耨多羅三藐三菩提心者，說諸法斷滅。莫作是念！何以故？發阿耨多羅三藐三菩提心者，於法不說斷滅相。』

此一分經，總是四章。原佛之意，初則反其辭而語須菩提曰：『汝若作是念，如來以具足相故，得阿耨多羅三藐三菩提。』次則正其辭而謂之曰：『莫作是念，如來不以具足相故，得阿耨多羅三藐三菩提。』如下文亦然。初則反其辭而語須菩提曰：『汝若作是念，發阿耨多羅三藐三菩提心者，說諸法斷滅相。』次則正其辭而謂之曰：『莫作是念，發阿耨多羅三藐三菩提心者，於法不說斷滅相。』世本第一章多誤作『如來不以具足相故』，新州印六祖注本、南浦陳氏施本，第一章并無『不』字，於理爲當。王虛中注本、武夷張公綽施本，并作『如來可以具足相故』，其理亦通。壽州石本皆有『不』字，經義尤明。㊀

【校記】

㈠此條注文，底本和戚本皆未標明注家，衆善堂本標作『顔丙』。但下文王日休後即有顔丙注文，楊圭不太可能將其割裂爲兩處。疑此條爲楊圭所加之注。

王日休曰： 諸法斷滅者，謂一切法皆斷之滅之而不用也。相，謂凡法之相也。佛經所謂相者，凡有者皆謂之相，故晝明則謂之明相，夜暗則謂之暗相，經所説之法則謂之法相，非佛經所説之法則謂之非法相，所以於此言不用法而斷滅之者，則謂之斷滅相也。且法者，固不可以泥，然亦豈可以斷滅之哉？譬如渡水，既渡之後，固不須舟楫，未渡之前，豈可無舟楫耶？是故既悟之後，不須佛法，未悟之前，不可以無佛法，所以發求無上正等正覺真性之心者，必須依佛法修行，不可遂斷滅佛法，而謂不用法，故云汝若作是念，發求無上正等正覺真性心者，説諸法斷滅相，不可作是念也。何故不可作是念乎？以發求真性心者，必依佛法以修行，故於法不可斷滅也。

顔丙曰： 此一卷經，雖然祇説無之一字，佛又恐人執著此無，一向沉空滯寂，棄有著無，反成斷滅相，何异《證道歌》云『棄有著空病亦然，還如避溺而投火』？故此一分，專戒人不可斷滅，今人或已悟，或未悟，便以無爲極則，誤汝去在。昔張拙秀才參西堂藏禪師，問：『山河大地，三世諸佛，是有是無？』藏答云『有』。拙云『錯』。藏云：『先輩曾參見什麼人來？』拙云：『參見徑山來，某甲問徑山，皆言無。』藏云：『待先輩得似徑山時，一切皆無即得。』〔二〕大凡未見性人，如何便説一切皆無？所以佛告須菩提：汝莫作是念，如來不以具足相故，得阿耨多羅三藐三菩提，汝若果作是念發心，即是説諸法斷滅相。何故？凡發無上正等正覺心，不可説斷滅相。

智者禪師頌曰：相相非有相，具足相無憑。法法生妙法，空空體不同。斷滅不斷滅，知覺悟深宗。若無人我念，方知是至公。㊀

【校記】

㊀此頌《傅大士夾頌》中有，《傅大士頌》中無。

【箋注】

〔一〕此處所述内容，見《碧巖録》卷第四。西堂藏，指西堂智藏禪師（七三五—八一四）。

李文會曰：如來不以具足相故者，佛恐須菩提落斷滅見，是故令離兩邊。然性含萬法，不自具足，應用遍知，一即一切，一切即一，去來自由，無所罣礙，此法上至諸佛，下至含識，本無欠少，是名具足相也。説諸法斷滅莫作是念者，諸法性空，空即是常，是故不斷不滅，若作念云：無相而有道心者，是斷一切行，滅一切法，此乖中道也。又云：若作有相觀，即是一邊見，若作無相觀，亦是一邊見，若不作有無觀，即見斷滅法，故知真如法性，不是有，不是無，湛然不動，觀與不觀，皆是生滅，故云莫作是念也。於法不説斷滅相者，見性之人，自當窮究此理，若人空心静坐，百無所思以爲究竟，即著空相，斷滅諸法。晁太傅云：諸佛説空法，爲治於有故，若復著於空，諸佛所不化㊀。故云：『大士體空而進德，凡夫説空而退善。』〔一〕當知有爲是無爲之體，無爲是有爲之用也。

【校記】

㊀諸佛所不化：衆善堂本作『捨鷹還逐兔』。

【箋注】

〔一〕語出李師政《辯惑篇》。

川禪師云：翦不齊兮理還亂，拽起頭來割不斷。頌曰：『不知誰解巧安排，捏聚依前又放開。莫謂如來成斷滅，一聲還續一聲來。』㊀

【校記】

㊀咸本無此條注文。

不受不貪分第二十八

須菩提！若菩薩以滿恒河沙等世界七寶持用布施；若復有人知一切法無我，得成於忍，此菩薩勝前菩薩所得功德。

六祖曰： 通達一切法，無能所心，是名爲忍，此人所得福德，勝前七寶之福。

李文會曰： 知一切法無我者，一切萬法，本來不生，本來無我相，所得功德，即非七寶布施等福所能比也。得成於忍者，既知人法無我，則二執不生，成無生忍，此乃勝前七寶布施菩薩。夫萬法本來無性，皆因自己之所顯發，且如眼對色謂之見，耳對聲謂之聞，見聞是根，色聲是塵，色聲未對之時，我性常見常聞，未曾暫滅，色聲相對之時，我性未曾暫生，此是菩薩了悟真性，活潑潑地，洞然同於太虛，所以不曾生滅。凡夫即被妄心所覆，隨六塵轉，即有生滅，故塵起即心起，塵滅即心滅，不知所起滅心皆是妄念也。若見六塵起滅不生，即是菩提。

川禪師云： 耳聽如聾，口説如啞。頌曰：『馬下人因馬上君，有高有下有疏親。一朝馬死人歸去，親者如同陌路人。祇是舊時人，改却舊時行履處。〔一〕』㊀

【校記】

㊀咸本無此條注文。

【箋注】

〔一〕祇是舊時人，改却舊時行履處：指人開悟前後的分別，肉身未變，思想却發生了變化。《古尊宿語録》卷第一百丈懷海禪師講述開悟狀態曰：『未悟未解時名貪嗔，悟了唤作佛慧。故云不异舊時人，祇（按：應爲『祇』。）异舊時行履處。』

何以故？須菩提！以諸菩薩不受福德故。』

王日休曰：以諸菩薩不受福德故者，謂菩薩濟度衆生，無非得福，然菩薩不享世間富貴，但積福於虛空而已，故曰不受福德。積於虛空愈久而不已，直至於成佛，故成佛得其福德如天地廣大，所以佛稱兩足尊〔一〕者，謂福與慧兩者皆足也。

【箋注】

〔一〕兩足尊：梵名 Dvipadottama。又作無上兩足尊、二足尊。爲佛之尊號。

須菩提白佛言：『世尊！云何菩薩不受福德？』『須菩提！菩薩所作福德，不應貪著，是故説不受福德。』

王日休曰：菩薩所作福德不應貪著者，謂菩薩本不爲作福德而度衆生，其福德自然隨之，如人行日中，本不爲日影，而日影自然隨之。若爲作福德而度衆生，則是貪著其福德而欲享受也。爲其非貪著而享受，是故説不受福德。其言是故者，蓋爲不貪之故，所以言不受也。

李文會曰：不貪世間福德果報，謂之不受。又云：菩薩所作福德不爲自己，止欲利益一切衆生，此是無所住心，即無貪著，故云不受福德。

智者禪師頌曰：布施有爲相，三生却被吞。《證道歌》曰：『住相布施生天福，猶如仰箭射虚空，勢力盡，箭還墜，招得來生不如意。』注云：『古德云：人天福報爲三生冤，人罕知之，良由世人因其福力，不明其本，就上增添以此世福恣情娱樂，臨命終時，福盡業在，反墮惡道，受種種苦，故云招得來生不如意也。』〔一〕此頌言布施有爲相，三生却被吞者，其説亦同。三生者，今生後生再後生是也。七寶多行慧，那知捨六根。但離諸有欲，旋棄愛情恩。六根，乃眼耳鼻舌身意，但能離諸有欲，旋即棄捨愛情之恩。旋，疾也，旋，旬緣切。若得無貪相，應到法王門。㊀

【校記】

㊀此頌《傅大士夾頌》中有，《傅大士頌》中無。

【箋注】

〔一〕出自宋彦琪《證道歌注》。

川禪師曰：裙無腰，袴無口。〔二〕頌曰：『似水如雲一夢身，不知此外更何親。個中不許容他物，今付黄梅路上人。』蘄州黄梅縣東，五祖弘忍大師，傳法與六祖慧能。

【箋注】

〔二〕《古尊宿語録》卷第十四載趙州從諗禪師《十二時歌》曰：『鷄鳴丑，愁見起來還漏逗，裙子褊衫個也無，袈裟形相些些有。裩無腰，袴無口，頭上青灰三五斗，比望修行利濟人，誰知變作不唧溜。』

威儀寂静分第二十九

須菩提！若有人言如來若來、若去、若坐、若卧，是人不解我所説義。

《疏鈔》云：佛言，若有人言如來有來有去、有坐有卧，即不解佛意也。何故？衹如衆生妙性，還有來去坐卧否？衆生亦如是，如來亦如是，行住坐卧四威儀中，常住寂滅，若有動者，即云不解所説義。

何以故？如來者，無所從來，亦無所去，故名如來。

《疏鈔》云：如來者，來而無來，去而不去，住而不住，非動非静，上合諸佛，下等群生，一性平等，故號如來。

王日休曰：此分三言如來，皆謂真性佛也。若有人言如來若來若去，若坐若卧，是人不解我所説義者，真佛無相，故不可以若來若去若坐若卧形容之。若可以形容者，則是有相，故此人不曉解我所説義也。何以故者，佛又自問何故不解我所説義乎，乃自答云：我所謂如來者，謂真佛也。真佛既無形相，又遍虛空世界，豈有去來哉？故云無所從來，亦無所去。其言故名如來者，謂真性自如而無所不可，凡其所現，乃隨衆生業緣而來現。其實則遍虛空世界而未嘗有去來，此所以名之曰如來而已，而其言如來者，亦强爲之名耳，真性不可以形容故也。詳見第二分與此後分。

陳雄曰：如來現千百億化身，演真空無相法，如鏡中像，無生滅義，故人不知其何所從來，亦不知其何所從去。《華嚴經》云：『正㊀覺無來處，去亦無所從。清浄妙色身，神力故顯現。』《三昧經》云：『亦無來相，及以去相，不可思議。』六祖云：『諸法空寂，是如來清浄坐。』無住云：身心寂滅，是如來卧處，然則來去坐卧，又孰得而輕議哉？今有人焉，輒言如來具四威儀，所見謬甚，夫何了得如來所説真空義趣？《圓覺經》著真空之説曰：『雲駛音史，疾也月運，舟行岸移。』蓋謂月未嘗運，岸未嘗移，真如體性，未嘗作止任滅，皆人謬見耳。

【校記】

㊀正：底本作『上』，形近而誤，此據唐實叉難陀譯《華嚴經》卷第二十三之偈而改。

顔丙曰：行住坐卧，謂之四威儀，見性能行持人，所謂行住坐卧，常若虛空，若人言如來尚屬來去坐卧，是人不解會所説義理。何故？如來者，如如本性也。本無動静，所以無去無來，故假名如來。昔肅宗皇帝詔國一禪師〔一〕入內道場，師見帝起身，帝曰：『禪師何必見寡人起身？』曰：『檀越〔二〕何得以四威儀中見貧道？』如此步步行持，謂之寂靜。

【箋注】

〔一〕國一禪師：徑山道欽禪師（七一四—七九二）。

〔二〕檀越：施主，即施與僧衆衣食，或出資舉行法會等之信衆。《大般涅槃經》卷第十一曰：『寧以熱鐵周匝纏身，終不敢以破戒之身受於信心檀越衣服。』

智者禪師頌曰：如來何所來，修因幾劫功。斷除人我見，方用達真宗。見相不求相，身空法亦空。往來無所著，來去盡皆通。㊀

【校記】

㊀此頌《傅大士夾頌》中有，《傅大士頌》中無。

李文會曰：來無所從，去無所至，來去皆如，其誰來去。又云：無所從來者，不生；亦無所去者，不滅。不生者，謂煩惱不生；不滅者，謂覺悟不滅也。又云：知色聲起時，即知從何而來；知色聲滅時，即知從何而去，故色聲香味觸，法自有起滅，我心湛然，豈有來去生滅相耶？寂而常照，照而常寂，行住坐卧四威儀中，無不清净也。

川禪師云：山門頭合掌，佛殿裏燒香。頌曰：『衲捲秋雲去復來，幾回南岳與天台。寒山拾得相逢笑，且道笑個什麽，笑道同行步不抬。』

一合理相分第三十

須菩提！若善男子、善女人，以三千大千世界碎爲微塵，於意云何？是微塵衆，寧爲多不？』須菩提言：『甚多，世尊！何以故？若是微塵衆實有者，佛即不説是微塵衆，所以者何？佛説微塵衆，即非微塵衆，是名微塵衆。世尊！如來所説三千大千世界，即非世界，是名世界。

王日休曰：微塵衆，蓋謂微塵如此之多也。須菩提既答佛言甚多，又呼世尊而自問云：何以故者，謂彼微塵衆，何故甚多乎。又自答云：若是微塵衆實有者，佛即不説是微塵衆，蓋謂真性爲實有，則不可説，而此微塵衆非實有，故佛説之，是其可説，皆爲虛妄，唯真性爲真實，故不可説。所以佛嘗言不可説不可取者，蓋謂此也。所以者何？乃須菩提自問云：所以微塵衆，若爲實有，佛即不説是微塵衆，何也？又自答云：佛説微塵衆，即非微塵衆，是名微塵衆者，謂佛所説爲微塵衆，即非有真實微塵衆，乃虛名爲微塵衆而已。須菩提又呼世尊而言，如來所説三千大千世界，即非世界，是名世界者，謂世界亦非爲真實，但虛名爲世界而已，詳見十三分解，以佛嘗言之，故此稱如來説也。

李文會曰： 微塵者，妄念也。世界者，身之別名也。微塵是因，世界是果，微塵世界者，謂因果也。然自己真性，非因非果，能與六道衆生爲因果也。謂自性是因，六道是果，故知微塵起於世界，輪迴由於一念，雖見小善不可執著，雖逢小惡必須除去，且衆生於妄念中起貪嗔痴業，妄受三界夢幻之果，如彼微塵積成世界，不知因果元是妄心，自作自受。一念悟來，即無微塵，世界何有？故云：即非微塵，是名微塵，即非世界，是名世界。若欲建立世界，一任微塵熾然。若欲除滅世界，覺悟人法俱空，了無一法可得，湛然清净，不被諸境所轉，皆由於自己也。

僧了性曰： 此分，佛恐末劫人重重執著因果，不相離捨，故重囑須菩提！人人身中，有微細善惡雜念，猶如大千世界微塵之多，此念無非影響虚妄建立，故云非微塵衆，亦因轉却無明煩惱之心，變作慈悲無礙之智，方入空寂智解，得大安樂，是名微塵衆。㊀

【校記】

㊀此條注文：戚本位於經文『但凡夫之人貪著其事』之後。

傅大士云：『欲證無生忍，要假離貪嗔。人法知無我，逍遥出六塵。』㊀

【校記】

㊀此條注文：與上文重複，且戚本無此注，疑爲李文會注文中所引之内容。

川禪師云：若不入水，爭見長人。〔二〕頌曰：『一塵纔起翳摩空，碎抹三千數莫窮。野老不能收拾得，任教隨雨又隨風。』㊀

【校記】

㊀戚本無此條注文。

【箋注】

〔二〕若不入水，爭見長人：譬指於煩惱境中方能見覺悟之高低。《正法眼藏》卷第一：『忠國師問紫璘供奉：「佛是甚麼義？」云：「是覺義。」曰：「佛曾迷否？」云：「不曾迷。」曰：「用覺作麼？」供奉無對。妙喜代曰：「若不入水，爭見長人。」』

何以故？若世界實有者，即是一合相。

王日休曰：何以故者，須菩提自問『何故世界非真實乎』，乃自答云『若世界實有者，即是一合相』。一合相〔一〕，謂真性也。真性遍虛空世界，又無形相，故一而不可分之以爲二，合而不可析之以爲離，非有相也，强名曰相耳。若以世界爲實有，則是真性耳，蓋真性方爲實有。何則？自無始以來，常存而無變壞，自然而非假合，一切虛幻者，皆非真性之本，豈非實有乎，而世界烏可以比之哉！以世界亦是假合，劫數盡時，亦有變壞，此所以爲虛幻，而不可以爲實有，故不可以比真性也。

【箋注】

〔一〕一合相：梵語 piṇḍa-grāha，指由衆緣和合而成之一件事物。《大方佛華嚴經隨疏演義鈔》卷第三十七曰：『如攬衆微以成於色，合五陰等以成於人，名一合相。』

李文會曰：微塵謂因，世界謂果，若執因果爲實有者，即被相之所縛，故云即是一合相。

金海光如來曰：世界者，如來自說盧舍那佛住持三千大千世界，身上化生菩提之樹，號蓮花藏世界〔一〕，不説窒礙世界也。一合相者，一切衆生身中佛性，與盧舍那法身是一合相也。頌

曰：『如來自説蓮花藏，負荷下可切三千擐胡貫切，穿也大千。菩薩了空歸一合，凡夫貪著被魔纏。』㊀

【校記】

㊀此條注文，戚本位於經文『但凡夫之人貪著其事』之後。

【箋注】

〔一〕蓮花藏世界：《華嚴經》《梵網經》中所述毗盧遮那（盧舍那）佛之世界。又稱蓮華藏世界海、華嚴莊嚴世界海、蓮華臺藏世界海，略稱華藏世界、蓮藏，意指以蓮華裝飾、深廣似海之世界。《梵網經》卷上即説盧舍那佛住蓮華臺藏世界海：『其臺周遍有千葉，一葉一世界爲千世界。』

如來説一合相，即非一合相，是名一合相。』

王日休曰：如來説一合相者，須菩提謂佛嘗説真性爲一合相也。即非一合相者，謂真性如虛空，然非實有物，如一之而不可二，合之而不可離者也。是名一合相者，謂但强名爲一合相而已。凡言即非，皆謂實無也。凡言是名，皆謂虚名也。

李文會曰：但莫執爲實有，亦莫執爲實無，於相離相，故云即非一合相，是名一合相也。

『須菩提！一合相者，即是不可説，

王日休曰：佛唯曾説真性爲一合相，故須菩提於此以爲實有，佛乃又呼須菩提而言一合相者，則是不可説，以真性不可言説，但强名爲一合相耳。

李文會曰：即是不可説者，須是學人自省自悟，於理事上各無罣礙，今凡夫一向貪著事相，不達於理，所以説因果著因果，説世界著世界也。

但凡夫之人，貪著其事。

王日休曰：佛謂凡夫之人，不知明悟真性，乃貪著真性中所現之事耳，謂色身六根也。凡夫者，泥此色身與六根爲我，故沉淪六道，無由脱離，此所以爲凡夫也。

《華嚴經》云『離諸和合相，是名無上覺』〔二〕，佛以覺言，外覺離一切有相，内覺離一切空相，於相而離相，於空而離空，得夫真空無相之妙，所以名其爲佛。〔一〕

【校記】

㈠此條注文，戚本接在金海光如來注文之後。

【箋注】

〔一〕經文出自《八十華嚴》卷第十六。

六祖曰：一合相者，眼見色愛色，即與色合；耳聞聲愛聲，即與聲合。至於六塵，若散，即是真世界，合即是凡夫，散即非凡夫，凡夫之人，於一切法皆合相。若菩薩於一切法皆不合而散，何以故？合即繫縛起生滅，散即解脱，亦不生，亦不滅。若有繫縛生滅者，即是凡夫。所以經云：『但凡夫之人，貪著其事。』

顔丙曰：微塵雖多，未足爲多，世界幻成，終無實義。若説實有微塵，實有世界，即是彼此著相，彼既是相，我又著相，兩相相合，謂一合相。所謂一合相，即是不可説，但凡夫未悟，妄生貪著。圓悟禪師云：『你但上不見有諸佛，下不見有衆生，外不見有山河大地，内不見有見聞覺知。好惡長短，打成一片，一一拈出，更無异見。』㈠

【校記】

㈠出自《碧巖録》卷第一，文字略有不同。

傅大士云：界塵何一异，報應亦同然。非因亦非果，誰後復誰先。事中通一合，理則兩俱捐。欲達無生路，應當識本源。

逍遥翁云：學道之人，但祇了悟靈明之心，是謂本源所有，念念妄想，皆爲塵垢，勿令染著，久當證知清净法身也。㈠

【校記】

㈠咸本無此條注文。

川禪師云：捏聚放開，兵隨印轉。頌曰：『渾圇成兩片，擘破却團圓。細嚼莫咬碎，方知滋味全。』

於自心無求無得，湛然常住，是清净我見。黄蘗禪師云：『百種多知，不如無求，最第一也。道人是無事人，實無許多般，心無事亦無。』又云：『諸學道人，若欲得成佛，一切佛法，總不用學，但學無求無著。無求即心不生，無著即心不滅，不生不滅，便是佛也。』〔一〕若見自性本自具足，是清净人見，於自心中本無煩惱可斷，是清净衆生見；自性無變無异，無生無滅，是清净壽者見，故云即非我人衆生壽者見，是名我人衆生壽者見也。

【箋注】

〔一〕出自《黄蘗山斷際禪師傳心法要》。

『須菩提！發阿耨多羅三藐三菩提心者，於一切法，應如是知，如是見，如是信解，不生法相。須菩提！所言法相者，如來説即非法相，是名法相。

顔丙曰：如是二字，可謂親切，若發無上正等正覺心者，於一切法，應當如此知，如此見，如此信解，不必外求法相。然初入道時，不假法相，故無入頭處，既見性了，亦當遠離，不必執著。所謂得魚忘却筌，到岸不須船之説，所以末後爲汝剗却云：即非法相，假名法相。

智者禪師頌曰：非到真如理，棄我入無爲。衆生及壽者，悟見總皆非。若悟菩提道，彼岸

知見不生分第三十一

須菩提！若人言佛説我見、人見、衆生見、壽者見。須菩提！於意云何？是人解我所説義不？」『不也，世尊！是人不解如來所説義。何以故？世尊説我見、人見、衆生見、壽者見，即非我見、人見、衆生見、壽者見，是名我見、人見、衆生見、壽者見。』

通王如來解曰： 佛言此四句等之相，衹見其性，不見其相，疊前三遍再説者，是佛分别棄身見性之義也。頌曰：『佛説我見衆生見，爲觀其性不觀身。破相取空歸寂滅，脱除枷鎖出迷津。』

王日休曰： 我見者，謂其見識以爲實有我也。人見衆生見壽者見者，謂其見識以爲實有人有衆生有壽者也。此言無此四者之見識，謂真性中皆無此也。以此四見，非爲真實，故云即非我見人見衆生見壽者見，但爲虚名而已，故云是名我見人見衆生見壽者見，謂此見非真性中所有，亦爲虚妄故也。

李文會曰： 佛説般若金剛之法，始即令諸學人先除粗重四相，如大乘正宗分中説也。次即令見自性之後，復除微細四相，如究竟無我分中説也。此二分中，即皆顯出理中清净四相，若

更求離。法相與非相，了應如是知。㊀

【校記】

㊀此頌《傅大士夾頌》中有，《傅大士頌》中無。

李文會曰： 發阿耨多羅三藐三菩提心者，應知一切衆生，皆有佛性；應見一切衆生，無漏智慧，本自具足；應信一切衆生，靈源真性，無生無滅。若能了悟此意，即是一切智慧，不作有能所心，不存智解相，口説無相法，心悟無相理，常行無相行，故云不生法相，是名法相也。

川禪師云： 飯來開口，睡來合眼。頌曰：『千尺絲綸直下垂，一波纔動萬波隨。夜静水寒魚不食，滿船空載月明歸。〔一〕』

【箋注】

〔一〕出自船子和尚《撥棹歌》。指參禪悟道應任運隨緣，泯絶無寄。

應化非真分第三十二

須菩提！若有人以滿無量阿僧祇世界七寶持用布施，若有善男子、善女人，發菩提心者，持於此經，乃至四句偈等，受持讀誦，爲人演説，其福勝彼。

法常滿如來解曰：緣此經根本，以破相爲宗，了空爲義，迷性布施，皆不證真，能識四句涅槃之門，演説法身如如不動，觀有爲法，同於夢幻，若作此見教化衆生，勝彼所用七寶布施之福也。頌曰：『此經破相依空寂，勸持四句最爲尊。佛斷有爲六種錯，齊心歸信涅槃門。』

王日休曰：無量，在西土亦爲數名，梵語阿僧祇，此云無央數，亦爲數名。此二者之爲數，但積數至多，然後至此。此言無量無央數者，謂無量之無央數，蓋自一無央數，至十無央數，以至百千萬億無央數，然後積而至於無量無央數也。由是言之，則所謂無量阿僧祇世界者，不止如恒河沙數世界而已。發菩提心者，謂發廣大濟度衆生之心也。是以前言恒河沙等世界七寶，此則言無量阿僧祇世界七寶，是尚以彼爲少，而此則極言其多者也。以是布施，尚不及受持演説此經得福爲多者，以彼則世間福終有時而盡，况因受福而又作惡乎！此則出世間之福，故其福則無時而盡，第有增長，終無受福作惡之理，此所以勝於彼無量無數也。

李文會曰：發菩提心者，謂大乘最上乘種性人也。老子云『不見可欲，使心不亂』〔一〕，此小乘之力；若見可欲而心亦不亂，此大乘之力也。踈山如〔二〕禪師云：『一波纔動萬波隨，汩没塵寰幾個知。突兀須彌横宇宙，縱横妙用更由誰。』持於此經四句偈等受持讀誦者，七寶有竭，四句無窮，悟達本心，了無所得，持於此經，其福勝前七寶布施之功德也。

【箋注】

〔一〕《道德經》第三章曰：『不可見欲，使民心不亂。』

〔二〕踈山如：踈山如本禪師，兩宋之際靈隱慧遠（一一〇三—一一七六）之法嗣，生平事迹不詳。

云何爲人演説，

李文會曰：云何爲人演説者，四大色身不解説法聽法，是你面前孤明歷歷，通徹十方底，解説解聽，莫要記他語言，縱饒説得天花亂墜，其心不曾增，便總不説，其心不曾減，求著轉遠，學著轉疏，惟在默契，悟者自知也。

川禪師云：要説有甚難，衹㊀今便請諦聽諦聽。頌曰：『行處坐卧，是非人我，勿喜勿嗔，不離這個。祇這個，劈[二]面唾〔一〕。平生肝膽一時傾，四句妙門都説破。』

【校記】

㈠祇：道川《金剛經注》和戚本皆作『即』。祇今，即今，義同。

㈡劈：道川《金剛經注》和戚本皆作『驀』，亦可。

【箋注】

〔一〕劈面唾：禪林一般作『驀面唾』。比喻直指痛處，切中要害。驀：當，正對著。《云門匡真禪師廣録》卷上曰：『若是個人，聞説道什麼處有老宿出世，便好驀面唾污我耳目。』

不取於相，如如不動。

王日休曰：佛自問云『如何爲人演説』，乃自答云『不取於相，如如不動』者，蓋謂真性，不取於形相，謂無形相也，惟如如不動耳。如如不動者，如者自如之謂，如如則自如之甚也。真性中欲現而爲天人，則爲天人；欲見而爲异類，則爲异類。譬如鏡中現影，無所不可，是自如之甚也。而遍虚空世界常住而未嘗動，故曰不動。佛鑒和尚示衆：『舉僧問法眼：「不取於相，如如不動，如何不取於相，見於不動去？」法眼云：「日出東方夜落西。」其僧有省。』〔一〕若也於此見得，方知道旋風偃岳，本來常静，江河競注，元自不流，如或未然，不免更爲饒舌。天左旋，地右轉，古往今來經幾遍。金烏飛，玉兔走，纔方出海門，又落青山後。江河波渺渺，淮濟浪悠悠，直入滄溟晝夜流。遂高聲云：『諸禪德，還見如如不動麽？』

【箋注】

〔一〕此處所引，又載《五燈會元》卷第十九『舒州太平慧勤佛鑒』條。

李文會曰：此謂悟達無心無相可取之人，若是有心不取於相，却是取相。心本是空，相亦是空，人法俱空，有何可取也。真浄文〔二〕禪師云：『但無一切心，自然合天㊀道。應用在臨時，莫言妙不妙。』如如不動者，學人若謂我知也，學得也，契悟也，解脱也。似此見解，皆是有動心，即是有生滅。若無此心，即一切法皆攝不動，不動即内外皆如，故云如如不動也。

【校記】

㊀天：《禪宗頌古聯珠通集》卷第三十三作『大』，亦可。

【箋注】

〔一〕真浄文：北宋克文禪師（一〇二五—一一〇二），陝府閿鄉（河南陝縣）人，俗姓鄭，號雲庵。後嗣黄龍慧南之法。事見《五燈會元》卷十七。

川禪師云：末後一句，始到牢關。直得三世諸佛，兩目相覷，六代祖師，退身有分。可謂是江河徹凍，水泄不通，極目荆榛，難爲措足。到這裏添一絲毫，如眼中著刺；減一絲毫，似肉上剜瘡，非爲坐㊀斷要津〔二〕，蓋爲識法者恐。雖然恁麽，佛法祇如此，便見陸地平沉，豈有燈燈續焰。川上座今日不免向猛虎口中奪食，獰龍頷下争珠，豁開先聖妙門，後學進身有路，放開一綫〔三〕，又且何妨。語則全彰法體，默則獨露真常，動則隻鶴片雲，静則安山列岳，舉一步如象王迴顧，退一步若獅子嚬呻，法王法令當行，便能於法自在。祇如末後一句，又作麽生道，還委悉麽？雲在嶺頭閑不徹，水流澗下太忙生。〔三〕頌曰：『得優游處且優游，雲自高飛水自流〔四〕。祇見黑風翻大浪，未聞沉却釣魚舟。』

【校記】

㊀坐：底本作『生』，形近而誤，此據道川《金剛經注》、戚本和衆善堂本改。

【箋注】

〔一〕坐斷要津：禪林用語，指扼斷語路，使無可用心，其目的在於斷除種種學解知見、妄情俗念。《圓悟佛果禪師語録》卷第三：『以金剛寶劍，截斷疑情，將衲僧巴鼻脱生死關，坐斷要津，不通凡聖，千人萬人羅籠不住，百千境界轉變不得，始能爲如來使普現色身。』

〔二〕放開一綫：放開一綫之道，讓人有路可循，此乃禪家接引學人的方便法門。《圓悟佛果禪師語録》卷第五：『放開一綫道，觸處現神通。』

〔三〕二句出自晚唐羅隱《晚眺》『雲向嶺頭閑不徹，水流溪裏太忙生。誰人得及莊居老，免被榮枯寵辱驚』，文字略异。禪家上堂常引之，如《圓悟佛果禪師語録》卷第二：『爾爲爾，我爲我……更唤什麽作爾作我，作長作短，一時截斷。且自恣一句作麽生道？雲在嶺頭閑不徹，水流澗下太忙生。』

〔四〕丹霞子淳禪師頌古曰：『雲自高飛水自流，海天空闊泳孤舟。夜深不向蘆灣宿，迥出中間與兩頭。』（《禪宗頌古聯珠通集》卷第三十四）

何以故？一切有爲法，如夢幻泡影，如露亦如電，應作如是觀。』

王日休曰：何以故者，佛自問何故爲人演説，不取於相，如如不動也。佛乃自答云『一切有爲法，如夢幻泡影，如露亦如電，應作如是觀』者，謂有爲法，則有相而動，故如此六者；真性則無相而不動，故异於六者也。所謂法者，謂凡有所爲者皆是也。上自天地造化，下至人之所爲，皆有爲法也。然此稱六如以設教化，則止謂人事耳。佛以無形相而無所爲者爲真性，故以有形相而一切有爲者爲僞妄。其言如夢者，謂當時認以爲有，覺則悟其爲無也。如幻者，謂有爲法非真實，如幻人以草木化作車馬倉庫之類也。如泡者，謂外像雖有，其中實無。如影者，謂光射則有，光滅則無也。如露者，謂不牢也。如電者，謂不久也。此有爲法，應如是以觀看，則悟其爲空，乃知真性方爲真實，不可以不明悟也。經多言四句偈者，以前四句則言真佛之無形相，此則言有爲法之不爲真實，此不問其是偈非偈，若於二者之中一有所悟，則非淺淺矣。佛所以言四句偈等者，謂不必專於偈，凡可以演説者皆是，况此爲言之要者乎。

僧若訥曰：言一切有爲法者，謂衆生界内，遷流造作，皆是虚妄，終有敗壞，如夢幻等，畢竟不實，當作如是觀，豈爲生死流動耶？

陳雄曰：佛所謂一切法者，真空無相法也。故一切賢聖皆以無爲法曰有爲法，則夢幻泡影露電之如，不其妄乎？惟了真空無相者，能作是觀，以悟六如之妄，則必離六如以證如如不動之理。優波離尊者語阿難曰：『諸有爲法，并是無常』，想夫觀六如而得是句。

顔丙曰：四句偈者，乃此經之眼目，雖經八百手注解，未聞有指示下落處。人多不悟自己，分上四句，却區區向紙上尋覓，縱饒尋得，亦祇是死句，非活句也。活句者，直下便是。雖然如此，也須親見始得。佛眼云：『千説萬説，不如親見一面㊀，縱不説亦自分明。』要須返己自參，切不可騎牛覓牛也。若人將七寶無量布施，不如發菩提心，受持自己四句，爲人開演解説，使一切衆生，皆得見性成佛，其福勝彼，云何爲人演説，不取著於相，如如不動，湛若太虚。何以故？蓋世間一切有爲之法，如夢寐之非真，如燈幻之眩惑，如水泡之暫時，如人影之易滅，如朝露之易消，如閃電之倏忽，應作如是觀者，應立如此見性之法。

【校記】

㊀親見一面：《聯燈會要》卷第十六『舒州龍門清遠禪師』條作『親面一見』，亦通。

僧微師曰：如夢幻泡影，如露亦如電，令行人了萬法如夜夢，睡時似有，覺了全無。萬法迷無似有，悟得全無，故觀如夢，《净名》云『是身如夢，爲虚妄見』。幻者，幻術也。結巾成兔，結草爲馬，本無實體。萬法緣生妄有，本無自體，故如幻，《净名》云『是身如幻，從顛倒起』。泡者，風擊水成泡，豈能久住？觀萬法，似浮漚〔二〕不實，《净名》云『是身如泡，不得久立』。影者，水中月影，光射物影，全體虚假亦然，故如影，《净名》云『是身如影，從業緣現』。露者，晨朝濕露也，暫有即無，觀萬法亦然。電者，閃電也。忽有忽無，念念無常，觀萬法亦如電光，剎那生滅故如電，《净名》云『是身如電，念念不住』。《維摩詰經注》云：『維摩詰，秦言净名。』

【箋注】

〔一〕浮漚（ōu）：水泡。

李文會曰： 一切有爲法者，生老病死，貧富貴賤，士農工商，赤白青黄，馨香臭穢，有無虚實，深淺高低，皆是妄心起滅有爲之法也。如夢幻泡影，如露亦如電者，一切有爲之法即是，世間萬事皆如夢幻泡影，不得久長。夢者，妄想也。幻者，幻化也。泡者，如水上之泡，易生易滅也。影者，如身之影，無所捉撮也。露者，霧露之露，不得久停也。電者，雷電之電，頃刻之光也。

傅大士頌曰： 如星翳燈幻，皆爲喻無常。王〔二〕曰：『如星者，謂暗時則現，明時則無，喻衆生愚暗，故有此有爲法，若明悟則無也。如翳者，謂衆生自有光明於内，乃爲有爲法所蔽，如眵〔三〕翳障目之光明也。如燈者，謂暗時則用，明時則不用，喻衆生愚暗故用有爲法，明悟則不用也。』『幻』注在前。漏識修因果，誰言得久長。危脆同泡露，如雲影電光。王曰：『如雲影者，謂聚散不常也。』『電』注在前。饒經八萬劫，終是落空亡。《楞嚴經》云：『有十種仙，皆於人中煉心，不修正覺，别得生理，壽千萬歲，妄想流轉，不修三昧，報盡還來，散入諸趣。』學者觀此十仙之始末，則傅頌所謂『饒經八萬劫，終是落空亡』者，亦可默喻矣。應作如是觀者，有爲無爲皆由自己。心常空寂，湛然清淨，無纖毫停留罣礙，自然無心，如如不動，應作如是觀也。㊀

【校記】

㊀戚本祇有傅大士頌及頌中的小字夾注。從『應作如是觀者』到『應是如是觀也』幾句，應爲李文會注文。

【箋注】

〔一〕王：即王日休。

〔二〕眵（chī）：眼屎。

僧問雲門大師云：『如何是佛？』門云：『乾屎橛〔一〕。』太平古禪師爲作頌曰：『我佛如來乾屎橛，隨機平等遍塵寰。迷頭認影區區者，目對慈顏似等閑。』〔二〕蟾首座問洞山云：『佛真法身，猶若虛空，應物現形，如水中月，作麼生是應底道理？』洞云：『如驢覷井〔三〕。』蟾云：『恁麼則正是迷頭認影。』洞云：『首座又作麼生？』蟾云：『何不道似井覷驢也。』還會

麽？若教有意千般境，纔覺無心萬事休。㊀

【校記】

㊀此段應爲李文會注文。

【箋注】

〔一〕乾屎橛：禪林用語。原指拭浄人糞之橛（即厠籌）。臨濟宗爲破除學人之聖凡二見及糾纏言語之妄，并使其開悟，對問『佛者是何物』之人，每答以『乾屎橛』。事詳《臨濟録》《五燈會元》卷第十五等。後雲門文偃等亦用之。

〔二〕該頌又見《禪宗頌古聯珠通集》卷第三十三。迷頭認影：謂迷失自性，認假相爲真實，典出《楞嚴經》卷第十。太平古禪師：生平事迹俟考。

〔三〕如驢覰井：禪宗公案。井，指井户；驢，即轆轤，或謂驢馬。《撫州曹山元證禪師語録》：『佛真法身，猶若虚空，應物現形，如水中月，作麽生説應底道理？』『德曰：「如驢覰井。」師曰：『道則太殺道，祇道得八成！』德曰：「和尚又如何？」師曰：「如井覰驢。」』曹山本寂以『如井覰驢』對答德上座，意在表示超越二物相對之狀態，即以無心超越情識之分別。關於其對話者，禪宗語録記載不一，如《大慧普覺禪師語録》卷第十四是洞山良價問蟾首座（李文會注剛好相反），而《宗門統要正續集》卷第二又考證此事『有本云紙衣道者問德上座，或謂洞山問曹山』，雖莫衷一是，但意指相同。

川禪師云：行船盡在把梢人。頌曰：『水中捉月，鏡裏尋頭，刻舟求劍，騎牛覓牛，空華陽焰〔一〕，夢幻浮漚，一筆勾斷，要休便休。巴歌社酒村田樂，不風流處也風流〔二〕。』

【箋注】

〔一〕空華陽焰：喻指事物之虛幻不實。空花，虛幻之花；陽焰，日光中浮動的煙塵。

〔二〕《白雲守端禪師廣録》卷四：『一拳拳倒黄鶴樓，一踢踢翻鸚鵡洲。有意氣時添意氣，不風流處也風流。』

佛説是經已，長老須菩提及諸比丘、比丘尼、優婆塞、優婆夷，一切世間、天、人、阿修羅，聞佛所説，皆大歡喜，信受奉行。

顔丙曰：僧謂之比丘，師姑謂之比丘尼，居士謂之優婆塞，道姑謂之優婆夷。一切世間之人，及天上之人，阿修羅神，乃六道中之三道也，聞佛所説此經，皆生大歡喜心，信而承受，尊奉行持佛教。

李文會曰：夫至理無言，真空無相，謂都寂默也。但不著言説，不著知解，即是無言無相，《金剛經》之旨趣，本謂此也。是以旋立旋破，止要諸人乃至無有少法可得，即不被一切諸境所惑，若得心地休歇，即謂之清净心，亦謂之本來心，亦謂之到彼岸，亦謂之涅槃，亦謂之解脱，其實一也。四祖問三祖云：『如何是古佛心？』祖云：『汝今是什麽心？』四祖云：『我今無心。』三祖云：『汝既無心，諸佛豈有耶？』即於言下省悟，此是學人標致。《法華經》云『資生業等，皆順正法』〔一〕，張無盡云『傅大士、龐居士，豈無妻子哉！若也身處塵勞，心常清净，便能轉識爲智，猶如握土成金。一切煩惱，皆是菩提，一切世法，皆是佛法。若能如是，即爲在家菩薩，了事凡夫，豈不韙歟』㊀，上根之人，一聞千悟，得大總持，又何假如許開示耶？《論語》所謂：『學而時習之，不亦悦乎？』《法華經》云：『其不習學者，不能曉了此。』〔二〕逍遥翁曰：『人天路上，以福爲先；生死海中，修道爲急。若欲快樂人天而不植福，出離生死而不明道，是猶鳥無翼而欲飛，木無根而欲茂，奚可得哉！』又云：『夫英雄之士，圖王不成，猶得爲霸；馳騁之人，逐鹿不成，尚能得兔；學大乘者，設使未成，猶勝人天之福。』古德頌曰『歷劫相隨心作身，幾回出没幾因循。此身不向今生度，更向何時度此身』，幸冀勉旃，莫教當面蹉過。

【校記】

㊀張無盡引文，出自其《護法論》。但『皆是佛法』『韙歟』，後者分別作『無非佛去』『偉哉』。『佛去』之『去』，當作『法』爲是。

【箋注】

〔一〕語出什譯《法華經》卷第六《法師功德品第十九》。

〔二〕語出什譯《法華經》卷第一《方便品第二》。

川禪師云：三十年後，莫教忘却老僧，不知誰是知恩者？呵呵，將謂無人。頌曰：『飢得食，渴得漿，病得瘥㊀，熱得凉。貧人遇寶，嬰子見娘，飄舟到岸，孤客還鄉。旱逢甘雨，國有忠良，四夷拱手，八表來降。頭頭總是，物物全彰，古今凡聖，地獄天堂。東西南北，不用思量。刹塵沙界諸群品，盡入金剛大道場。』

【校記】

㊀瘥，底本誤作『差』。據道川《金剛經注》和戚本改。

附録一 《金剛經集注》相關版本之序跋

一 金剛般若波羅蜜經序〔一〕

《金剛經》者，乃諸佛傳授之心法，而天人光明無盡藏也。靈山會上，拈花微笑。迦葉音攝已了此一大事。世尊在靈山會上，拈起青蓮花，迦葉破顔微笑。是時，佛本無經，經亦無説。然法無頓漸，人有利鈍，性無加損，乘有上下。由是見聞覺知，文字論説，紛然自此而熾。至唐時，解注已有八百餘家。心法隱於耳目之傳，殃及後代兒孫，莫此爲甚矣。竊〔二〕以諸佛説法，不離自性。須知一切萬法，皆從自性起用。吾心地無非，自性戒；心地無痴，自性慧；心地無亂，自性定。常見自心自性，自修自度，不從人得，即是自性釋迦，自心彌勒。先天地而不爲始，後天地而不爲終，所以一宿覺云：『法身覺了無一物，本原自性天真佛。』山谷道人亦云『公若知本原，佛亦不相似』，此又百丈竿頭進步下注脚也。蓋性無生滅，氣有聚散，煉氣合性，則千聖同

〔一〕《卍續藏》洪蓮本題爲《金剛般若波羅蜜經舊序》。又，本篇至第七篇序跋，皆録自宋楊圭《十七家解注金剛經》（參明嘉靖四十年學易山人刻本，明戚繼光刻本）。

〔二〕學易山人本和戚本作『切』，據《卍續藏》洪蓮本改。

源，萬靈常在。經中所謂金剛不壞身者，此乃學佛之極功，初非有待於外，切忌從人脚跟音根，足踵走也。嘗謂諸佛無輪迴，聖賢無地獄。然未至於聖賢諸佛，隨人唱和，一切付之無有。此後世小人，敢於無所忌憚者，决裂於爲惡，趦趄於趨善。流轉六塵，拘攣四相。愛河漂浪之深，慾海沉溺之苦。形骸未變，而行甚虎狼。幽陰未墮，而魄沉鬼魅。乃知造物之無造，而四生六道之自造也。見第三分《造化因心》等偈。我佛大慈氏横説縱説，感應無邊，如一月水，萬竅風，聽其自取，悉皆充足。亦不過爲衆生解粘釋縛，妄幻掃除，真實現前，還汝本來面目，而無一衆生可度也。雖然道本無言，言之則粗；禪本無説，説之則末。所以德山棒、德山入門便棒。臨濟喝、臨濟入門便喝。大愚三拳、臨濟三度問黄蘗佛法的的大意，三度被打。後得大愚點破，忽然大悟，不覺失聲云：『元來黄蘗佛法無多子。』愚云：『你見個甚麽便恁麽道。』臨濟於大愚肋下𥛚三拳，愚遂托開云：『汝師黄蘗非干吾事。』天龍一指，俱胝和尚欲往諸方參尋，天龍和尚竪一指而示之，俱胝當下大悟。每云：『我得天龍一指頭禪，一生用不盡。』無二法門，付之亡言，《維摩經》：『文殊師利問維摩詰：「我等各自説已，仁者當説，何等是菩薩入不二法門。」時維摩詰默然無言。』纔舉話頭，且喫茶去，趙州和尚。恁麽也不得，不恁麽也不得，恁麽不恁麽總不得。祖師言：後來尊宿舉揚不一。到這裏，懸崖撒手，口耳俱喪，纔有所重，便成窠臼，巖頭示衆。應無所住而生其心。六祖因此句悟道。蓋所重所住，皆爲禪病，而諸佛祖所訶也。如上見成公案，會得時，活潑潑地；不會得時，衹是弄精神，蓋好事不如無也。文遠侍者禮拜，被趙州打一棒。遠云：『禮拜也是好事。』州云：『好事不如無。』或謂吾道自濂溪河洛諸公開其秘，朱、張文宣二先生集其成，昭如日星[二]，人病弗繇耳。子於是學，存養省察，亦有年矣。今乃遽然自叛其説，而於异學張本，以犯天下之不韙，何邪？僕曰：『此一卷經，窮鄉委巷，匹夫匹婦，人人受持誦念，叩其理義懵母總切，然不知下落。今掇拾諸解之英華，因其所嚮而順導之，使人人知佛之行，此亦覺則同覺，成不獨成之意。』元城劉先生有言曰：『芻蕘之言，聖人擇焉，且佛法豈不及於芻蕘之言乎？』公因舉《法華經》云：『或遭王難苦，臨刑欲壽終。念彼觀音力，刀尋段段壞。猶如割水吹光，水火之性不動摇；亦如遇諸毒苦，吾性湛然，此乃得觀音無畏之力。』僕謂若參到無畏境界，則生死涅槃猶如空華，得馬亡羊，無非夢幻。三境九幽，皆爲净土。三清之境，九幽之獄。玉食糲飯，均是一飽。山林朝市，到處隨緣。逆境順境，總是樂國。心與般若相應，則六根四大，何聚何散？身與真空相應，則刀割香塗，何苦何樂。王荆公《讀〈維摩經〉有感》詩云：身如泡沫亦如風，刀割香塗共一空。宴坐世間觀此理，維摩雖病有神通。有黄龍《臨刑頌》云：『將頭迎白刃，一似斬春風。』又《華嚴經》云：『以白栴檀塗身，能除一切熱惱，得清凉也。』此儒家謂之無入不自得，佛氏謂之隨順覺性也。又况國初以佛學名家者，不可勝舉，如王文正公、晁文元公、楊文莊公、文公。近世陳忠肅公、李忠定公，扶皇極，開太平，持危扶顛，排奸斥邪，風節凛然，與日争輝，然亦何貶於儒道。文元公《法藏碎金》諸書，無

[二]《卍續藏》洪蓮本作『月』。

非開佛心見。文莊公平日五鼓盥漱誦《金剛經》者，三十年而不輟。文公與璉禪師游，出其所得，撰《景德傳燈録》，以淑後人。由是而觀，區區之迹，未可論人也。或曰：德山携《金剛經鈔》，南游見龍潭，至夜入室，揭簾而出，潭乃點紙燭付之。方接吹滅，山當下大徹[二]，盡焚其鈔。德山長講《金剛經》，後聞南方禪宗大興，遂携疏鈔南游。先到龍潭，至夜入室，侍立更深。潭曰：『子何不下去？』山遂揭簾而出，潭乃點紙燭度與山。方接次，潭便吹滅，山於此忽然大悟。來日山遂取疏鈔於法堂前，將一炬火提起云：『窮諸玄辯，若一毫致於大[三]虚；竭世樞機，似一滴投於巨壑。』將疏鈔便燒。今子捃摭筌蹄，正所謂『百年鑽故紙，未有出頭時』。答曰：要熟須從這裏打過。如未造德山地位，便欲焚鈔，切恐子未夢見《金剛經》在。一日舉似潘舜卿、龔德莊，大噱極虐切，笑也。曰：『唯舜卿載初清修之士，不茹葷酒，深於此經，同共編集，去取之功尤多。』圭捐金鋟梓，以廣法施云。紹定辛卯長至日，太中大夫浦城縣開國男食邑三百户賜紫金魚袋致仕楊圭謹識。

[二]《卍續藏》洪蓮本作『悟』。
[三]《卍續藏》洪蓮本作『太』。

十七家解注金剛經姓號目録

五十三如來
晋康樂侯謝靈運
後秦解空僧肇
武當山居士劉蚪
一注本不顯名
梁朝傅大士頌
智者頌
李唐六祖慧能
李唐《疏鈔》，僧宗密作序
皇宋富沙僧子榮
龍舒居士王日休
冶父僧道川頌
上竺僧若訥
致政陳雄
如如居士顔柄

雲庵僧了性
茨庵僧微師

男承議郎知廣州淳安縣事楊宗元校正
蠡峰逸民潘舜龍[一]同編
中大夫浦城縣開國男食邑三百户賜紫金魚袋致仕楊圭編

二

此經流布於世，傳本多誤。陰冥之間，惟以壽春永慶寺南唐道顒法師石本爲正。删定莫公口[二]《經序》云：得是本於華庭令尹，最爲精密。因授講師若訥，俾廣其傳。丞相鄭公清之作《石本靈驗記》云：石本誠得其真，因刊施，與衆共之。宗博葉公武子題所施經云：括蒼何府校勘寫施，不敢差一字，惟添入分，則又模其本以爲

[一] 潘舜龍，楊圭序文中作『潘舜卿』，不知何者爲是。
[二] 原卷此字左邊爲『亻』，右半難於辨識，故作闕字處理。考與楊圭同時或稍前的莫姓删定官有莫濟（見陳騤《南宋館閣録》卷第八）、莫謙仲（謙仲爲字，見孫覿《與莫删定》，文載李祖堯《内簡尺牘編注》卷第八）、莫叔光（見樓鑰《朝奉大夫李公墓志銘》）三人，不知是否爲其中之一，俟再考。

施，以此觀之，則道顒石本最爲正也。今所刊本悉依石本，中間惟此黑白圈，三樣字，以便披究其義。外有諸家世傳注釋者，字有增減，并刊附卷末，閲者可釋疑矣。

第二分『應云何住』，正本作『云何應住』。

第九分『而實無不來』，無『不』字；又『是故名阿那含』，添『故』字。

第十分『有所得不』下減『不也』二字。

第十三分減『是名般若波羅蜜』七字。

第十六分并第二十四分『百千萬億分』減『百』字。

第十七分『三藐三菩提心』者，兩句各減『心』字。又『實滅度者，何以故』下減『須菩提』三字。又『作如是言』減『如』字。

第十八分『如恒河中』減『如』字。又『有如是沙等恒河』減『沙』字。

第二十二分『佛言如是如是』減『佛言』二字。

第二十三分『如來即非善法』減『即』字。

第二十四分『受持』減『讀誦』二字。

第二十五分『汝等』減『等』字，又減『是名凡夫』四字。

第二十七分『三藐三菩提心者』兩句，各減『心』字。

第二十八分『所得功德，何以故』減『何以故』三字。

第三十分『一合相理』，作『一合理相』。又『寧爲多不』下減『須菩提言』四字。
第三十一分『不也，世尊』減『不也』二字。
經中『則』字皆作『即』字。

《集注金剛般若波羅蜜經》（終）

三

《金剛經》乃上乘之頓教，學佛之徑路也。在處緇素傳誦最多，歷代訓釋已八百餘。手覽者，未易悉其指歸。近得開國楊公編集解注，援據僅十有七家，翦繁撮要，義趣昭然。是經且以三樣字別佛與須菩提之問答及阿難之結集語，使初學閱之自可隨指見月，況夙植根器者乎。文𣛧僅命工翻刻印施，願與十方善信，受持讀誦，同增福慧，回資因果。上薦考妣神游，經登彼岸。

至元癸巳中秋邵武泰邑葉文𣛧敬書經後

四　金剛般若波羅蜜經集解後序

在軒黄公紹　撰

大哉，金剛之爲名乎！萬物有壞，惟金不壞。世間無一物不被無常吞，而况人身最爲浮脆，無常無强，無力無堅，爲苦爲惱，一切諸業皆心所造，流浪生死，無有涯際，惟有真金，愈煉愈光。當來須菩提問我如來世尊：此經何名，云何奉持？佛言是經名爲《金剛般若波羅蜜》，以是名字，汝當奉持。目祇園説法，至第十三分直標此名金剛者，即是本心不動，喻《大般若經》，謂之能斷金剛分，欲使一切衆生，依此名字遵奉，受持一心，流布於天下後世。善哉善哉！我佛之心，惟恐一衆生有未成佛故，所以佛言吾不欺衆生，以衆生皆可成佛，心外無別佛，外佛無别心，迷即佛衆生，覺即衆生佛。其要祇在本元真性，謂之金剛不剥不蝕，是爲堅固，唯能堅固，方能奉持，唯能奉持，方得堅固。奉者奉而行，持者持而守，一部《金剛經》，義趣惟以『奉持』二字爲第一入門之法。所以佛説受持讀誦，又説持戒修福。至第十五分，昭明太子表爲持經功德。蓋誦經非難，持經爲難，舉足動足，念兹在兹，不離須臾，方是持經。今人不過讀經而已，雖然如是，若有人能讀誦是經，畢竟念頭是善。雖以不可化誨之人，猶知所化，然則此經不可思議，果報亦不可思議。豈不可以有因則有果，有果則有報，其現前報應，如影隨形。猶足使人蚤夜以思，矍然而畏，幡然而改，惟恐不爲天堂而爲地獄。此其陰騭默誘，實以輔王化之所不及。是經之所謂多功德者，信矣！其多功德也。今世之人誦是經者，衆矣。知此經功德而未知所以功德，以未能持故。所以未能持者，以口誦其言，未能心惟其義也。是經自鳩摩羅什所譯，凡有九本，自五十三如來以後，凡解有八百餘家，世之彙集諸説者亦多矣。而南浦開國楊公所編之本爲善，迺吾樵西杭衆信之所刻。自罹兵革，人鮮克有，杉陽葉君總管得之而喜，刻諸梓以廣其施，將使家有此經之本，人解此經之義。一言之下，心地開明，一軸之中，義天朗耀。昔之未能持者，今知所持矣。我聞佛説六波羅蜜，謂布施、持戒、忍辱、精進、禪定、智慧，使施經者以布施心不受不貪，持經者以持戒心無得無説，由是而忍辱、精進、禪定、智慧。截塵中之見網，剖纏内之心珠，念念新新，譬如真金，若時若時，鎔之煉之，惟有一點妙明元心真實者在，了無罣礙。無罣礙故，乘般若航，到菩提岸。其於四恩普報，三有齊資，利及有情，慈霑無際，非泥因果而自然之因果，非邀福德而本然之福德，不可量，不可稱，無有邊，皆此經出，夫是之謂《金剛般若波羅蜜》。在軒居士歡喜贊嘆，即説偈曰：

云何金剛經，如來無可説。
一切萬有空，而惟真實在。
願與我衆生，皆得如如佛。

故以經布施，普歡人讀誦。
若有誦經人，如法持此經。
此經即此心，如是亦如是。

五

《金剛經》者，法海之舟航也。昔我世尊演説是經於給孤獨園大會中，正欲以廣大慈悲心宣微妙秘密法，接引群迷，俱登彼岸，奈何世之人皆覺向塵，顛倒錯繆，聞佛所説經義，弗克究竟，歷千萬劫，身墮迷津，如日月之明盲者不得睹，雷霆之聲聵者不得聞，良可哀憫。後來有講經者十七家，發阿耨多羅三藐三菩提心，於此經典箋注而解析之，一字有一字之義，一句有一句之意，最明白，最簡易，使諸衆生回光返照，悉見悉知，成就無量無邊功德，真利益方便事也。比年以來，此本亦不多見。邑佐四明胡侯脱歡察兒，近因公差往沙陽，於丁主簿宅得一本，攜歸。念欲繕寫，以覺後覺，公務叢冗，未遑也。忽一日，仁齋廖君鼎來相訪，話次，以此本示之。君歡喜踴躍，若有所契，願刻梓以廣其傳。印造畢工，將散施諸學佛者，且徵予文以爲序。予謂自修者不若勸人修，自悟者不若勸人悟，自修自悟者，獨善〔一〕其身者也；勸人修勸人悟者，

〔一〕學易山人本、戚本皆作『菩』，誤。

兼善天下之意也。是經也，丁宰以是傳之胡侯，胡侯以是傳之廖君，無非勸人修勸人悟。後之學者，倘或迷而弗返，是自暴自棄之人也。昔有人書寫此經而天垂寶蓋，誦持此經者爐産金芝，彼但抄一帙，誦幾過，尚獲福報如是。今廖君所施之經凡若干卷，他日口口相傳，人人開悟，不負如來善護念善付囑之意，此福德勝前福德，必多矣，故樂爲之書。

至元乙亥臘月吉日邑人鄧夔序

六

《金剛經》解注，奚翅維八百手？脚下安注脚者夥。開國楊公撮得其奥旨僅十有七家，是編一出，使學佛者直足本來面目。然此本罕傳於世，至元乙亥邑佐胡侯得於沙陽丁宰而授余兄仁齋，仁齋以仁存心而壽諸梓，印施幾百餘卷。宦游三吾，已印之經有限，而請誦之人無窮。余謹備楮墨，命工印造，以推吾兄之仁，博吾兄之施，願與十方善信傳佛心法者同增福惠。

至元戊寅孟夏佛誕日，延平順邑龍際野人秋水廖文淼敬書

七

阿難集釋迦文佛與須菩提講道之言，著爲一書，而佛目之曰《金剛般若波羅蜜》。蓋謂金性

至剛，羚〔二〕羊角能破，羚羊角猛烈而鑌鐵又能破之，以譬佛性至剛，煩惱能破，煩惱膠固而智慧又能破之，以金喻佛性，羚羊角喻煩惱，鑌鐵喻智慧，如《金光明經》云『以智慧刀，裂煩惱網』，抑是歟？是則爲到彼岸也，故曰《金剛般若波羅蜜》。然以要言之，惟在無住相。何爲無住，心地空寂，離種種邊，無所執著。何爲無相，對境無情，善惡俱忘，不生好惡，故六祖於『應無所住而生其心』悟道。世尊以無我人衆生壽者四相，爲歌利王割截不嗔。由是觀之，佛之爲道，甘心忍辱，損己益物，而無吝色，以己之善，化人爲善，兼善天下，不以善之爲善，其度量大而無外，直是納須彌於芥子，藏世界於粟粒，何所不容哉？是以西方之教，行於中國，其歸向者，猶一月當天，百水皆月，一風動地，萬竅皆風。所以與儒老并爲三教，盛矣哉！其志豈欲化行天下耶，豈欲獨善其身哉，自然而然耳。此經乃迷途之指南車，昏夜之明月珠，後之佛子解其妙義，注釋者八百餘家，而開國楊圭取其義之精者十有七編爲一本。邑佐胡侯得之以付廖氏，刊而傳誦，使人開卷瞭然，即了其理，誠爲善本。奈何年代深遠，卷帙散落，邑之掌釋教官僧會、圓畋，匃衆善信，命工重刊是經以廣其傳，求予題其後焉。虖！經乃過河之筏，既到彼岸，筏則不用。此岸未渡者，無筏何由得濟，故必假之以爲入道之路也。

永樂辛卯臘之閏月朔旦，邑簿四明王汝賢拜手謹題

〔二〕羚：文中三處『羚』字原卷皆作『麢』，當是『羚』的俗寫形式（此是張湧泉先生惠示）。

八　金剛經集注原序[一]

天中天之大覺，聖中聖之能仁，開菩提解脱之門，示般若真如之理。放白毫光，遍照微塵刹海；舒廣長舌，敷宣最上大乘。斯大乘經者，誠諸佛之靈襟，實群生之淵府。離名離相，非色非心，蓋天蓋地，亘古亘今。其實書不到頭，亦乃卷不到尾。迷之則永劫沉淪，悟之則登時解脱。迷悟雖有差殊，生佛曾無間隔。斯經在處，即爲有佛。洪惟太宗皇帝，不忘靈山付囑之情，遂啓流通之念。故乃留神内典，簡閱諸編，選其至精至要經旨弗違者，重加纂輯，特命鋟梓，用廣流傳。而後親運睿思，焕發序文，有云：『先天地而不見其始，後天地而不見其終，睹觀之金剛般若波羅蜜經，蓋可見矣。』信哉！至尊誠言，萬古爲龜鑒焉。奉佛弟子來福等，睹斯最上大乘，如暗遇明，如貧得寶，如久病得痊安，如遠客歸故里，踊躍歡然，信受奉行。由是會約同志，罄捨珍資，命工重刊印施，遐邇流傳。普願五濁衆生，快登般若慈航，速達菩提彼岸。仰冀時和歲稔，雨順風調，國泰民安，法輪常轉者矣。

正統三年六月上旬吉日大功德禪寺住持右覺義洪蓮敬書

[一] 此至第十篇序跋，録自《卍續藏》之洪蓮編《金剛經注解》。

九 《金剛經會解》跋

大藏諸經，凡佛口所宣，無不甚深微妙。獨《金剛》一卷，指明虚妄，推極根源，爲衆生解粘釋縛之捷徑，故受持者衆，而其靈感亦最著。然世所流通，但多本文，諸家之注，未能全備。兹編所輯，特爲精要。三十年前，鐫於東城，顧氏澤庵印布，旋復滯閣。今幸版仍完好，歸於進思汪君。君發心印施，兼冀同志協贊流傳，使讀誦者一啓卷，而逮其玄津，悟其微旨。即六度而該萬行，空四相而證菩提。本性中一段靈光，積劫不壞，堅利如金，庶無負我佛救世慈悲。而印施者之功德行願，亦與俱無窮矣。適胤文戴居士以一帙示我，爲欣喜贊嘆，合十頂禮，而敬識之。

康熙癸丑夏六月朔念齋繆彤

十 重刻《金剛經》跋

《般若經》六百卷，《金剛經》特其中之一卷耳。而性宗密諦，包括無餘，大要以無住生心爲歸著。蓋無住則空諸所有，生心則不落頑空。何以入門，因六如以無四相，得成於忍，如如不動，已登彼岸矣。二分云：『發阿耨多羅三藐三菩提心，應如是住，如是降伏其心。』發處即是降處，亦即是住處，所謂『當下便是，轉念即乖』是也。注者不下六七百家，求其曉暢精核，迄無善本。吾友黄君妙嚴，酷躭竺典，究心浄土，宦游南越垂十餘年，所歷多惠政。公餘猶訪緇素，參研所得。今年秋，余浪游庾嶺，寓妙嚴署齋，談次，示余一編，得之淮陰程君秋泉，乃前明永樂朝命諸臣彙考輯訂，較諸本最精。敷坐莊誦，嘆爲觀止。妙嚴慮舊板漫漶，無以廣其傳也，即付之剞劂，匝月工竣。經云『修浄土人能讀大乘經者，定應上品上生』，吾知般若種子，此於身中妙嚴之超詣深矣。

乾隆四十一年歲次丙申九月既望之七日，杭人陶學椿拜書

附録二　歷代漢文《金剛經》注疏目録初編〔一〕

朝代	注家	注本	版本／出處	備注
東晉	僧肇（三八四—四一一）	《金剛般若波羅蜜經注》一卷	《卍續藏》〔二〕第三十八册	前有日本金龍沙門敬雄寶曆十二年序
梁	傅翕（四九七—五六九）	《梁朝傅大士頌金剛經》一卷	《大正藏》第八十五册，NO. 二七三二	前有佚名序
隋	智顗（五八三—五九七）	《金剛般若經疏》一卷	《大正藏》第三十三册，NO. 一六九八	
隋	吉藏（五四九—六二三）	《金剛般若疏》四卷	《大正藏》第三十三册，NO. 一六九九	
唐	慧净（五七八—？）	《金剛經注疏》三卷	《卍續藏》第三十八册	卷首有太常博士褚亮序
唐	智儼（六〇二—六六八）	《佛説金剛般若波羅蜜經略疏》二卷	《大正藏》第三十三册，NO. 一七〇四	
唐	窺基（六三二—六八二）	《金剛般若經贊述》二卷	《大正藏》第三十三册，NO. 一七〇〇	卷首有文化十二年（一八一三）日僧訓映、順藝的刊行序與起刻序

〔一〕此處時間僅止于晚清，特此説明。民國注疏之相關目録，可參蔡念生《中華大藏經總目》，本稿對蔡書也間有采用，謹致謝忱。

〔二〕按，本書所據《卍續藏》皆依藏經書院版。

朝代	注家	注本	版本/出處	備注
唐	窺基（六三二—六八二）	《金剛般若論會釋》三卷	《大正藏》第四十册，NO. 一八一六	後附日僧順藝文化十三年至文政五年的校經題記多條
唐	知恩	《金剛般若經依天親菩薩論贊略釋秦本義記》一卷	《大正藏》第八十五册，NO. 二七三六	出自敦煌寫卷
唐	慧能（六三八—七一三）	《金剛經解義》二卷	《卍續藏》第三十八册	後附羅適元豐七年（一〇八四）《六祖口訣後序》，湯翼聖順治十年（一六五三）、周克順康熙六年（一六六七）各撰之《重刻〈六祖金剛經解〉跋》
唐	道氤（六六八—七四〇）	《御注金剛般若波羅蜜經宣演》二卷	《大正藏》第八十五册，NO. 二七三三	此書原有六卷，目前僅存二卷，出自敦煌寫卷
唐	玄宗李隆基（六八五—七六二）	《金剛般若波羅蜜經注》（并序）一卷	房山石經第三册 NO. 〇一〇〇	
唐	寶達	《金剛暎卷上》一卷	《大正藏》第八十五册，NO. 二七三四	出自敦煌寫卷，是爲道氤《御注金剛般若波羅蜜經宣演》所作之注解
唐	曇曠（約七〇〇—八〇〇）	《金剛般若經旨贊》二卷	《大正藏》第八十五册，NO. 二七三五	後有寫經題記曰：廣德二年六月五日釋普遵於沙州龍興寺寫□
唐	佚名	《金剛經疏》三卷	《大正藏》第八十五册，NO. 二七三七	出自敦煌寫卷，今存一卷
唐	佚名	《金剛經疏》	《大正藏》第八十五册，NO. 二七三八	出自敦煌寫卷
唐	佚名	《金剛般若經挾注》	《大正藏》第八十五册，NO. 二七三九	出自敦煌寫卷

朝代	注家	注本	版本/出處	備注
唐	宗密（七八〇—八四一）述、宋子璿（九六五—一〇三八）治定	《金剛般若經疏論纂要》二卷	《大正藏》第三十三册，NO. 一七〇一	
宋	宗鏡述、明覺連重集	《銷釋金剛經科儀會要注解》九卷	《卍續藏》第九十二册	有智化寺沙門道燈嘉靖三十年（一五五一）之跋
宋	子璿（九六五—一〇三八）	《金剛經纂要刊定記》七卷	《大正藏》第三十三册，NO. 一七〇二	前有天聖二年（一〇二四）之自序
宋	張商英（一〇四三—一一二一）	《金剛經三十二分説》一卷	《卍新纂續藏經》第七十九册《嘉泰普燈録》卷第三十	
宋	曇應（一〇九〇—一一七〇）	《金剛般若波羅蜜經采微科》一卷	《卍續藏》第九十二册	
宋	曇應	《金剛般若波羅蜜經采微》二卷	《卍續藏》第九十二册	
宋	曇應	《金剛般若波羅蜜經采微餘釋》一卷	《卍續藏》第九十二册	
宋	道川（約一一〇〇—一一八〇）	《金剛經注》三卷	《卍續藏》第三十八册	卷首有張無盡書《川老〈金剛經〉序》，經題下曰：『本注六祖所述也，頌著語川老所述也。』
宋	善月（一一四九—一二四一）	《金剛經會解》二卷	《卍續藏》第三十八册	前有嘉定四年（一二一一）之自序，後跋作年俟考

朝代	注家	注本	版本／出處	備注
宋	楊圭	《十七家解注金剛經》四卷	明學易山人刻本，國家圖書館藏；明戚繼光刻本，臺北「國家圖書館」藏	
元	徐行善（約一二四〇—一三二〇）	《金剛經疏科釋》一卷	《卍續藏》第三十八册	本書乃對智顗《金剛般若經疏》之科釋，前有至元三十一年（一二九四）之自序，後附日本梵芳應永十九年摹刻書
元	中峰明本（一二六三—一三二三）	《金剛般若波羅蜜經解》一卷	有明刻套印本	轉引自伍姬穎：《漢文〈金剛經〉版本研究》，杭州師範大學碩士學位論文，二〇一二年
元	無聞思聰	《金剛般若波羅蜜經注解》一卷	元至正元年（一三四一）資福寺刊，朱墨套印一册，藏臺北「中央圖書館」	
明	宗泐（一三一八—一三九一）、如玘（一三二〇—一三八五）	《金剛般若波羅蜜經注解》一卷	《大正藏》第三十三册，NO. 一七〇三	前有語云：「此經乃姚秦三藏法師鳩摩羅什所譯。分三十二分者，相傳爲梁昭明太子所立，元譯本無。又與本論科節不同，破碎經意，故不取焉。今注一本天親等論，取其意而不盡用其語，以其語深難便初學故也。」
明	朱棣（一三六〇—一四二四）	《金剛般若波羅蜜經集注》	明永樂内府刻本	有永樂二十一年（一四二三）御製序
明	得通	《金剛般若波羅蜜五家解》	《禪宗全書》第三十三册，據日本花園大學藏本影印	此書乃明永樂間涵虚堂得通對五家注《金剛經》所做的注解，這五家包括傅大士贊、六祖慧能口訣、宗密禪師纂要、冶父川禪師頌、宗鏡禪師提綱，但此編集出於何人之手不得而知
明	洪蓮（約一三九〇—一四七〇）	《金剛經注解》四卷	《卍續藏》第三十八册	有洪蓮自序、朱棣御製序及宋楊圭舊序、清繆彤跋、陶學椿跋

朝代	注家	注本	版本／出處	備注
明	曾鳳儀	《金剛經宗通》七卷	《卍續藏》第三十九册	前有自序
明	曾鳳儀	《金剛經偈釋》二卷	《卍續藏》第三十九册	
明	紫柏真可（一五四三—一六〇三）	《金剛經釋》一卷	《卍續藏》第三十九册	出《紫柏尊者全集》卷第十一
明	憨山德清（一五四六—一六二三）	《金剛經決疑》一卷	《卍續藏》第三十九册	前有萬曆四十四年（一六一六）自撰《刻金剛決疑題辭》
明	廣伸	《金剛經鎞》二卷	《卍續藏》第三十九册	前有萬曆四十六年（一六一八）洪瞻祖撰《〈金剛鎞〉序》
明	如愚	《金剛筏喻》二卷	北平卧佛寺藏版	有萬曆四十六年自序，民國二十三（一九三四）周演濟序、翟文選跋
明	林兆恩（一五一七—一五九八）	《金剛經統論》一卷	《卍續藏》第三十九册	前有自序，出林氏全集
明	大韶	《金剛經正眼》一卷	《卍續藏》第三十九册	出《千松筆記》
明	如觀	《金剛經筆記》一卷	《卍續藏》第三十九册	卷首有崇禎十年（一六三七）埽庵髯道人譚貞默序
明	藕益智旭（一五九九—一六五五）	《金剛經破空論》一卷	《卍續藏》第三十九册	崇禎十三年（一六四〇）作
明	蕅益智旭	《金剛經觀心釋》一卷	《卍續藏》第三十九册	

朝代	注家	注本	版本/出處	備注
明	觀衡（一五七八—一六四五）	《金剛經略談》一卷	《卍續藏》第三十九册	出《顓愚和尚語録》
明	元賢（一五七八—一六五七）	《金剛經略疏》一卷	《卍續藏》第三十九册	前有元賢自序
明	圓杲	《金剛經音釋直解》一卷	《卍續藏》第三十九册	前有圓杲、圓衍序各一，末附日僧西吟《書〈金剛經直解〉後》
明	屠根	《金剛經注解鐵鋑銘》二卷	《卍續藏》第九十二册	前有順治五年（一六四八）龔泰瑞序
明	韓巖集解、程衷懋補注	《金剛經補注》二卷	《卍續藏》第九十二册	前有查應光天啓六年（一六二六）序
明	徐雲嶠（即徐士英）	《金剛般若波羅蜜經》二卷	明萬曆十年（一五八二）湯世隆刻本，現藏華東師範大學圖書館	轉引自伍姬穎：《漢文〈金剛經〉版本研究》，杭州師範大學碩士學位論文，二〇一二年
明	秦登瀛	《金剛般若波羅蜜經集解》不分卷	明萬曆三十七年（一六〇九）陳繼儒刻本，現藏中國科學院圖書館	轉引自伍姬穎：《漢文〈金剛經〉版本研究》，杭州師範大學碩士學位論文，二〇一二年
明	曹元相	《金剛經句解》一卷	明崇禎十四年（一六四一）周之德刻本，現藏無錫市圖書館	轉引自伍姬穎：《漢文〈金剛經〉版本研究》，杭州師範大學碩士學位論文，二〇一二年

朝代	注家	注本	版本/出處	備注
清	王起隆	《金剛經大意》一卷	《卍續藏》第三十九册	前有王氏《答屠息庵讀〈金剛經大意〉書》《〈金剛經大意〉自跋》
清	無是道人	《金剛經如是解》一卷	《卍續藏》第三十九册	前有無是道人自序、順治十四年（一六五七）譚貞默序、弘禮序，後有性琮跋、王鐸順治七年（一六五〇）跋、北海老人序
清	徐昌治（別號無依道人）	《金剛經會解了義》一卷	《卍續藏》第三十九册	前有徐氏順治十八年（一六六一）《自叙》
清	溥仁乩釋、子真乩訂	《金剛經注釋》一卷	《卍續藏》第四十册	前有溥仁、子真順治十七年（一六六〇）書、叙各一，後有康熙三年（一六六四）雷應期跋
清	行策（一六二八—一六八二）	《金剛經疏記會編》十卷	《卍續藏》第三十九册	前有康熙三年（一六六四）行策自序
清	徐發	《金剛經郢説》一卷	《卍續藏》第三十九册	前有徐發自序、考异、説略、附記等内容
清	寂焰	《金剛經演古》一卷	《卍續藏》第四十册	前有道霈康熙十五年（一六七六）序、范鋐序、康熙八年（一六六九）寂焰後序
清	仲之屏	《金剛經注正訛》一卷	《卍續藏》第三十九册	卷首有二序，一序有缺頁，另一爲徐來賓康熙十五年（一六七六）序
清	翁春、王錫琯	《金剛經淺解》一卷	《卍續藏》第三十九册	後有趙岳生康熙二十年（一六八一）跋
清	續法（一六四一—一七二八）	《金剛經直解》四卷	民國十二年（一九二三）天童退居净心、住持文質石印本	續法康熙二十三年（一六八四）自序，乾隆四十四年（一七七九）照瑞授梓序
清	石成金（約一六六〇—一七四〇）	《金剛經石注》一卷	《卍續藏》第四十册	前有康熙四十一年（一七〇二）《自序》《自叙》各一

朝代	注家	注本	版本/出處	備注
清	雍正胤禛（一六七八—一七三五）	《雍正御注金剛經》	廣西師範大學出版社二〇一六年據民國時期綫裝石印本影印	
清	孚佑帝君注解，培真道人校正	《金剛經注解》一卷	《卍續藏》第四十册	前有乾隆元年（一七三六）純陽子序、道光二十一年（一八四一）定光佛乩序
清	王澤注	《金剛經易知句解》二卷	光緒丙子吴下木刻一册	乾隆二十七年（一七六二）自序，光緒四年俞樾序
清	溥畹（約一六一〇—一六九〇）	《金剛經心印疏》二卷	《卍續藏》第四十册	
清	成鷲（一六三七—一七二二）	《金剛經直説》一卷	《卍續藏》第四十册	前有自序及《凡例》六則
清	通理（一七〇一—一七八二）	《金剛新眼疏經偈合釋》二卷	《卍續藏》第三十九册	前有乾隆三十年（一七六五）通理《金剛般若經偈會本叙》
清	唐宗密疏、宋子璿記、清大璸科會	《金剛經疏記科會》十卷	《卍續藏》第三十九册	前有孫效曾、顧光乾隆四十七年（一七八二）序各一篇
清	靈耀	《金剛經部旨》二卷	《卍續藏》第四十册	其自序，收入靈耀《隨緣集》卷第一
清	孫念劬	《金剛經彙纂》二卷	《卍續藏》第四十册	前有孫氏乾隆五十八年（一七九三）原序、嘉慶元年重刻序，後有光緒二十二年（一八九六）張浄觀跋
清	鄧葵鄉	《金剛經輯注》	日本東京大學東洋文化研究所藏嘉慶丁卯（一八〇七）年刻本	前有嘉慶丁卯（一八〇七）年林約齋序及鄧氏自序

朝代	注家	注本	版本／出處	備注
清	存吾	《金剛經闡説》二卷	《卍續藏》第九十二册	前有嘉慶二十一年（一八一六）自序、同治六年洪壽椿捐刊序，末附洪氏《復題〈金剛經闡説〉後序》
清	建基	《金剛經科儀寶卷》一卷	《卍續藏》第一百二十九册	末云『道光乙未年（一八三五）孟夏奉佛弟子心僧談（建基）薰盥敬録
清	高驤云	《金剛經隨説》一卷	道光二十四年（一八四四）刻本，現藏浙江圖書館	轉引自伍姬穎：《漢文〈金剛經〉版本研究》，杭州師範大學碩士學位論文，二〇一二年
清	陳柱	《金剛經淺説》一卷	鉛印本	道光二十八年（一八四八）自序、三十年（一八五〇）顯清序
清	徐槐廷[二]（一八〇〇—一八七三）	《金剛經解義》二卷	《卍續藏》第九十二册	前有咸豐八年（一八五八）黄樂之《書》及徐氏所撰《金剛經源流》
清	曹良鄉	《金剛經句解便蒙》附《心經句解便蒙》一卷	北平中央刻經院鉛印一册	同治七年（一八六八）自序
清	臧志仁	《金剛經句解觀》二卷	光緒丙子（即光緒二年，一八七六）揚州磚橋法藏寺木刻一册	前有自序
清	俞樾（一八二一—一九〇七）	《金剛經注》二卷	《卍續藏》第四十册	前有光緒九年（一八八三）自序

[二] 廷：陸心源《儀顧堂集》卷第十《同知潮州府事贈通議大夫徐君家傳》作『庭』。

朝代	注家	注本	版本/出處	備注
清	俞樾	《金剛經訂義》一卷[一]	《卍續藏》第四十册	
清	謝承謨	《金剛經易解》二卷	《卍續藏》第九十二册	前有光緒十五年(一八八九)唐養愚序、劉紹南序及謝氏自序
清	釋芥行説、昌道編	《金剛經實義》一卷	宣統二年(一九一〇)杭州瑪瑙經房重刻本,現藏浙江圖書館	轉引自伍姬穎:《漢文〈金剛經〉版本研究》,杭州師範大學碩士學位論文,二〇一二年
清	性起	《金剛般若波羅蜜經懸判疏鈔》九卷	《卍續藏》第九十二册	前有俞兆龍序
清	性起	《金剛般若波羅蜜經法眼注疏》二卷	《卍續藏》第九十二册	
清	剩閑居士龔槩綵注、蓮舫居士扈正智校	《金剛經正解》二卷	《卍續藏》第九十二册	
清	行敏	《金剛經如是經義》二卷	《卍續藏》第九十二册	
清	行敏	《金剛經注講》二卷	《卍續藏》第九十二册	

[一] 以上兩種俞樾之著作,又見《春在堂全書》。

朝代	注家	注本	版本/出處	備注
有目録無存書者				
晉	謝靈運	《金剛般若經注》		李善《文選》注中保留兩條，朱棣《金剛經集注》保留十二條
隋	净影惠遠	《金剛般若經疏》一卷	永超《東域傳燈目録》	
唐	法融（五九四—六五七）	《注金剛般若經》一卷	惠運《惠運禪師將來教法目録》	
唐	玄范	《注金剛般若經》一部卷	《大唐内典録》卷第五	
唐	玄惲（即道世，？—六八三）	《金剛般若經集注》三卷	《大唐内典録》卷第五	
唐	玄儼（六七五—七四二）	《金剛義疏》七卷	《宋高僧傳》卷第十四本傳	
唐	假名[一]湛師	《金剛集解》二卷	《佛祖統紀》卷第二十五	
唐	道液	《金剛般若疏》一卷	《常曉和尚請來目録》	
唐	金剛藏	《金剛般若經注》一卷	《常曉和尚請來目録》	
唐	王潔	《金剛般若經注》一卷	《常曉和尚請來目録》	

[一]『假名』，托名之作也。湛師：似指湛然圓澄（七一一—七八二）。

朝代	注家	注本	版本/出處	備注
唐	大雲	《金剛般若經科文》一卷、《金剛般若經疏》三卷	《智證大師請來目録》	
唐	行琮	《金剛經隨疏抄》三卷	《智證大師請來目録》	
唐	法敏	《金剛經疏抄》三卷	《智證大師請來目録》	
唐	大白和尚	《金剛經訣》一卷	《通志·藝文略第五》《宋史·藝文志四》	
唐	鄭覃（？—八四二）等	《唐六譯金剛經贊》一卷	《宋史·藝文志四》	
宋	應之	《四注金剛經》一卷	《宋史·藝文志四》	
宋	顔丙	《金剛經注》	明永樂内府刻本	部分内容保存于朱棣《金剛經集注》
宋	晁迥（九四八—一〇三一）	《金剛經注》	明永樂内府刻本	部分内容保存于朱棣《金剛經集注》
宋	浄覺仁岳	《金剛般若疏》二卷	《佛祖統紀》卷第二十一	
宋	王安石（一〇二一—一〇八六）	《王荆公注金剛經》	《遂初堂書目》	

朝代	注家	注本	版本／出處	備注
宋	佚名集注	《金剛經會解》一卷	《郡齋讀書志》卷三下著録，有僧宗密、僧知恩、皇朝元仁、賈昌朝、王安石五家注	
宋	元照（一〇四八—一一一六）	《金剛疏》	《（雍正）浙江通志》卷第二百四十五	
宋	惠洪（一〇七一—一一二八）	《金剛法源論》一卷	《僧寶正續傳》卷第二[二]	
宋	果公	《金剛經解》	晁悦之《寄果公》（載《嵩山文集》卷第七）	晁詩自注云：『果公有《金剛經解》，予欲爲之序。』
宋	安保衡	《禪宗金剛經解》一卷	《郡齋讀書志後志》卷第二	陳士元《象教皮編》卷第五引其部分自序
宋	與咸（？—一一六三）	《金剛辨惑》一卷	《佛祖統紀》卷第十六	
宋	釋修己	《金剛經旨要》一卷	《郡齋讀書志》卷第三	
宋	李文會（一一〇〇—一一六五）	《金剛經注》	明永樂内府刻本	大部分内容保存于朱棣《金剛經集注》

[二] 按，明李賢撰《明一統志》第五十七評惠洪『禪學最深，注《金剛》《楞嚴經》』。

朝代	注家	注本	版本／出處	備注
宋	王日休（？—一一七三）	《金剛經解》四十二卷	明永樂内府刻本	部分内容保存于朱棣《金剛經集注》，《宋史·藝文志四》亦著録書名
宋	陳雄	《金剛經注》	明永樂内府刻本	部分内容保存于朱棣《金剛經集注》，另《卍續藏經》第三十九册《金剛經彙纂》卷首亦著録書名
宋	釋可觀（一〇九二—一一八二）	《金剛通論》《事説》各一卷		《佛祖統紀》卷第十五
宋	若訥（一一一〇—一一九一）	《注金剛般若經》		部分内容保存于朱棣《金剛經集注》，《佛祖統紀》卷第五十一載訥入内殿注經事
宋	宗印（一一四八—一二一三，又稱北峰印）	《金剛新解》	《佛祖統紀》卷第十六	
宋	浄杲	《金剛經疏》	《佛祖統紀》卷第十四	
宋	仙潭倫師	《金剛經疏》四卷	《佛祖統紀》卷第二十五	
宋	張祥龍（字新符，？—一二五八）	《金剛經大意》一卷	釋道璨《柳塘外集》卷第四《中沙張公先生墓志銘》	
金	李純甫（一一七七—一二二三，號屏山居士）	《金剛經别解》	元耶律楚材《屏山居士〈金剛經别解〉序》（載《湛然居士集》卷第十三）	耶律楚材序曰：『屏山居士取儒道兩家之書，會運裝二師之論，牽引雜説，錯綜諸經，著爲别解一編。』

朝代	注家	注本	版本/出處	備注
元	王寄聰	《解金剛經》	劉將孫《〈解金剛經〉序》(載《養吾齋集》卷第一)	
元	劉元璋(號静庵居士)	《金剛經解》	劉壎《〈金剛經解〉序》(載《水雲村稿》卷第五)	
元	徐士英(即徐雲嶠)	《金剛經口義》	明楊慎《升庵集》卷第七十三著録	楊慎謂此書多以儒書證佛言,陳士元《象教皮編》卷第一引有佚文一條
元	湛堂性澄(一二六五—一三四二)	《金剛經集注》	事見元黄溍撰《上天竺湛堂法師塔銘》	
明	太祖朱元璋(一三二八—一三九八)	《集注金剛經》一卷(成祖製序)	《明史·藝文志三》	
明	釋大祐(洪武間僧録)	《彌陀金剛二經真解》	《千頃堂書目》卷第十六	
明	南洲(溥)洽法師[二](一三四六—一四二六)	《金剛經注解》	楊士奇《南洲洽法師志略》(《金陵梵刹志》卷第三十一)	
明	何湛之(萬曆己丑,即一五八九年進士)	《金剛經偈論疏注》二卷	《千頃堂書目》卷第十六	
明	李大參	《注金剛經》	《晁氏寶文堂書目》	

[二] 《(正德)姑蘇志》卷第五十八指出,溥洽字南洲;《明史》卷第一百四十五《姚廣孝傳》載溥洽係建文帝之僧録。

朝代	注家	注本	版本/出處	備注
明	雪浪洪恩（一五四五—一六〇八）	《金剛經解義》一卷	《千頃堂書目》卷第十六	
明	俞王言〔二〕	《金剛標指》一卷	《明史·藝文志三》	
明	幻居真界（千松弟子）	《金剛直解》	釋大聞《釋鑒稽古略續集》卷第三	
明	張二果〔三〕（？—一六四〇）	《金剛經注釋》	《千頃堂書目》卷第十六	
明	釋源静	《金剛經注解》十二卷	《八千卷樓書目》（民國十二年鉛印本）卷第十四	
明	張國維（號如如居士）	《金剛經疏芥》二卷〔三〕	張氏《〈金剛經疏芥〉序》〔四〕	崇禎十六年（一六四三）撰
明	釋道肯	《集纂金剛經》一卷	《八千卷樓書目》卷第十四	
明	王象晋（一五六一—一六五三）	《金剛經解》	《（道光）濟南府志》（道光二十年刻本）卷第六十四	

〔二〕《卍續藏經》載有俞氏萬曆丙午（一六〇六）作《刻〈楞嚴經標指〉序》。

〔三〕張二果生平，參見汪宗衍《天然和尚年譜》，見藍吉富主編《大藏經補編》第二十二册，第八九七頁，臺北：華宇出版社，一九八六年。

〔三〕孫念劬《金剛經彙纂》、存吾《金剛經闡説》、徐槐廷《金剛經解義》皆有引用張氏之説。

〔四〕又，《張忠敏公遺集》附録卷第三輯有甲居楨《重刻張忠敏公〈金剛經疏芥〉跋》、振珂《重刻〈金剛經疏芥〉題後》。

朝代	注家	注本	版本/出處	備注
明	葉秉敬（一五六二—一六二七）	《金剛演説》一卷	《（雍正）浙江通志》卷第二百四十六	
明	張有譽（號大圓居士，一五八九—一六六九）[二]	《金剛經義趣廣演》三卷	《千頃堂書目》卷第十六	
明	釋通潤（字一雨，吴縣人）	《金剛經心解》	《千頃堂書目》卷第十六	
明	釋受慧	《金剛經玄略》	《傳是樓書目》（道光八年味經書屋鈔本）	
明	釋廣伸述，釋傳燈撰	《金剛經二十七疑脈絡圖説》	《傳是樓書目》	
明	張方伯	《金剛心經別解》	據《天界覺浪盛禪師全録》卷第二十九《張方伯〈金剛心經別解題辭〉》	
明	齊椿齡	《金剛經解》	梁雲構《〈金剛經解〉序》（載《豹陵集》卷第十四）	

[二] 張有譽生平，參《五燈全書》卷第八十七『澄江張有譽大圓居士』條。

朝代	注家	注本	版本／出處	備注
清	雲溪俍亭淨挺禪師	《提金剛經》十卷、《金剛經隨説》《金剛經別傳》《金剛經拈》	《（雍正）浙江通志》卷第二百四十五〔二〕	
清	錢謙益（一五八二—一六六四）	《金剛經疏記懸判》一卷，《會鈔》一卷	《八千卷樓書目》卷第十四	
清	錢謙益	《金剛經論釋懸判》一卷，《偈論會鈔》一卷	《八千卷樓書目》卷第十四	
清	釋大寂	《金剛疏義》三卷	《（乾隆）江南通志》卷第一百九十二	
清	徐立嚴	《金剛經注》	尤侗《〈金剛經注〉序》（《西堂雜組》三集卷三）	
清	程觀頤	《金剛經偶詮筆》二卷	《傳是樓書目》	
清	宗徵典	《金剛經集注》五卷	《傳是樓書目》	

〔二〕 按，《（乾隆）杭州府志》卷第五十八《藝文》則歸入『净智』名下。

朝代	注家	注本	版本/出處	備注
清	高珩	《金剛經大義》	《傳是樓書目》	
清	姚子莊	《金剛經集解》	《傳是樓書目》	
清	黃琮	《金剛經注解》一卷	《八千卷樓書目》卷第十四	
清	汪高	《藕花居士金剛經集注》	《(民國)杭州府志》卷第八十九(李榕撰，民國十一年排印本)	
清	李郁	《金剛經注》	《(光緒)重修安徽通志》(何紹基等撰，光緒四年刻本)卷第三百四十二	
清	闞乘龍	《金剛經解》	《(光緒)重修安徽通志》卷第三百四十二	
清	陳遇春	《金剛經淺解》	《(光緒)永嘉縣志》(王棻等撰，光緒八年刻本)卷第二十七	

朝代	注家	注本	版本／出處	備注
清	李騰芳	《金剛經解》	《（光緒）湘潭縣志》（王闓運等撰，光緒十五年刻本）卷第十	
清	周律	《金剛注采》	《（光緒）湘潭縣志》卷第十	
清	萬繼昌	《金剛經解》二卷	《（光緒）湘潭縣志》卷第十	
清	周崇第	《金剛通論》一卷	《（光緒）湘潭縣志》卷第十	
清	釋願乾	《金剛大義》	《（光緒）湖南通志》（曾國荃等撰，光緒十一年刻本）卷第二百五十二	
清	曾承謙	《金剛經解》二卷	《（光緒）湖南通志》卷第二百五十二	
清	釋常照（？—一九〇六）	《注金剛經》若干卷	《新續高僧傳》卷第五十九	

主要參考文獻

（一）原始文獻

（宋）楊圭集注：《十七家解注金剛經》，明嘉靖四十年學易山人刻本，國家圖書館藏。

（宋）楊圭集注：《金剛般若波羅蜜經集解》，明戚繼光校刊本，臺北『國家圖書館』藏。

（明）朱棣集注：《金剛般若波羅蜜經集注》，上海：上海古籍出版社，二〇一一年。

（明）朱棣集注：《金剛經集注》，一葦校點，濟南：齊魯書社，二〇〇七年。

（明）朱棣集注：《金剛經集注》，會閑點校，上海：華東師範大學出版社，二〇一六年。

（明）朱棣編：《新刊金剛經百家集注大成》，臺北：商周出版，二〇一五年。

（明）洪蓮編：《金剛經五十三家注》，康熙五十二年癸巳（一七一三）實俗刊本，美國華盛頓大學圖書館藏。

（明）洪蓮編：《金剛經五十三家注解》，同治九年（一八七〇）衆善堂刊本，《藏外佛經》第七册，合肥：黄山書社，二〇〇五年。

（梁）傅大士頌：《梁朝傅大士頌金剛經》，達照整理，方廣錩主編：《藏外佛教文獻》第九册，北京：宗教文化出版社，二〇〇三年。
（梁）傅大士頌：《梁朝傅大士夾頌金剛經》，達照整理，方廣錩主編：《藏外佛教文獻》第九册，北京：宗教文化出版社，二〇〇三年。
［日］高楠順次郎等主編：《大正新修大藏經》，臺北：新文豐出版股份有限公司，一九八三年。
［日］前田慧雲、中野達慧等編集：《卍續藏經》，臺北：新文豐出版股份有限公司，一九八三年。
趙樸初名譽主編：《永樂北藏》，北京：綫裝書局，二〇〇〇年。
《域外漢籍珍本文庫》編輯委員會編：《高麗大藏經》，北京：綫裝書局，二〇〇四年。
（清）阮元校刻：《十三經注疏》，北京：中華書局，二〇〇八年。
《諸子集成》，上海：上海書店出版社，一九八六年。
（後晋）劉昫：《舊唐書》，北京：中華書局，一九七五年。
（宋）歐陽修等撰：《新唐書》，北京：中華書局，一九七五年。
（宋）歐陽修編：《新五代史》，北京：中華書局，一九七四年。
（元）脱脱等撰：《宋史》，北京：中華書局，一九八五年。
（宋）晁公武撰，孫猛校注：《郡齋讀書志校證》，上海：上海古籍出版社，二〇一一年。

（宋）晁迥：《法藏碎金録》，文淵閣四庫全書本，臺北：臺灣商務印書館，一九八三年。
（宋）晁迥：《道院集要》，文淵閣四庫全書本，臺北：臺灣商務印書館，一九八三年。
（宋）晁迥：《昭德新編》，文淵閣四庫全書本，臺北：臺灣商務印書館，一九八三年。
（宋）李昉等撰：《太平廣記》，北京：中華書局，一九六一年。
（宋）洪邁：《夷堅志》，何卓點校，北京：中華書局，一九八一年。
（宋）真德秀：《西山先生真文忠公文集》，四部叢刊初編本，上海：商務印書館，一九二一年。
（宋）真德秀：《西山文集》，文淵閣四庫全書本，臺北：臺灣商務印書館，一九八三年。
（宋）劉克莊：《後村先生大全集》，四部叢刊初編本，上海：商務印書館，一九二一年。
（宋）魏了翁：《鶴山集》，文淵閣四庫全書本，臺北：臺灣商務印書館，一九八三年。
（宋）葉紹翁：《四朝聞見録》，知不足齋本。
（清）孫濤輯：《全唐詩話續編》，民國五年（一九一六）鉛印本。
（明）李賢：《大明一統志》，西安：三秦出版社，一九九〇年。
（清）徐松：《宋會要輯稿》，劉琳、刁忠民、舒大剛校點，上海：上海古籍出版社，二〇一四年。
（清）顧祖禹：《讀史方輿紀要》，北京：中華書局，二〇〇五年。

曾棗莊、劉琳主編：《全宋文》，上海：上海辭書出版社，二〇〇六年。
傅璿琮等主編：《全宋詩》，北京：北京大學出版社，一九九八年。
唐圭璋編：《全宋詞》，北京：中華書局，一九六五年。
（明）張宇初編：《正統道藏》，文物出版社、上海書店、天津古籍出版社，一九八七年。

（二）工具書

慈怡主编：《佛光大辭典》，北京：北京圖書館出版社，二〇〇四年據臺灣佛光出版社一九八九年六月第五版影印。
比丘明復編：《中國佛學人名辭典》，北京：中華書局，一九八八年。
賴永海主编：《中國佛教百科全書》，上海：上海古籍出版社，二〇〇〇年。
任繼愈主编：《佛教大辭典》，南京：江蘇古籍出版社，二〇〇二年。
張志哲主编：《中華佛教人物大辭典》，合肥：黄山書社，二〇〇五年。
袁賓、康健主编：《禪宗大詞典》，武漢：崇文書局，二〇一〇年。
［日］織田得能編著：《佛學大辭典》，丁福保譯，北京：中國書店出版社，二〇一一年。

（三）方志

（宋）梁克家修纂、福州市地方志編纂委員會整理：《三山志》，福州：海風出版社，二〇〇〇年。

（明）何喬遠：《閩書》，福州：福建人民出版，一九九四年。

沈瑜慶、陳衍等：《福建通志》，北京：方志出版社，二〇一六年。

（明）陸以載：《（萬曆）福安縣志》，李健民標點，北京：中央文獻出版社，二〇〇三年。

（清）賈懋功：《順昌縣志》，中國方志叢書・華南地方・第二二〇號，臺北：成文出版社，一九七四年。

（清）張琦、鄒山、蔡登龍：《康熙建寧府志》，上海：上海書店出版社，二〇一二年。

蔡振鑒：《建甌縣志》，中國方志叢書・第九十五號，臺北：成文出版社，一九六七年。

（清）嵇曾筠：《雍正浙江通志》，清光緒二十五年（一八九九）刊本。

（明）吴寬、王鏊：《（正德）姑蘇志》，南京：鳳凰出版社，二〇一四年。

（四）近人專著

呂澂：《呂澂佛學論著選集》，濟南：齊魯書社，一九九一年。

釋印順：《般若經講記》，北京：中華書局，二〇一〇年。

顧偉康：《金剛經解疑六講》上海：上海古籍出版社，二〇一一年。

江味農：《金剛經講義》，濟南：齊魯書社，二〇一三年。

丁小平點校：《金剛經注釋集》，北京：宗教文化出版社，二〇一六年。

王孺童：《王孺童集・金剛經研究》，北京：宗教文化出版社，二〇一八年。

馬文舉：《〈金剛經〉〈心經〉解義學修悟證詮釋》，北京：宗教文化出版社，二〇一八年。

全根先、林世田：《金剛經史話》，北京：國家圖書館出版社，二〇一六年。

張恬、劉寅春：《〈金剛經〉同經异譯與語言研究》上海：中西書局，二〇一八年。

［英］吴芳思、馬克・伯納德：《尋蹤敦煌古書〈金剛經〉：世界紀年最早的印本書籍》，袁玉譯，桂林：廣西師範大學出版社，二〇一九年。

林科棠編：《宋儒與佛教》，上海：商務印書館，一九二八年。

郭朋：《宋元佛教》，福州：福建人民出版社，一九八一年。

姚衛群：《佛教般若思想發展源流》，北京：北京大學出版社，一九九六年。
蔡宏：《中國佛教般若學》，北京：宗教文化出版社，二〇一四年。
黄啓江：《北宋佛教史論稿》，臺北：臺灣商務印書館，一九九七年。
潘桂明：《中國居士佛教史》，北京：中國社會科學出版社，二〇〇〇年。
劉長東：《宋代佛教政策論稿》，成都：巴蜀書社，二〇〇五年。
任繼愈主編：《中國佛教史》，北京：中國社會科學出版社，二〇一六年。
潘桂明：《中國佛教思想史稿》，南京：江蘇人民出版社，二〇〇九年。
釋印順：《中國禪宗史》，北京：中華書局，二〇一六年。
麻天祥：《中國禪宗思想發展史》（修訂版），武漢：武漢大學出版社，二〇〇七年。
吴言生：《禪宗思想淵源》，北京：中華書局，二〇〇一年。
吴言生：《禪宗哲學象徵》，北京：中華書局，二〇〇一年。
吴言生：《禪宗詩歌境界》，北京：中華書局，二〇〇一年。
吴言生：《吴言生説禪》，北京：商務印書館國際有限公司，二〇一三年。
許明編著：《中國佛教經論序跋記集》上海：上海辭書出版社，二〇〇二年。
蔡運辰：《二十五種藏經目録對照考釋》，臺北：新文豐出版股份有限公司，一九八三年。
鄧瑞全、王冠英主編：《中國僞書綜考》，合肥：黄山書社，一九九八年。

周裕鍇：《禪宗語言》，杭州：浙江人民出版社，一九九九年。
雷漢卿：《禪籍方俗詞研究》，成都：巴蜀書社，二〇〇九年。
雷漢卿、王長林：《禪宗文獻語言論考》，上海：上海教育出版社，二〇一八年。
[日]衣川賢次：《禪宗思想與文獻叢考》，上海：復旦大學出版社，二〇一七年。
姜劍雲：《禪詩百則》，北京：中華書局，二〇〇八年。
項楚：《寒山詩注》，北京：中華書局，二〇〇〇年。
達照：《〈金剛經贊〉研究》，北京：宗教文化出版社，二〇〇二年。
譚偉：《龐居士研究》，成都：四川民族出版社，二〇〇二年。
張子開（張勇）：《傅大士研究》（修訂增補本），上海：上海人民出版社，二〇一二年。
周裕鍇：《文字禪與宋代詩學》，上海：復旦大學出版社，二〇一七年。
周裕鍇：《中國禪宗與詩歌》，上海：復旦大學出版社，二〇一七年。
劉焕陽：《宋代晁氏家族及其文獻研究》，濟南：齊魯書社，二〇〇四年。
[日]池澤滋子：《晁迥研究》，《宋代文化研究》第十六輯，成都：四川大學出版社，二〇〇九年。
羅凌：《無盡居士張商英研究》，武漢：華中師範大學出版社，二〇〇七年。
[日]松本文三郎：《金剛経と六祖壇経の研究》，京都：貝葉書院，一九一三年。

〔日〕麥谷邦夫編：《唐玄宗金剛般若波羅蜜經注索引》，《東方學資料叢刊》第十五册，京都：京都大學人文科學研究所附屬漢字情報研究センター，二〇〇七年。

（五）碩博士論文

何佳玲：《明清金剛經靈驗記研究》，中正大學碩士學位論文，二〇〇二年。
董大學：《敦煌本〈金剛經〉注疏叙録》，上海師範大學碩士學位論文，二〇〇九年。
李藝敏：《朱棣〈金剛經集注〉之注家研究》，福建師範大學碩士學位論文，二〇一〇年。
叢明超：《〈金剛經〉注疏比較研究——以吉藏、窺基、智顗爲例》，中央民族大學碩士學位論文，二〇一二年。
伍姬穎：《漢文〈金剛經〉版本研究》，杭州師範大學碩士學位論文，二〇一二年。
劉豐：《〈金剛經〉時體範疇研究》，北京外國語大學碩士學位論文，二〇一五年。
賴鳳雅：《〈金剛經〉文學研究》，（嘉義）南華大學碩士學位論文，二〇一八年。
李旭：《〈金剛經〉『空』思想研究》，浙江師範大學碩士學位論文，二〇一八年。
羅慕君：《敦煌漢文本〈金剛經〉整理研究》，浙江大學博士學位論文，二〇一八年。

（六）期刊論文

史葦湘：《論敦煌佛教藝術的世俗性——兼論〈金剛經變〉在莫高窟的出現與消失》，《敦煌研究》一九八五年第三期。
楊雄：《金剛經、金剛經變及金剛經變文的比較》，《敦煌研究》一九八六年第四期。
李利安：《試論〈金剛經〉的地位、流傳與影響》，《南亞研究》一九八九年第二期。
方廣錩：《敦煌文獻中的〈金剛經〉及其注疏》，《世界宗教研究》一九九五年第一期。
李利安：《〈金剛經〉雙遣否定法賞析》，《華夏文化》一九九七年第二期。
楊惠南：《〈金剛經〉的詮釋與流傳》，《中華佛學學報》總第一四期（二〇〇一年九月）。
釋永有：《敦煌〈金剛經〉及其相關文獻之題記探討》，《世界宗教學刊》二〇〇三年第二期。
楊君：《〈金剛經〉與唐朝民衆崇經活動及其觀念》，《西華師範大學學報》二〇〇三年第六期。
許絹惠：《試論唐代敦煌金剛經信仰世俗化的發展——以講經文、靈驗記爲中心》，《敦煌學輯刊》二〇〇七年第四期。
杜正乾：《〈金剛經〉研究述評》，《五臺山研究》二〇〇七年第一期。
李海峰：《〈金剛經〉的叙述方式和修行次第及其意義》，《五臺山研究》二〇〇八年第三期。
釋永有：《〈金剛經〉石經之研究——以房山石經中的〈金剛經〉爲主要探討》，《普門學報》總第四八期（二〇〇八年十一月）。
楊富學、王書慶：《〈金剛經〉與南宗禪——以敦煌文獻爲中心》，《敦煌研究》二〇〇九年第一期。
馬振凱：《《金剛經》三十二分流變考》，《山東教育學院學報》二〇一〇年第三期。
張文卓：《宋元明清時期〈金剛經〉的流傳及其特點》，《中南大學學報》二〇一三年第三期。
陳才智：《〈畫〉的作者是王維嗎？》，王志清主編：《王維研究》第七輯，濟南：齊魯書社，二〇一五年。
董大學：《論唐代〈金剛經〉信仰之儀式化傾嚮——以敦煌文獻爲中心的考察》，《華東師範大學學報》二〇一七年第一期。
丁嘉爍：《〈金剛經〉『三十二分』的嬗變——從名人字畫與敦煌遺書入手》，《中國宗教》二〇一七第三期。
盧翠琬：《〈金剛經十七家釋義〉之編纂者楊圭考——從朱棣〈金剛經集注〉之仙游翁説起》，《閩江學院學報》二〇一八年第三期。

趙鑫曄：《敦煌册頁裝〈金剛經〉的整理和研究》，《文津學志》二〇一八年卷。
羅慕君、張涌泉：《散藏敦煌本〈金剛經〉綴合研究》，《敦煌吐魯番研究》二〇一九年卷。
羅慕君、張涌泉：《〈金剛經〉『十二分本』鈎沉》，《宗教學研究》二〇一九年第二期。
張開媛：《從敦煌寫經看唐代〈金剛經〉的版本與流傳》，《邯鄲學院學報》二〇二〇年第二期。

後　記

這本小書是我承擔的二〇一四年度高校古委會直接資助項目『朱棣《金剛經集注》整理與研究』（編號一四一三）的成果。但因這幾年行政事務繁雜，加之同時在研的有好幾項國家社科基金項目，故遲遲未能開展相關工作。二〇一六年秋，閩江學院學報編輯部的盧翠琬女史在職來校攻讀博士學位，我便建議她以兩宋文人對《金剛經》的傳播接受作爲畢業論文的選題，而前期工作之一就是先整理箋校朱棣《金剛經集注》。翠琬君前前後後花了近三年的時間調查版本并寫出校記和箋注初稿，我認真大改兩遍後纔交付出版社，翠琬則對清樣再做細緻校對。期間師生共同合作的經歷，已成爲我相當愉快的回憶。

至於課題原先設計的《金剛經集注》的思想闡釋史之研究，翠琬君在博士論文中會有充分的檢討，本書就不重複了。雖説我們盡力想把箋校做得更深入些，但限於學養，特别是對域外成果缺少全面了解，故存在的錯誤定然不少，敬請讀者多批評指正。另外，附録二『歷代漢文《金剛經》注疏目録初編』，限於時間，擬將來再做補充完善。

是書出版過程中，巴蜀書社及張照華先生助益甚多，於此謹致誠摯謝意。

李小榮

二〇二〇年十二月二十八日